TEMPÊTE
SUR LA JUSTICE

HENRI NALLET

TEMPÊTE SUR LA JUSTICE

« Aimez la justice, vous qui jugez la terre. »
Livre de la Sagesse

PLON
12, avenue d'Italie
PARIS

REMERCIEMENTS

Je remercie Danièle Barrès, Jean-Pierre Dintilhac, Karin Grall, Jean Nestor et Claude Servolin qui m'ont aidé dans ce travail, comme dans d'autres circonstances.

ISBN : 2-259-02534-X

A Thérèse et Vincent

AVANT-PROPOS

Pendant dix-huit mois, j'ai été ministre de la Justice à un moment de grande tension entre les magistrats, la société et la classe politique.

Il y eut l'affaire Urba et le juge Jean-Pierre, le livre d'Antoine Gaudino et les attaques de Philippe de Villiers, les comptes de l'Olympique de Marseille et quelques autres bourrasques. J'ai vécu tous les jours parmi les procureurs de la République, les juges, les surveillants de prison, les avocats, au cœur de cette institution qui symbolise l'État et où se déchiffre sa crise actuelle.

Les tempêtes se sont succédé, où j'ai pris ma part de coups. Mais l'épreuve a été passionnante au point que je n'ai pas voulu tourner la page sans raconter les événements et les batailles auxquels j'ai été mêlé.

I

LES SUITES IMPRÉVUES DU DÉPART DE MICHEL ROCARD...

En cette fin d'août 1990, où le soleil dore les derniers vacanciers, j'accomplis le même geste que des milliers de paysans depuis le balcon de mon bureau au ministère de l'Agriculture : je scrute le ciel immuablement bleu. Pas un nuage ! Ah, s'il pouvait enfin pleuvoir ! Les moissons sont finies et les vendanges s'annoncent d'une exceptionnelle qualité. L'année ne sera pas mauvaise pour tout le monde. Mais ces deux terribles années de sécheresse mettent les éleveurs en difficulté : les fourrages font défaut et les prairies sont calcinées. Ils ont déjà commencé à donner à leurs animaux affamés les maigres réserves qu'ils ont constituées pour l'hiver et vendent en grand nombre des bêtes dont l'engraissement n'est pas achevé. Les cours de la viande, déprimés par les arrivées massives de bovins d'Allemagne de l'Est, s'effondrent. Alors, exaspérés par le temps et inquiets de l'avenir, ils manifestent et demandent à l'État des compensations. Déjà, les premiers affrontements ont eu lieu, et les organisations syndicales décident de donner de la voix. Si l'anticyclone qui s'est installé sur l'Europe dès le printemps ne se décide pas à bouger, c'est la météorologie politique qui va se gâter !

Il y a maintenant deux pleines années que je suis à la tête du ministère de l'Agriculture. Si l'on y ajoute les onze mois que j'y ai déjà passés dans le gouvernement de Laurent Fabius, j'approche du moment où j'atteindrai une belle longévité à ce poste exposé. Au point que certains observateurs s'interrogent sur mon possible départ, alors que d'autres me prédisent la durée puisque je serais devenu, selon eux, « l'homme agricole » de la gauche...

Cette responsabilité gouvernementale à laquelle je consacre avec plaisir mon énergie, je ne l'ai pas cherchée. Elle est venue en quelque sorte par le fruit d'un hasard, lui-même produit d'autres hasards. Car rien ne me prédestinait à devenir un jour le ministre de l'Agriculture de François Mitterrand.

Je suis né quelques mois avant la Seconde Guerre mondiale, à Bergerac, dans une famille de la moyenne bourgeoisie provinciale catholique, composée d'horlogers, de bijoutiers et d'opticiens, du côté de mon père, et d'une lignée très ancienne d'enseignants de tous les ordres, du côté de ma mère. On y cultivait l'amour du travail bien fait, la religion du résultat scolaire et le respect des livres. On y pratiquait aussi l'engagement social et politique, parce que « lorsqu'on a reçu, il faut savoir donner ». Nous parlions de politique à la maison. Mes plus lointains souvenirs de ces discussions passionnées remontent à 1954, sur la Communauté européenne de défense (C.E.D.) où les arguments et les clivages étaient déjà ceux qui se sont manifestés à l'occasion du traité de Maastricht.

A la même époque, un de mes camarades de classe me persuada d'adhérer à la Jeunesse étudiante chrétienne. On y apprenait à réfléchir et à discuter collectivement avant de « lancer des actions ». Et dans les stages de formation, qui m'intéressaient prodigieusement, je fis la rencontre de jésuites expérimentés et cultivés, qui nous ouvraient des horizons. Ils complétaient le travail de mon professeur de philosophie du collège de Bergerac, qui, en dehors des cours, avait constitué avec les bons élèves des grandes classes un groupe dit de « formation chrétienne » où nous commentions Teilhard de Chardin, Aristote et saint Thomas. Cela nous apprenait que la vie avait un sens, ce que j'utilisais pour m'engager dans le camp de la paix en Algérie. Baccalauréat en poche, je partais à Bordeaux faire des études de droit et de sciences politiques pour tenter de comprendre la société où je vivais après avoir hésité entre la philosophie et l'École de santé navale où j'aurais pu soigner mes semblables – voilà pour mon éducation – en vivant sur un navire – voilà pour ma passion singulière de la mer et des bateaux. Période de travail intense avec des résultats (même un prix de droit administratif!), entrecoupée de réunions militantes, de manifestations et de bagarres avec les « fachos », appelés aussi « majos » car ils détenaient la majorité au sein de l'Union nationale des étudiants de France (U.N.E.F.) où nous militions.

L'Algérie fut, comme pour ceux de ma génération, l'événement fondateur : il fallait être d'un côté ou de l'autre. Le choix que je fis alors me donna une identité de gauche. Cela me conduisit à m'engager davantage dans la Jeunesse étudiante chrétienne, l'un des mouvements les plus actifs dans la lutte pour la paix en Algérie. J'en devins le président national en 1963. Ce fut l'occasion de la première grande bataille de ma vie. Non seulement mes camarades et moi entraînions ce mouvement d'action catholique vers des positions de plus en plus « progressistes », comme on disait alors, proches de celles du P.S.U. et de l'Union des étudiants communistes (U.E.C.), où Bernard Kouchner, Serge July et Roland Castro exerçaient leurs multiples talents, mais nous prétendions encore fonder théologiquement nos attitudes politiques. Nous découvrions les théologiens de la libération, mais aussi les philosophes protestants, comme Dietrich Boenhoffer [1], et nous revendiquions à notre tour, un « christianisme a-religieux ». C'en était trop pour l'épiscopat français d'alors qui, sans ménagement, instruisit contre nos idées un rapide « procès » et me débarqua proprement de la direction de la J.E.C. Dans le même temps, Roland Leroy et ses amis staliniens chassaient la direction italienne [2] de l'Union des étudiants communistes et, même, la libérale Fédération protestante de France faisait le ménage dans ses mouvements étudiants. Cela nous a rapprochés; nous sommes restés amis et complices, comme des copains de régiment. L'aventure de mes vingt

1. Pasteur allemand exécuté par les nazis. Son œuvre et sa vie affirment le caractère radical du message évangélique menacé par les institutions.

2. On qualifiait les dirigeants de l'U.E.C. d'Italiens, car ils se réclamaient de l'ouverture d'esprit et du modernisme prêtés alors au parti communiste italien et à son secrétaire général Togliatti.

ans m'a appris deux principes : ne jamais renoncer à ce que l'on croit et se méfier des appareils de pouvoir. Ce qui m'ancra encore plus à gauche et m'empêcha d'adhérer à un parti politique jusqu'en... 1986.

Parallèlement à cet engagement, je poursuivais mes études de droit et de sciences politiques à la Fondation nationale des sciences politiques où Jean Touchard, Georges Lavau et René Remond m'encourageaient à préparer l'agrégation de droit public. Mais je leur fis faux bond à la suite d'un hasard. Dans l'une des réunions où j'avais pris la parole pour expliquer les positions de la J.E.C., Michel Debatisse, alors leader des jeunes paysans réformistes, m'avait remarqué et il me proposa avec insistance de travailler avec lui et ses amis à la mise en œuvre de leur programme de modernisation de l'agriculture française. Cela correspondait à mon désir d'agir concrètement sur la réalité sociale et j'acceptai.

Je fus pendant quatre ans le conseiller du mouvement des jeunes agriculteurs qui prenait en main avec enthousiasme les rênes de notre agriculture. Je découvris le monde des paysans, un grand secteur économique, et les formes de la négociation sociale entre les syndicats et les gouvernements. Je vis aussi comment les réalités de la gestion quotidienne des choses s'imposent aux discours réformateurs et à ceux qui les tiennent : dès la fin des années soixante, les nouveaux dirigeants agricoles s'opposèrent entre eux sur le poids qu'il convenait d'accorder aux contraintes économiques dans leur stratégie syndicale. Michel Debatisse choisit la conservation des acquis, ce qui l'entraîna loin de ses origines puisqu'il devint un jour secrétaire d'État de Valéry Giscard d'Estaing. En désaccord avec lui sur un choix qui devait stériliser l'un des plus formidables mouvements réformateurs de notre société, je quittai la Fédération nationale des syndicats d'exploitants agricoles en 1969.

Mais je désirais approfondir ce que j'avais appris de l'agriculture et du monde rural qui m'apparaissaient comme l'une des bases essentielles et méconnues de notre économie et de notre identité nationales. Je passai le concours d'entrée à l'Institut national de la recherche agronomique (I.N.R.A.) et j'entamai dix années d'activité intellectuelle aussi intense que libre. L'I.N.R.A. représente une curiosité dans notre système de recherche publique : dépendant d'abord du ministère de l'Agriculture et orienté sur un seul secteur économique, il travaille depuis l'origine en bonne intelligence avec les entreprises et revendique sa nature de centre de recherches appliquées. Ses travaux sont confrontés à la réalité et validés par elle. Enfin, composé d'anciens élèves de l'Agro, ses directeurs ou présidents se sont consacrés à son rayonnement avec un dévouement quasi religieux. Cette originalité lui a assuré son efficacité : l'I.N.R.A. a joué un rôle décisif dans la modernisation de notre agriculture après la Seconde Guerre mondiale. J'ai profité à plein des possibilités qu'offrait cette institution chaleureuse, passionnée et bien conduite. Ainsi ai-je pu déterminer mes champs d'investigation sur l'élevage, les organisations professionnelles et les politiques agricoles. J'ai confronté mes travaux à des publics d'étudiants, de responsables agricoles et d'agriculteurs qui me livraient leurs connaissances et leur sagesse. J'ai vagabondé pendant dix ans de la vallée de la Soule aux marais de Carentan, du pays nantais aux parcours à moutons de la Haute-Provence, avec Arthur Young, Daniel Halévy et René Dumont [1] comme compagnons. J'ai rencontré d'assez beaux types d'hommes et je me suis fait une idée précise de ce qui m'apparaît comme la matrice de notre pays : nous constituons une nation profondément marquée par ses origines paysannes.

Un nouveau hasard va me conduire, en 1981, au Secrétariat général de l'Élysée. En 1965, comme en 1974, j'ai voté pour François Mitterrand, et je me sens, depuis ses débuts, proche du parti socialiste. Mais, je ne me suis pas résolu à y adhérer, même si beaucoup de mes amis en sont devenus membres, parce que l'aventure électorale ne me tentait pas et que je tiens à une forme de liberté d'expression et de mouvement. Compagnon de route, j'ai souvent travaillé avec des responsables socialistes et

1. Ces trois auteurs ont illustré à des époques différentes les vertus de l'observation intelligente et informée de la réalité sociale de nos campagnes. Ils nous ont laissé des témoignages passionnants de ce que fut, à un moment, notre pays.

notamment avec Pierre Joxe que j'ai connu dans l'aventure de *Politique Hebdo*, énième tentative de créer un périodique de gauche. J'ai sympathisé avec cet homme ferme et exigeant. Il pense par lui-même et ne craint pas de s'opposer dans ces réunions interminables où les bons sentiments coulent à flots. Il revendique et affirme une conception forte de l'État républicain comme instrument d'organisation de la société dans un milieu majoritairement acquis aux thèses décentralisatrices et autogestionnaires du P.S.U. C'est lui qui me fera comprendre pourquoi je n'ai jamais pu me résoudre à adhérer à ce que l'on appelle alors la « deuxième gauche ». Il a ressuscité en moi l'héritage de mes arrière-grands-parents instituteurs et m'a montré que les grands théoriciens du service public comme Duguit, Jeze, Carré de Malberg [1] que mes professeurs bordelais m'avaient fait découvrir, avaient encore une descendance politique vivante. Il lui fut facile, à la fin de 1980, d'obtenir ma participation à l'organisation de la campagne présidentielle de 1981 en tant qu'expert des questions agricoles. Je préparais des notes pour le candidat et des réponses aux lettres qu'il recevait avec l'esprit d'autant plus tranquille que je me promettais bien, la campagne achevée et la victoire acquise, de revenir à ma table de travail finir un livre sur les rapports de l'État et de la paysannerie dont le plan détaillé dort aujourd'hui dans l'un de mes cartons.

A la fin du mois de mai 1981, la présidence de la République cherchait un conseiller pour les affaires agricoles. Pierre Joxe, encore, et Édith Cresson, dont je venais de faire la connaissance, me poussèrent à être candidat. J'hésitai un instant, mais l'idée d'observer le fonctionnement de nos institutions de si près, de me trouver à côté du cœur de l'État, et le désir de participer à une aventure collective d'une si grande ampleur eurent raison de mes réticences.

J'appris à remplir mes nouvelles fonctions auprès de Jacques Fournier, conseiller d'État, secrétaire général

1. Ces professeurs de droit public, ont bâti, dans les années vingt, la théorie du service public qui affirme la vocation de l'État à prendre en charge un certain nombre de fonctions afin d'assurer « l'interdépendance sociale ». Ils permettent le passage de l'État libéral à l'État providence dans le cadre de la République.

adjoint de la présidence et de Pierre Bérégovoy, alors secrétaire général et qui dirigeait cette machine gouvernementale de main de maître. Rien ne lui échappait. Son exigence à notre égard était d'autant mieux acceptée que son intelligence et sa capacité de travail nous impressionnaient. Un soir de la fin 1981, il me convoqua dans son bureau d'angle du premier étage du palais. Il se tenait penché, entre deux grandes lampes, au-dessus d'une pile de notes de ses collaborateurs :

– Asseyez-vous...

Je m'installai dans un grand fauteuil de cuir et je le regardai travailler. Il lisait posément ce qu'on lui avait préparé, soulignait, raturait, puis commentait pour le président, en annotant, en haut à droite, de son écriture régulière et bien formée. Il prit le temps d'achever la note commencée et releva enfin la tête, l'air sévère :

– Vous avez rédigé une note pour le président sur les montants compensatoires monétaires agricoles [1]. C'est trop compliqué, je n'y comprends rien et je ne la lui transmettrai pas. Expliquez-moi cette mécanique.

J'étais mortifié. Une note stoppée dans son trajet était ressentie comme une quasi-sanction. C'était la première fois que cela m'arrivait. Je me lançai dans un commentaire sur les fameux M.C.M. Il m'observait avec attention, c'était l'une des premières fois que nous nous rencontrions, et me coupa très vite la parole :

– Je n'y comprends toujours rien!

Alors je lui demandai une feuille de papier, m'avançai sur le bord du fauteuil et traçai un croquis :

– Les M.C.M., ça marche comme ça...

– Eh bien, c'est simple, votre affaire! Je l'ai comprise. Refaites ainsi votre note pour demain matin et je la remettrai au président.

J'ai retenu la leçon de Pierre Bérégovoy : il y a toujours une question politique simple au-delà des dossiers techniques complexes. Aux responsables politiques de savoir

1. Les montants compensatoires monétaires dits aussi M.C.M. étaient une diabolique invention des gens des Finances et de Valéry Giscard d'Estaing. Ils avaient pour but essentiel d'éviter que la dévaluation de notre monnaie n'entraîne des hausses des prix agricoles français. C'est François Mitterrand qui mit fin à ce système détesté des paysans au sommet des chefs d'État qui se tint à Fontainebleau en 1984.

traverser le miroir. Cet homme a été pour moi un éducateur précieux auprès de qui j'ai aimé travailler.

Il se dit beaucoup d'approximations à propos des conseillers de l'Élysée. On leur prête un véritable pouvoir occulte que certains d'entre eux accréditent dans les réunions interministérielles ou les dîners en ville en prononçant d'un air pénétré la ritournelle : « Le président pense que... » Cela a pu marcher un temps auprès des ministres inexpérimentés ou des journalistes politiques débutants, mais aujourd'hui, ils doivent être peu nombreux ceux qui se laissent encore prendre à l'innocente forfanterie. Le conseiller technique n'est pas le porte-parole du président, sauf cas très exceptionnel; il n'est que son informateur privilégié. Il doit savoir ce qui se passe dans le secteur dont il a la charge, beaucoup recevoir et beaucoup écouter, connaître les projets des ministres concernés et savoir apprécier la manière dont ils seront reçus au Parlement et dans l'opinion. Il lui reste à déterminer le moment opportun pour saisir le président par la voie hiérarchique, pas trop tôt ni trop tard, ce qui suppose un certain savoir-faire. Le président prend connaissance de la note parmi les dizaines qui lui parviennent chaque jour. Il y tracera quelques annotations, mais le plus souvent y apposera seulement le mot « vu » qui signifie ce qu'il veut dire : il en a pris connaissance. Puis la note revient à son auteur. A lui d'agir à partir de là avec circonspection sans chercher à établir un écran entre le président et le gouvernement, sans tenter d'usurper un pouvoir qu'il n'aura jamais. Le conseiller est là pour faciliter la marche de l'exécutif bicéphale de nos institutions, ce qui est déjà beaucoup. Je me suis efforcé, pendant quatre ans, de me tenir à ce rôle discret, aussi bien avec Édith Cresson qu'avec Michel Rocard lorsqu'ils étaient ministres de l'Agriculture. Cela ne devait pas trop mal marcher puisque l'on me confia, en plus de l'Agriculture, l'Enseignement agricole privé [1], les Négociations communautaires, la Pêche, l'Élargissement de la C.E.E., puis l'Envi-

1. Ce fut une expérience passionnante : dès 1982, nous nous réunissions à intervalles réguliers et dans le plus grand secret avec des représentants de l'enseignement agricole privé et des maisons familiales rurales pour préparer les deux textes de loi que Michel Rocard put faire adopter au Parlement, à l'unanimité, en 1984.

ronnement. J'étais en charge d'un portefeuille en pleine expansion, lorsqu'une nuit d'avril 1985, Jean Glavany, le chef de cabinet du président, de permanence à l'Élysée, me réveilla :

– Tu connais la nouvelle? Rocard vient de démissionner.

– Ce n'est pas vrai!

– Si, si la, dépêche vient de tomber!

Je suis stupéfait. J'ai rencontré Michel Rocard quelques jours plus tôt. Rien dans ses paroles et son comportement ne permettait d'imaginer une rupture prochaine sur le mode d'élection des députés. Je savais, en revanche, que ses conseillers évoquaient son départ du gouvernement car ils considéraient que Laurent Fabius occupait de plus en plus l'espace politique jusqu'alors tenu par leur patron et qu'il devait donc retrouver le plus rapidement sa liberté de parole. Mais de là à démissionner en pleine nuit! Et puis, ce départ inopiné allait bouleverser mon emploi du temps.

J'avais prévu de m'octroyer ce jour-là un moment de détente avec mon fils pour transporter en Normandie un dériveur 470 de compétition que je venais de lui offrir. J'avais le secret espoir que, si le temps le permettait, nous pourrions faire une sortie de mise au point dans la rade de Saint-Vaast-la-Hougue. Nous nous en réjouissions l'un et l'autre, et voilà que Michel Rocard nous privait de ce plaisir, puisqu'il fallait rester à l'Élysée pour le cas où le président aurait besoin de moi. J'y arrivai vers huit heures trente et me rendis dans le bureau de Christian Sautter, secrétaire général adjoint de la présidence, qui assurait ce jour-là l'intérim de Jean-Louis Bianco, parti pour quelques jours de vacances. Nous avons échangé nos commentaires sur le départ de Michel Rocard, sur son remplacement en pleine négociation communautaire sur les prix agricoles. J'évoquais les noms de Michel Delebarre, qui sait négocier, et de Louis Le Pensec, qui connaît bien l'agriculture bretonne. Le téléphone nous interrompit. C'est Marie-Claire Papegay, la secrétaire particulière du président, qui m'annonce :

– Le président veut te voir. Il t'attend dans son bureau.

Je me rends au premier étage du palais et je signale à

l'huissier que le président m'a convoqué. Il va le prévenir de ma présence et un instant après m'introduit dans le bureau qu'occupe François Mitterrand. Il est neuf heures trente. Derrière sa table encombrée de livres, de parapheurs et de notes de ses collaborateurs, le président m'apparaît reposé et détendu :

– Vous connaissez la démission de Michel Rocard? Je ne savais pas qu'il se passionnait à ce point pour les questions institutionnelles. Mais c'est bien son droit! Il faut maintenant pourvoir à son remplacement sans tarder, car les questions agricoles n'attendent pas. Où en sommes-nous?

J'indique l'état des négociations européennes et je décris les pressions que le syndicalisme agricole exerce sur le gouvernement en vue d'obtenir un résultat rapide.

Pendant que je parle, il a fait pivoter son fauteuil cannelé d'un quart de tour, vers les fenêtres qui donnent sur le parc et, jambes croisées, buste légèrement penché vers l'arrière, tapote dans sa main avec un coupe-papier.

– Raison de plus pour aller vite! Il faut régler cela dans la matinée, avant mon départ. Je vais en effet déjeuner dans votre pays, en Périgord, chez Maurice Faure à qui je l'ai promis depuis longtemps. Je ne veux pas le remettre. On peut penser à plusieurs formules : René Souchon, qui est déjà secrétaire d'État auprès de Michel Rocard, Martin Malvy, le secrétaire d'État à l'Énergie, pourraient prendre le poste. Ce sont des hommes politiques expérimentés. Mais, dans tous les cas, si vous acceptez, je vous nommerai secrétaire d'État auprès du ministre. Vous connaissez bien les dossiers, vous l'aiderez. Je dois m'en entretenir avec le Premier ministre. Êtes-vous ici ce matin? Je vous rappellerai sans doute un peu plus tard pour vous tenir informé.

Je rejoins mon bureau rue de l'Élysée. La proposition du président me flatte, mais ne m'inquiète pas. Devenir secrétaire d'État auprès d'un ministre dans le secteur que je connais et auquel je veille depuis quatre ans ne doit pas me poser de problèmes insurmontables. Je ne m'y attendais pas. C'est tout. Revenu dans la grande pièce qui me sert de bureau, je commence à ranger mes papiers, dicte une série de lettres à ma secrétaire en réponse à celles qui viennent d'arriver et, de temps en temps, je consulte ma montre. Vers onze heures, le président me fait appeler. Je traverse la rue de l'Élysée, puis la grande cour. Nouveau cérémonial et je pénètre pour la seconde fois de la matinée dans le bureau du président de la République.

– J'ai eu le Premier ministre. Je pense que, finalement, la meilleure solution est que vous deveniez ministre de l'Agriculture. René Souchon, qui sera déçu, deviendra ministre délégué à la Forêt, et vous, vous aurez en charge l'ensemble des problèmes agricoles et les négociations communautaires. Ce sera plus simple.

Ça change tout, et l'angoisse m'envahit. Autant le poste de secrétaire d'État me paraît à ma portée, autant la responsabilité de ministre en titre est d'une autre dimension : il est le responsable ultime d'un secteur de la vie sociale et en répond à la fois devant le président de la République, le Premier ministre, le Parlement et l'opinion publique. J'ai pu mesurer chaque jour ce que cela signifie.

J'objecte :

– Monsieur le président, votre confiance m'honore. Mais je ne suis pas parlementaire, ni même élu local. On ne me connaît pas, sauf dans le milieu agricole. Serai-je à la hauteur face à un milieu difficile et qui vient d'avoir affaire à l'un des hommes politiques les plus connus des Français ?

– Je suis sûr que vous y arriverez. Et puis, je vous aiderai.

La sonnerie du téléphone retentit, événement rare dans le bureau du président. Il décroche le combiné :

– Oui... oui. Je crois qu'il accepte. Vous réglerez les détails de la nomination avec Christian Sautter.

Il raccroche et me lance avec un sourire :

– C'était Laurent Fabius. Allez, Monsieur le ministre, vous êtes en fonction !

Je ne sais pas ce que j'ai bredouillé. Le plancher se dérobe sous mes pieds, l'immense lustre me rattrape. Le président s'est levé et contourne lentement son bureau. Il me raccompagne à la porte. Arrivé dans l'embrasure de la fenêtre, il me prend un instant le bras et, toujours souriant, me glisse à voix basse :

– Vous verrez, ça marchera et ça vous plaira.

Je traverse le bureau de Jacques Attali, absent ce matin-là, et je regagne l'antichambre. Je reprends mes esprits et souffle entre mes dents ma surprise :

– Ça alors !

J'étais persuadé que François Mitterrand, qui connaît les paysans sur le bout des doigts (j'ai pu souvent vérifier sa science du monde rural et la qualité de ses échanges avec les ruraux) ne confierait l'Agriculture qu'à un politique de terrain. Je me suis trompé.

Je rejoins Christian Sautter pour lui annoncer la nouvelle. Ce polytechnicien spécialiste de la statistique économique et du Japon, protestant discret et socialiste volontariste qui mène le secrétariat général de la présidence d'abord auprès de Pierre Bérégovoy, puis de Jean-Louis Bianco avec une poigne de fer et une complète indifférence aux états d'âme, est devenu mon ami. Sa passion de contribuer à la modernisation de la France, son ignorance affichée des problèmes agricoles, sa fidélité sans calcul au président, en ont fait un de mes interlocuteurs privilégiés dans le petit monde compliqué de l'Élysée.

Il se dresse de sa haute taille et exulte :

– C'est formidable ! C'est ce qu'il fallait faire. On va t'aider.

Et je sais qu'il est sincère.

Puis je préviens ma femme à son bureau et ma mère, avant d'appeler Laurent Fabius. Le dialogue, qui est aussi un ordre de mission, est bref :

– Bravo ! Ça aurait dû se faire il y a six mois si Michel Rocard avait accepté l'Éducation nationale. Vous connaissez les organisations agricoles, il faut garder le contact avec elles, mais savoir aussi leur dire non quand c'est nécessaire. Nous sommes entrés dans la période électorale, je compte sur vous.

La conversation a duré trois minutes mais, comme toujours avec Laurent Fabius, elle est limpide. Cela veut dire : pas trop de vagues et pas trop de dépenses.

Voilà comment je suis devenu ministre sans l'avoir cherché. Le processus a été simple et plein de hasards.

Après une passation de pouvoirs avec Michel Rocard

particulièrement chaleureuse, je prends possession de mon territoire, c'est-à-dire d'un bureau où se sont installés avant moi Edgard Pisani, Edgar Faure, Jacques Chirac, Pierre Méhaignerie, Édith Cresson et Michel Rocard. Vers dix-neuf heures, alors que les dossiers commencent à affluer, le président m'appelle :

– Alors, comment ça va? Cela se passe bien?

Premier d'un de ses appels qu'il adresse au moment nécessaire. Quand la situation est difficile ou tendue pour une raison ou une autre, il sait, où qu'il se trouve, joindre directement celui qui est dans la peine ou dans la bataille. C'est à ces occasions que j'ai compris comment cet homme a pu rassembler autour de lui tant de fidélités aussi diverses que fortes.

Dans les jours qui suivent, une évidence s'impose, qui va transformer mon existence. La confiance que vient de me témoigner le chef de l'État me fait obligation de m'engager dans la bataille politique et de prendre ma part aux élections législatives que l'on annonce perdues pour le P.S. Je décide de me présenter pour la première fois devant les électeurs. J'en parle au président et à Laurent Fabius qui m'encouragent. Reste à trouver un département qui puisse m'accueillir. J'élimine la Dordogne où je suis né mais qui est déjà très encombrée. La Manche, dont est originaire ma femme et où nous possédons une maison, me tente. Des élus et les militants du P.S. m'ont proposé, dès le mois de juin, de prendre la tête de la liste socialiste. Quelques réunions locales me confirment ce choix. Mais j'ignore qu'Olivier Stirn, d'habitude élu dans le Calvados, a décidé de changer de bocage et de se présenter dans la Manche. Et, en bon professionnel de la politique, il a bien balisé son terrain : pas d'annonce publique, pas de réunion avec les militants, mais un travail avec les grands dirigeants du parti qui auront à confirmer les investitures. J'arrive trop tard! Lionel Jospin, que je connais très peu, me reçoit en juillet pour me rappeler assez sèchement les règles du parti en matière de désignation des candidats et ma non-appartenance au P.S. Quant à Jean Poperen, s'il me laisse peu d'espoir de conduire la liste dans la Manche, il me signale l'existence d'une possibilité à très haut risque en Haute-Loire. Tout cela se présente mal!

Mais Pierre Joxe veille et entreprend une de ces batailles, d'apparence frontale, qu'il affectionne :

– Maintiens ta candidature dans la Manche jusqu'à la Convention de novembre et, si ça ne passe pas, on négociera alors un autre département où tu auras tes chances.

Et pour que nul n'ignore sa détermination, il m'invite à la Fête de la Rose en Saône-et-Loire, où il déclare que je ferai un très bon député de la Manche. En fait, il prépare déjà mon arrivée dans l'Yonne et obtiendra ma désignation comme tête de liste du P.S. dans ce département.

Je découvre enfin le vrai métier politique, celui que j'ai jusqu'alors évité : les visites aux élus, les réunions dans les mairies, les permanences, les cages d'escalier des H.L.M., les marchés... Je suis encore intimidé lorsqu'il s'agit d'aller vers des gens que je ne connais pas. Mais ça vient peu à peu dans ce département rural, marqué par un vieux fonds radical-socialiste qui me rappelle ma Dordogne natale. Je me suis présenté aux hommes politiques locaux, à Jean Chamant qui préside le Conseil général, à Jean-Pierre Soisson qui anime la liste d'opposition.

Ce sont les deux personnalités qui comptent dans l'Yonne et ils ne doivent pas voir arriver d'un bon œil un ministre en exercice qui prétend vouloir chasser sur leurs terres. Ils m'ont pourtant accueilli avec une grande courtoisie et m'ont assuré, l'un et l'autre, que je serai élu. Jean Chamant, que l'on appelle encore parfois le Roi Jean, a une riche carrière politique commencée au lendemain de la Seconde Guerre mondiale. Il fut secrétaire d'État, sous la IVe République, puis, à deux reprises, ministre des Transports sous la Ve République. C'est un grand notable qui connaît son département par cœur et continue aujourd'hui encore à le parcourir en tous sens, procédant à toutes les inaugurations où son éloquence choisie fait merveille auprès des élus ruraux. Adversaire résolu de la gauche, il a su cependant utiliser pleinement les possibilités de la décentralisation pour devenir le patron incontesté du département. Il use de ce pouvoir considérable avec fermeté – malheur au préfet qui s'oppose à lui – et équité : les projets des quelques conseillers généraux de gauche sont mis en œuvre quand vient leur tour. Manière de grand seigneur? En tout cas, nos relations au

Conseil général furent toujours empreintes d'une grande correction.

Jean-Pierre Soisson a fait longtemps figure d'héritier naturel de Jean Chamant. On promettait au maire d'Auxerre la présidence du Conseil général lorsque Jean Chamant s'en retirerait, mais la dérive barriste de l'ancien ministre de Valéry Giscard d'Estaing, et surtout son entrée dans la majorité présidentielle et le gouvernement Rocard en 1988 vinrent perturber le tranquille ordonnancement de cette succession provinciale. Les chefs de la droite locale parlèrent, à voix basse, de trahison et un bon tiers des militants socialistes s'étranglèrent de rage contenue. Ni les uns ni les autres n'ont encore aujourd'hui pardonné à Jean-Pierre Soisson, et ce n'est pas la manière dont il emporta la présidence de la région Bourgogne en mars 1992, qui pourrait les calmer. Mais l'ancien ministre peut dormir tranquille, ses électeurs d'Auxerre et de la Puisaye trouvent que « Jean-Pierre » est très bien comme il est et, la prochaine fois, ils voteront encore pour lui. Car cet homme, qui approche la soixantaine, reste l'adolescent comblé que tous ont connu. De taille moyenne, mince, vif, aimable et chaleureux, Jean-Pierre Soisson est soucieux d'être aimé de ceux qui l'entourent au point d'en être inquiet. Et ça se voit. Alors, on l'aime bien, Jean-Pierre, parce qu'on le connaît depuis toujours et que l'on sait comment il est. On pardonne beaucoup à l'enfant du pays, ses retards, ses coquetteries, ses colères, ses brusques virages. Et on admire son professionnalisme politique. On serait sûrement moins indulgent avec « J.-P. S. », autre façon d'appeler le lutin, s'il n'y avait chez lui, visibles, l'amour de la vie et une authentique générosité.

Mais, en 1986, je ne connais pas encore celui qui est mon adversaire désigné. Nous avons seulement constaté, dans un premier échange, que nous ne devions pas, sur le fond, être trop éloignés l'un de l'autre. Et nous évitons, bien sûr, les coups bas. Au cours de la campagne, Jean-Pierre Soisson souligne mon parachutage en répétant un jeu de mots que mes camarades de l'école primaire m'ont cent fois seriné :

– Nallet? Il ne fera qu'un aller-retour! Nallet-retour...

Ce n'était pas bien méchant, et parfois nous en sourions ensemble.

Après avoir parcouru en tous sens cette région que je découvrais alors et où je me sens aujourd'hui chez moi, je suis élu député de l'Yonne en mars 1986. Le reste suit logiquement : conseiller général en 1988 et maire de la belle ville de Tonnerre en 1989. En trois ans, j'ai accompli à grand train le cursus habituel de l'homme politique français. A ceci près que je l'ai fait à l'envers parce qu'un beau matin d'avril, il a fallu remplacer au débotté un ministre de l'Agriculture qui avait démissionné sans prévenir.

Le temps est passé vite. La cohabitation, les premiers pas à l'Assemblée nationale, la campagne présidentielle, les législatives qui ont lieu cette fois au scrutin majoritaire et où je confirme mon implantation locale, enfin le retour au ministère de l'Agriculture.

Depuis que je suis à nouveau ministre de l'Agriculture, je n'ai pas souvent évoqué les questions agricoles avec le Premier ministre, Michel Rocard. Dès le début, il m'a accordé une très large délégation et je règle les difficultés quotidiennes avec son directeur de cabinet, Jean-Paul Huchon. Je connais bien cette sorte de vice-Premier ministre qui assure à lui seul une partie du rendement de son patron avec qui il travaille depuis l'époque du P.S.U. Bien que formé par l'E.N.A., le personnage a des couleurs vives. Bouille ronde sur un corps rond, il dissimule, derrière ses lunettes de myope et une voix très douce, une force de caractère peu commune. Si puissante et si bien muselée qu'il faut par moments qu'elle s'échappe sous les apparences d'un rire tonitruant qui menaçait régulièrement les lustres de Matignon. Ce rire accompagne souvent des histoires interminables et compliquées de petit singe qui viole un lion par surprise et où Jean-Paul Huchon déploie un véritable talent de conteur et d'imitateur. Je l'ai vu l'exercer aussi au détriment de certains ministres ! Désopilant et ravageur ! Il y a du Gargantua chez cet infatigable travailleur, mélange de chef scout et de joueur d'échecs qui informe, conseille et protège Michel Rocard avec un dévouement qui n'exclut pas la distance. Irremplaçable Huchon ! De plus, il connaît bien l'Agriculture dont il avait la charge lorsqu'il était fonctionnaire au ministère du Budget et nous travaillons ensemble depuis plusieurs années avec une grande complicité.

Mais, en ce soir de sécheresse de 1990, c'est le Premier ministre lui-même que je veux voir pour lui exposer la gravité de la situation et les risques financiers et politiques qu'elle fait courir au gouvernement. Il m'écoutera parce que Michel Rocard est une aubaine pour un ministre de l'Agriculture. Ce Parisien, qui ne devait connaître de la nature que les clairières aptes aux feux de camp, s'est entiché du secteur et des hommes dont il a eu la charge entre 1983 et 1985. Je l'ai vu à l'époque découvrir l'administration de l'Agriculture, les organisations professionnelles et les paysans avec une avidité, un goût d'apprendre, un désir de perfection très surprenants chez un homme politique de son expérience. Il se devait de réussir dans le domaine casse-cou qu'on lui avait confié. Mais il y a chez Michel Rocard un goût irrépressible de l'étude, une soif de comprendre les problèmes et les gens qui constitue l'une de ses grandes forces. J'ai eu l'occasion de découvrir ce trait de caractère lorsqu'il fut nommé ministre de l'Agriculture en 1983. Je l'avais rejoint pour un déjeuner de travail au ministère du Plan qu'il n'avait pas encore quitté. Il m'interroge sur un ton joyeux :

– Alors, quels sont les grands dossiers qui m'attendent ?

Je me suis préparé à la question et commence une présentation ordonnée des affaires en cours. Il m'interrompt :

– Tu permets ?

Et il étale près de son assiette un cahier d'écolier où il note de son éternel Ball Pentel vert ce que je lui raconte. Il ne mange plus. De temps en temps, il demande une précision, s'exclame à propos d'un chiffre, commande déjà des expertises à Jean-Paul Huchon qui finit par sortir, à son tour, un cahier. Je suis un peu interloqué par le rôle de professeur que me fait tenir le nouveau ministre. La plupart de ses collègues ne m'ont pas habitué à cette forme de modestie. Elle lui a bien réussi à l'agriculture et il a conservé de son passage à la rue de Varenne un goût affiché pour les questions rurales.

Comme à l'habitude, le Premier ministre me reçoit avec simplicité dans le grand bureau du premier étage de Matignon. Michel Rocard est resté accessible et disponible, même s'il lui arrive de préciser, d'un air sévère : « Mon vieux, je n'ai que cinq minutes à t'accorder. » Il s'assoit dans l'un des deux petits canapés beiges disposés perpendiculairement à la cheminée. Les coudes calés sur ses genoux, il entame avec application un paquet de Gauloises. Il ne l'ouvre que sur une moitié et expulse l'une après l'autre les cigarettes de leur enveloppe par une pression du doigt sur le fond de l'étui. Cette cérémonie rituelle occupe ses mains pendant qu'il m'interpelle :

– Alors, les paysans s'agitent ? Je les comprends, cette sécheresse est oppressante, même pour nous. Mais, ne peuvent-ils pas comprendre aussi que le budget de l'État ne peut subvenir à tout ? On ne peut pas laisser filer le déficit budgétaire...

Bref, j'ai droit à l'exposé que j'attendais sur la nécessité de respecter les grands équilibres. Normal, chacun est dans son rôle : moi je demande et lui doit donner le moins possible. Je le laisse parler sans broncher et, quand il s'arrête, je me tais toujours. Il m'observe du coin de l'œil, allume une nouvelle cigarette, passe un bras par-dessus le dossier du canapé, expédie vers le plafond un nuage de fumée bleue et lâche dans un éclat de rire :

– Bon, tu sais tout ça. Maintenant, dis-moi, est-ce si grave que tu me le dis pour les éleveurs ?

Il reprend sa position favorite, buste penché en avant, coudes sur les genoux. Je détaille alors la situation, lui donne quelques chiffres. Il enregistre à toute vitesse.

– Bien. On n'y coupera pas. Je vais en parler avec Bérégovoy; prépare le dossier avec Huchon. Tu n'auras pas grand-chose, mais on va t'aider.

Il se lève, m'accompagne à la porte.

– Et toi, tu vas bien ? C'est crevant notre métier, mais c'est passionnant ! Il faudra que je te revoie bientôt pour parler d'autre chose.

Je n'en saurai pas davantage pour ce soir. Le Premier ministre est déjà parti sur un autre front, éteindre un autre incendie. Ainsi se passent, sur un rythme infernal, les jours et quelquefois les nuits à Matignon. Ce que Michel Rocard ne m'a pas dit ce soir-là, et que je découvrirai quelques jours plus tard, c'est qu'il songe à un remaniement ministériel qui pourrait bien me concerner.

II

LA PLACE VENDÔME

Il y a déjà longtemps que Michel Rocard souhaite remplacer Pierre Arpaillange à la Chancellerie. Les deux hommes ne se comprennent pas : le premier trouve les questions judiciaires beaucoup trop aléatoires et celui qui en a la charge au gouvernement compliqué. Le second s'étonne des impatiences de son Premier ministre dans ces matières subtiles dont le récit détaillé s'accommode mal du rythme de travail d'un chef de gouvernement. Le courant passe si peu entre les deux hommes que Michel Rocard a confié à Jean-Paul Huchon le soin de rencontrer chaque semaine le garde des Sceaux qui vient, muni d'un volumineux dossier, l'entretenir de toutes les affaires « embêtantes ». Et elles abondent en cette année 1990.

Lorsque Pierre Arpaillange est nommé, en 1988, garde des Sceaux, il est procureur général près la Cour de cassation, au sommet de la hiérarchie judiciaire, précédé d'une réputation de courage, armé d'une expérience technique et politique exceptionnelle, puisqu'il fut membre des cabinets des gardes des Sceaux Jean Foyer, Louis Joxe et Jean Taittinger et dirigea la campagne présidentielle de Marie-France Garaud. Lorsqu'il entre au gouvernement, il est l'une des vedettes parmi les « ministres de la société civile » dont Michel Rocard a truffé son gouvernement avec le météorique professeur Schwartzenberg, l'écrivain Alain Decaux et le *French Doctor* Bernard Kouchner. S'il semble le plus impressionnant, il demeure le moins facile d'abord : avec son invariable et impeccable costume bleu marine, son port un peu raide et cette voix fluette et saccadée qui s'échappe d'un sourire crispé, ce grand magistrat apparaît à la plupart d'entre nous glacial. Seul un Pierre Joxe des mauvais jours peut se montrer plus iceberg. Et pourtant, nous découvrons qu'il s'agit d'un masque, d'une protection chez une personnalité timide et sensible. L'épreuve des questions orales du mercredi après-midi à l'Assemblée nationale nous en fera la révélation.

Pour le membre du gouvernement qui n'a pas été parlementaire la séance des questions est sa première difficulté. Il n'a jamais mis les pieds dans l'hémicycle et ne connaît pas les distances et les attitudes : c'est plus petit qu'il ne paraît et les visages des députés sont si proches qu'on peut y lire les sentiments qui les habitent. Le ministre qui répond, en bas, doit redresser la tête, fixer les interlocuteurs du regard, capter immédiatement l'attention et s'imposer à ces observateurs blasés et moqueurs. La première question orale est une épreuve de force où, en trois ou quatre minutes, se joue ce qui deviendra la relation du ministre avec l'Assemblée, et souvent, au-delà, avec la presse. Je me rappelle les examens de passage que nous infligeâmes en 1986 aux nouveaux ministres du gouvernement Chirac. Philippe Séguin eut tôt fait de nous impressionner par sa combativité au point qu'André Labarrère qui, dans le groupe socialiste, était l'interrupteur le plus insolent et le plus opiniâtre, baissa les bras :

– Celui-là, il faut lui foutre la paix, il est trop fort !

Michèle Barzach nous ravissait. Ses toilettes aux couleurs vives tranchaient sur la grisaille de nos costumes et nos interruptions la mettaient dans des colères qui lui allaient très bien. Quant à François Guillaume, le ministre de l'Agriculture de l'époque, c'était un jeu d'enfant : la moindre critique provoquait chez lui des explosions verbales d'une rare violence que nous avons alimentées pendant deux ans avec constance.

Certains vieux routiers de la communication peuvent passer à côté : ainsi Alain Decaux répondait trop longuement, trop didactiquement, par habitude. Un mercredi après-midi, au banc du gouvernement, alors qu'Alain Decaux parlait de la francophonie, mon voisin me glissa dans l'oreille :

– Ferme les yeux, on se croirait à la télé avec « Alain Decaux raconte ».

D'autres, au contraire, qui se soucient peu des recettes des gourous de la communication, passent tout de suite la rampe car ils expriment une vraie personnalité : on se souvient comment Martine Aubry, en quelques mots, un regard, un geste de la main s'imposa à toute l'Assemblée.

Dans cet exercice d'école qui devient vite un régal pour ceux qui savent en jouer, Pierre Arpaillange échoue : il lit quelques feuillets qu'il tient d'une main tremblante, répond maladroitement à ses contradicteurs et manifeste son trouble. Dès lors, et comme le veut ce jeu cruel, l'opposition ne le laissera plus en repos et il devra régulièrement affronter ce cirque, où, de mercredi en mercredi, un simulacre de mise à mort est offert aux téléspectateurs.

Devant les coups répétés que lui assène l'opposition ravie, je me suis alors senti solidaire de cet homme malmené. Dans nos entretiens, toujours brefs, à l'Assemblée ou avant le Conseil des ministres, nous avons évoqué nos charges respectives et nos origines périgourdines communes. Un jour, Pierre Arpaillange m'invita avec Thérèse, ma femme, à déjeuner à la Chancellerie pour parler de la Nouvelle-Calédonie dont nous revenions et où il s'apprêtait à partir. Je découvris alors un homme prévenant, heureux de rompre la solitude dans laquelle il remplissait sa mission. J'étais loin de penser qu'un jour je lui succéderais.

Mais pour remplacer Pierre Arpaillange, il faut que deux conditions soient remplies : une occasion de le décharger honorablement de la place Vendôme et un successeur acceptable pour le président. La première condition se profile au cours de l'été 1990 : André Chandernagor, premier président de la Cour des comptes, va partir en retraite. Le poste est prestigieux et un ancien garde des Sceaux doit pouvoir s'en satisfaire. Quant à la seconde condition, c'est Jean-Paul Huchon qui y travaille. Il sait que le ministre de la Justice, comme le ministre des Affaires étrangères, le ministre de la Défense et le ministre de l'Intérieur doivent être des proches du chef de l'État.

Ces fonctions correspondent aux grandes missions régaliennes de l'État et, pour la Défense et les Affaires étrangères, à ce que l'on appelle le domaine réservé du président de la République. Ces ministres rencontrent souvent le président en dehors du Conseil des ministres, pour un Conseil de défense, un Conseil supérieur de la magistrature, etc. Il est donc normal et utile que les titulaires de ces postes soient bien connus du président.

Dans son cahier à spirale, Jean-Paul Huchon a commencé à dresser des listes qu'il soumet à Michel Rocard pour qu'il en parle au président. Et lorsque je le rencontre pour mettre au point le deuxième plan sécheresse, il m'interroge, à l'instant de prendre congé :

– Dis donc, tu n'en as pas marre de l'Agriculture? Tu ne voudrais pas voir autre chose? Un grand ministère, comme la Justice par exemple?

– Pourquoi pas? Mais j'aime bien ce que je fais et je voudrais traiter deux affaires qui me tiennent à cœur : la création de l'I.S.T.V. [1] et la négociation du G.A.T.T. [2] où nous avons un grand virage à prendre.

– Réfléchis... Tu pourrais remplacer Pierre Arpaillange. C'est un beau poste.

Quelques jours plus tard, alors que sur l'héliport d'Issy-les-Moulineaux je m'apprête à partir pour Nantes rencontrer des agriculteurs en colère, mon officier de sécurité vient me prévenir que le Premier ministre désire me joindre au téléphone. Dans un bureau un peu crasseux de l'héliport, au milieu des cartes de vol et des canettes de bière vides, Michel Rocard, d'un ton guilleret et affectueux, m'interroge :

– Je vais voir le président tout à l'heure et je lui parlerai du départ de Pierre Arpaillange. J'ai l'intention de proposer ton nom. Acceptes-tu de le remplacer? Ce sera dur, mais je te fais confiance. Tu sais négocier...

1. J'avais proposé de créer un Institut des sciences et techniques du vivant regroupant toutes les grandes écoles de la région parisienne pour faire une grande université de type américain. Les corporatismes des professeurs ont eu raison de ce beau projet.

2. Grande négociation commerciale où, traditionnellement, la France et les États-Unis s'affrontent sur les questions agricoles.

– Pourquoi pas? Si le président et toi m'en jugez capable, je suis disponible.

Dans l'hélicoptère qui me conduit à une assemblée paysanne houleuse où l'on va me reprocher pêle-mêle le bœuf à 19 F le kilo, les vaches folles du Royaume-Uni, l'arrivée sur le marché de la Communauté des malheureux bovins de la R.D.A., la sécheresse persistante et les autres malheurs qui s'abattent sur les paysans, je m'interroge. Les agriculteurs sont des interlocuteurs durs, toujours revendicatifs, mais je les connais depuis longtemps et je les apprécie. Ils crient, ils menacent très fort, et puis on s'installe à la table pour discuter. Ce jeu compliqué, parfois irritant parce que le double langage y est fréquent, mais dont je maîtrise les règles dans le détail, n'a pas empêché, depuis trente ans qu'il se pratique, de rendre l'agriculture française l'une des plus puissantes et des plus efficaces.

Dans le battement rythmé des rotors de l'hélicoptère qui m'emmène vers le pays nantais, j'admire ce paysage que je survole à la bonne hauteur pour en détailler les formes variées qui témoignent de la présence et du travail de ces paysans dont j'ai la charge.

Et l'institution judiciaire, les magistrats vers lesquels on me pousse, qu'est-ce que j'en sais? Serai-je capable d'assumer l'une des charges les plus prestigieuses de la République, mais aussi l'une des plus difficiles, car il s'agit du système ultime de la régulation sociale, de l'institution autour de laquelle s'organise la démocratie et qui touche le cœur de notre identité nationale? Moment de doute, devant une responsabilité inconnue.

J'ai fait de solides études juridiques à Bordeaux et passé sans difficulté le certificat d'aptitude à la profession d'avocat. J'ai enseigné les relations sociales et le droit du travail à l'université de Paris Dauphine. Mais je n'ai jamais exercé de profession juridique, je ne fais pas partie du monde judiciaire et j'en ignore les arcanes. Je ne pourrai pas compter sur une légitimité technique. Il me faudra tirer d'ailleurs mon autorité, de ma propre personnalité, de mon engagement politique, de ma capacité à m'inscrire dans l'action du gouvernement.

Je mets fin à mes interrogations, car nous approchons

de ma destination, et je décide de m'en tenir à une position simple. Lorsqu'en 1985, le président de la République m'avait demandé de remplacer, au pied levé, Michel Rocard au ministère de l'Agriculture, je m'en étais remis à sa décision. Après tout, le président de la République et le Premier ministre savent ce qu'ils font. Ce qu'ils décideront s'imposera à moi. S'ils pensent que je peux être garde des Sceaux, va pour la place Vendôme!

Au cours du mois de septembre, le président de la République lui-même évoque avec moi l'hypothèse d'un changement de poste ministériel. Il m'en parle au cours d'un voyage en Charente. Le maire de La Rochelle, Michel Crépeau, qui fut lui-même garde des Sceaux après le départ de Robert Badinter au Conseil constitutionnel, a prévu un moment de détente et nous a invités dans l'île de Ré à déjeuner d'un savoureux plateau de fruits de mer. Le président retrouve avec un plaisir évident son pays charentais, évoque des souvenirs qui l'y attachent, se montre attentif à tous et détendu.

Il cite des personnalités des deux Charentes, maires, conseillers généraux, et Michel Crépeau ou Philippe Marchand actualisent leur état de santé, leur situation professionnelle ou politique. Il interroge les convives sur les difficultés agricoles de la région et constate que les producteurs de Cognac sont sortis du marasme où il les avait trouvés en 1981. Un détour par les problèmes des artisans pêcheurs nous entraîne dans une longue discussion sur les techniques très particulières utilisées autrefois par les pêcheurs rétais qui construisaient des petits murets sur les immenses « platins », qui découvrent à perte de vue, pour retenir les poissons à la marée descendante.

Après le déjeuner, à sa demande, je l'accompagne pour une courte promenade dans les petites dunes de l'île. Il aborde la possibilité de ma nomination au ministère de la Justice, comme une expérience ministérielle après l'Agriculture et me rappelle par quelques anecdotes qu'il fut lui-même garde des Sceaux sous la IVe République. Il me parle de cette responsabilité comme si la décision était déjà prise, bien qu'il laisse ouvertes, comme à son habitude, toutes les possibilités. Mais, dès ce moment, je sais que je suis en partance pour d'autres lieux.

Il y aura encore une rencontre avec le président à l'Élysée, cette fois plus précise, quelques jours avant ma nomination. Il m'annonce à cette occasion que je serai aidé dans ma tâche par un ministre délégué, Georges Kiejman, qui sera chargé de faire adopter par le Parlement la réforme du Code pénal préparée par Robert Badinter, et à laquelle le président est très attaché. Je connais peu et mal Georges Kiejman. Je ne me suis entretenu téléphoniquement qu'une seule fois avec lui, lorsqu'en 1989, alors ministre de l'Agriculture, j'ai intenté un procès en diffamation à un hebdomadaire et que j'ai eu besoin d'un conseil.

Mon expérience ministérielle m'a appris à me méfier de l'institution même du ministre délégué. A la différence du secrétaire d'État, confiné dans les tâches délimitées par son décret d'attribution, le ministre délégué, qui siège au Conseil des ministres, et bénéficie d'attributions plus larges qu'un secrétaire d'État, ne peut, au bout de quelques semaines, que désirer prendre la place du ministre. C'est humain, mais pas facile à vivre par les uns et les autres et cela fait perdre beaucoup de temps. En tout cas, la décision du président ne m'enthousiasme pas. Et elle n'a, apparemment, pas beaucoup de supporters.

– Oh la la! Eh bien tu vas en voir! pronostique Jean-Paul Huchon.

La presse lui emboîte le pas, convaincue que ce tandem va passer son temps à s'entre-déchirer, et *Le Canard enchaîné* qui a fait, depuis longtemps, de Georges Kiejman une de ses têtes de Turc se met à l'œuvre en prêtant à l'un les pires méchancetés à l'égard de l'autre, et vice versa. Mais cela rentre vite dans l'ordre. Le tandem fonctionne à peu près normalement. Pourtant, c'est vrai, les motifs d'accrochage ne manquent pas, tant nous sommes différents. Cet homme chauve, légèrement voûté qui vous observe en inclinant la tête, de ses yeux noirs et durs au-dessus de lunettes en demi-lune, et vous parle avec un léger zozotement, n'est pas beau. Et pourtant cet avocat chic, insupportablement sûr de lui et dévoré de l'angoisse de ne pas être aimé, fabrique, à longueur de journée, un charme auquel j'ai vu peu de gens résister. Et ceux qui n'y succombent pas le détestent, ce qui revient au même, préciserait dans un rire Georges Kiejman ! Pour charmer, tout lui est bon : la repartie, l'humour, l'agression, l'érudition, n'importe quoi, pourvu que ce soit brillant et rapide. Il multipliera à plaisir les incidents au Parlement et en viendra presque aux mains avec Philippe de Villiers. Ses premières rencontres avec les magistrats seront de véritables passes d'armes. Il en est ravi et il en redemande. Mais il accepte, beau joueur, la critique : « Je ne suis qu'un amateur. » Fausse modestie, pirouettes incessantes, et disponibilité réelle, avec, de temps en temps, un détachement particulier comme s'il s'excusait presque d'être encore là. Moi aussi, je suis tombé sous le charme ! Georges Kiejman vaut mieux que les caricatures qu'en font les journalistes à qui il reproche leur irresponsabilité.

Le remaniement du gouvernement a lieu le 2 octobre 1990. Il est annoncé, comme le veut le rituel de la Ve République, depuis le perron de l'Élysée où le secrétaire général, Jean-Louis Bianco, lit les noms des nouveaux ministres. Le président de la République m'a donc nommé ministre de la Justice.

Depuis plusieurs semaines déjà, j'ai préparé mes proches à un éventuel changement de responsabilité sans leur préciser ce que pourrait être ma prochaine affectation. Beaucoup d'entre eux, qui travaillent avec moi depuis de nombreuses années, aspirent à de nouveaux horizons. Eux aussi diront : « Va pour la place Vendôme ! » même si, pour la plupart, ce lieu demeure mystérieux. En attendant d'en savoir davantage sur les dossiers qui vont nous occuper, il faut préparer la passation des pouvoirs. Cette cérémonie symbolique réunit pour un instant le ministre partant, nostalgique et parfois soulagé et le nouvel arrivant tout à son bonheur. J'ai connu cette cérémonie qu'apprécient les photographes, quand on arrive, puis quand on part. Et même dans une configuration particulière : en 1986 j'ai passé mes pouvoirs de ministre de l'Agriculture à François Guillaume qui... me les a rendus en 1988.

Nous sommes convenus avec Pierre Arpaillange que la cérémonie serait simple, discrète, sans discours. Mais il nous faudra bien nous présenter devant les photographes pour le cliché de la poignée de main. Nous y sommes avec Georges Kiejman et nous découvrons la complexité de cet exercice à trois : il y avait toujours une main en surnombre ! Avant de nous séparer, Pierre Arpaillange me conduit dans le bureau du garde pour le rituel tête-à-tête où le sortant est censé livrer à l'entrant les secrets de l'État qu'il détient.

Après m'avoir montré les sceaux de la République, dont j'ai désormais la garde dans un coffre-fort auprès de deux presses à sceaux, dont l'une est et restera défectueuse, mon prédécesseur me fait quelques recommandations personnelles concernant certains de ses collaborateurs puis, après un échange de politesses, quitte le ministère où il vient de vivre, comme il le dit lui-même deux années « bien difficiles ».

Quelques jours suffiront pour que je comprenne ce que cela peut signifier ! Mais pour le moment, il faut s'installer dans des lieux nouveaux et remettre la machine en route.

L'hôtel de la Chancellerie est impressionnant par les beautés architecturales et décoratives qu'il possède et, plus encore, par la continuité historique qu'il représente puisqu'il a la particularité d'être le plus ancien de nos ministères. Le chancelier ou le ministre de la Justice y sont installés depuis 1719. La création de la place Vendôme fut à l'origine une opération immobilière de grande envergure imaginée en 1686 par Louvois. La place dessinée par Mansart devait avoir des façades régulières, mais les acheteurs pourraient construire leur hôtel à leur guise sur les parcelles loties derrière les façades donnant sur la place. L'actuel emplacement de la Chancellerie fut acquis par le fils d'un receveur général des finances, puis devint la propriété d'un riche parvenu qui dut, en 1717, l'abandonner au domaine du roi pour acquitter quatre millions et demi de livres de taxes. On décida d'en faire la résidence d'Henri François d'Aguesseau qui venait d'être nommé chancelier. Sous l'Ancien Régime, le chancelier était le premier des grands officiers de la Couronne, chef de la justice et président de tous les tribunaux. Il est inamovible, ce qui explique que trois chanceliers seulement se sont succédé place Vendôme jusqu'à la Révolution.

Les bureaux et les salles historiques se répartissent sur deux niveaux, entre la place et le jardin en forme de parterre. Au rez-de-chaussée, trois pièces à usage de bureaux, donnant sur le jardin, à l'abri du vacarme de la place, communiquent entre elles. Le bureau du ministre, réaménagé au milieu du XIXe siècle, possède un grand corps de bibliothèque contenant les comptes rendus du Conseil du roi depuis le début du XVIe siècle et de nombreuses éditions originales dans des domaines variés. Le jouxtant, une pièce aux boiseries blanc et or avec plusieurs portraits de chanceliers revêtus de leurs robes. A l'angle enfin, un petit salon rococo, transformé en bureau dans un décor de bois ciré et doré datant du Second Empire. On accède au premier étage par un bel escalier d'honneur du XVIIIe siècle décoré de deux immenses tapisseries. Le grand salon possède des éléments de décoration dus à des artistes qui travaillèrent à Versailles. Et partout, on retrouve des lambris dorés, encadrant des portraits de gardes des sceaux, des trophées, médaillons et trumeaux symbolisant la Justice. Ces hautes pièces conçues pour manifester le pouvoir et la puissance de celui qui les occupe ont été, pour la plupart d'entre elles, transformées en bureaux occupés aujourd'hui par les collaborateurs immédiats du ministre. Elles ne sont pas si incommodes que certains qui ont la chance de les occuper pour un temps se plaisent à le dire, d'un ton faussement dégagé. Tout cela forme un décor désuet, mais impressionnant où le XVIIIe siècle rappelle à chaque pas sa place et son poids dans notre culture. On peut y vivre et travailler dès qu'on établit avec ces lieux historiques un rapport distancié : on n'y est que de passage, ainsi que dans la fonction ministérielle, et il faut laisser l'endroit au moins aussi propre qu'on l'a trouvé ! Le travail ne manque pas car la plupart de nos palais nationaux sont en piteux état, menacés à la fois par la disette budgétaire et l'expansionnisme bureaucratique. Bien aidé par mon épouse, et avec l'apport financier décisif de Jack Lang, j'ai pu récupérer au premier étage deux pièces d'apparat qui avaient été transformées en bureaux et faire restaurer le « grand salon rouge » au décor néoclassique et au mobilier Empire recouvert de soie rouge, donnant sur la place. On s'interrogea sur l'opportunité de cette restauration au moment où l'institution criait misère. La réponse me fut apportée quelque temps plus tard par un groupe de couturières de la région de Tonnerre, qui m'avaient reçu dans leur atelier et que j'avais invitées à mon tour. Après le déjeuner, nous fîmes avec elles le tour de la maison. Arrivées dans le salon rouge, tout juste restauré et flambant de ses ors, elles s'extasièrent en connaisseuses sur le travail des tapissiers, firent des commentaires techniques sur les tentures et exprimèrent leur satisfaction de constater que l'on savait encore travailler de la sorte.

Première visite accomplie, première répartition des bureaux achevée, la nouvelle équipe de la place Vendôme s'installe. Elle n'a pas le temps de s'interroger sur la solennité des lieux : en ce début d'octobre 1990, nous sommes dans ce qui ressemble plus à une place assiégée qu'à un ministère traditionnel.

III

LA JUSTICE EN RÉVOLTE ET LA MANIFESTATION DE LA COUR DE CASSATION

Mon expérience de l'institution judiciaire est limitée. Je ne suis ni magistrat, comme Pierre Arpaillange, ni avocat comme Robert Badinter, ni professeur de droit comme Jean Foyer ou René Capitant. Mais j'ai un point de vue, une manière d'aborder le sujet qui en vaut d'autres, c'est celle du citoyen, membre du peuple français au nom duquel la justice est rendue. Ce regard sur la justice, je l'ai perfectionné depuis que les habitants de l'Yonne m'ont élu député, conseiller général, enfin maire de Tonnerre en 1989. Depuis que je tiens des permanences toutes les semaines dans ma circonscription et dans ma mairie, j'en ai entendu des considérations méticuleuses, et kafkaïennes sur la justice de notre pays. Depuis celui qui me demande de lui expliquer le texte du jugement qui l'expulse de son appartement et qu'il ne comprend pas, à celle qui cherche à prendre contact avec l'avocat commis d'office pour défendre son fils provisoirement détenu et dont elle n'a aucune nouvelle, en passant par ce père qui voudrait bien, au bout de six ans, que l'audience ait enfin lieu qui décidera des responsabilités de ceux qui ont conçu et construit une piscine si dangereuse que son fils y est mort dans des conditions atroces... En ai-je connu des cas de citoyens qui ont à dire à propos de la justice! Et le plus souvent sans agressivité à l'égard de ceux qui la rendent, sans soupçon sur leur impartialité. Sans les discours habituels sur la « crise de la justice ». Non, c'est plus simple que cela : que la justice tranche, vite, de manière compréhensible car nous avons un besoin urgent que cette décision de justice soit prise et que son application soit effective. En un mot que la justice fasse son travail, dans un sens ou dans un autre, mais qu'elle le fasse et réellement pour que la vie continue. Si je n'étais pas issu du sérail, ma légitimité à assumer la charge n'en devenait pas moins pleine et entière; je la tirais de ma qualité d'élu et de la confiance du président de la République. Si j'ai été considéré bon ministre de l'Agriculture parce que technicien averti du secteur dont j'avais la charge, il me fallait maintenant renverser la proposition et montrer ma capacité à gouverner parce que j'étais devenu un responsable politique. Et c'est en « politique » que j'abordais cette responsabilité.

En 1990 l'institution judiciaire est en crise et elle le dit avec vigueur. A nouveau? Mais fut-elle jamais en paix avec elle-même et avec la société depuis 1789, sans remonter au-delà? Alors, comme d'habitude? Certains signes m'étaient apparus inquiétants avant même mon arrivée place Vendôme : une grève de magistrats a eu lieu au mois de juin, ce qui m'avait semblé incongru puisque les seuls à pâtir d'une interruption du service public étaient les justiciables : le barreau d'Auxerre, qui m'était bien connu, menait quant à lui avec d'autres barreaux une grève de l'aide légale, ce qui revenait à priver définitivement de tout conseil ou défenseur les plus démunis de nos concitoyens. Les journaux m'avaient appris qu'une « intersyndicale justice » regroupant les organisations professionnelles de tous les corps de métiers participant au fonctionnement de l'institution venait de se créer, à la surprise générale, et refusait tout contact avec mon prédécesseur, ne voulant plus être reçue que par le Premier ministre en personne. Elle annonçait de nouvelles manifestations, et en particulier une grève de tous les personnels de justice pour le 25 octobre.

Ce tableau, déjà sombre et connu de tous, m'apparut au bout de quelques jours en deçà de la réalité. Comme tout ministre qui entre en fonction, j'ai réuni immédiatement les directeurs de l'Administration centrale, ces hauts fonctionnaires – pour la plupart des magistrats –, qui dirigent, sous la responsabilité du ministre les différentes branches de l'Administration. Tous me décrivent des situations difficiles, dangereuses, bloquées, des mouvements de contestation, un dialogue social rompu ou inexistant. Dans cet univers pessimiste, seule l'Administration pénitentiaire, dirigée par Jean-Pierre Dintilhac, que je nommerai quelques jours plus tard directeur du cabinet, semblait connaître une vie sociale normale : elle « digérait » le programme de création de nouvelles prisons lancé par Albin Chalandon et poursuivi par Pierre Arpaillange. Les personnels de l'Administration pénitentiaire sont encadrés par de puissantes organisations syndicales rompues à la négociation.

Chacun de mes contacts me conforte dans le sentiment des premières heures : l'institution judiciaire est au bord de l'explosion et les ponts avec la Chancellerie sont presque partout coupés depuis de longs mois. Le gouvernement n'a plus de crédibilité et l'incompréhension atteint son comble dans une dispute de chiffres plutôt absurde : le budget pour 1991, préparé par mon prédécesseur, augmente-t-il de 12 %, comme le ministre le prétend, ou de 7 %, comme le soutiennent les syndicats? Cela dépend. Si l'on ne tient pas compte de la réduction très forte des crédits affectés au programme de construction des prisons qui s'achève, la progression est bien de 12 %. Tout dépend de ce que l'on compare et chacun tient mordicus à sa version. Il n'y a même pas de base technique commune à la discussion.

Mon premier objectif est de chercher à nouer les fils d'un dialogue avec les uns et les autres, non seulement pour prendre la mesure de la crise, mais pour montrer à tous ma volonté de concertation sans idée préconçue. Il faut aller vite car il m'apparaît que le feu est à la maison. Je prends connaissance des notes et dossiers qui remontent de l'Administration afin de compléter mon information, et j'organise sans plus attendre à un rythme très soutenu des entrevues directes, avec toutes les organisations professionnelles qui acceptent de me rencontrer. Ces entretiens ont lieu sans les services, avec deux ou trois collaborateurs qui écoutent et prennent des notes. Ils se déroulent selon le même ordre : à chacun de mes interlocuteurs, invariablement, je demande :

– Qu'est-ce qui ne va pas? Pourquoi en est-on arrivé là? Que proposez-vous? Soyez concrets. Je suis là pour vous écouter.

Puis je me tais, et j'écoute du mieux que je peux, pour m'imprégner, pour comprendre. Ces hommes et ces femmes, qui ont rompu les ponts avec un gouvernement réformiste, ne peuvent pas être tous des adversaires politiques aveugles ou des corporatistes. Ils doivent avoir quelques raisons de se conduire ainsi, qu'il me faut connaître directement.

J'écoute donc ceux qui menacent de descendre à nouveau dans la rue. De temps en temps, je formule une question pour les amener à préciser le propos ou pour vérifier ma compréhension. Aucun engagement, aucune promesse. Seulement celle de continuer le dialogue, obstinément.

Chaque soir, je fais le point avec mes collaborateurs des acquis de la journée, de ce que nous avons appris de la crise et des moyens possibles de la combattre. Nous parlons aussi des interlocuteurs que nous avons rencontrés et avec qui nous allons désormais travailler. Au bout d'une quinzaine de jours, j'ai établi un tableau de la crise telle que je commence à la distinguer. Aujourd'hui encore les souvenirs de ces échanges, de ces supputations, de ces analyses faites à haute voix, de ces hésitations, suivies de propositions de réformes de tous ordres restent très précis dans ma mémoire, car ce fut un temps fort que cet apprentissage sous la pression de la nécessité, cette réflexion sous la menace constante d'une aggravation du conflit programmé avant mon arrivée. L'état des lieux est clair : c'est une maison singulièrement délabrée qui m'a été confiée et dont les locataires insatisfaits sont prêts à claquer la porte.

Le délabrement est d'abord et avant tout moral, dans les têtes de ceux que nous avons rencontrés, graves, tristes, malheureux. Cette neurasthénie collective est si profonde, et peut-être si ancienne, qu'elle ne permet pas à mes interlocuteurs de prendre conscience de la plus légère amélioration de leur état. Ils sont incapables de reconnaître que le budget de 1991 est un bon budget bénéficiant d'une réelle croissance. Pour eux, c'est impossible, cela ne se peut pas puisque ce n'est pas à « la hauteur des besoins de l'institution ». J'étais habitué à négocier avec les dirigeants agricoles qui, quelle que soit l'importance de l'effort budgétaire, 10, 100 ou 1 000, empochaient en un instant l'avantage avant de déclarer avec un sourire : « C'est un premier pas qui va dans la bonne direction, mais maintenant il nous en faut beaucoup plus. » Je m'étonne du refus arrogant opposé depuis des semaines par les organisations de justice aux déclarations de Pierre Arpaillange et de Michel Rocard. Car les ministres ont raison : pour une fois, le budget de la Justice bénéficie d'une priorité relative. Pourquoi nier l'évidence? Cette attitude est pour moi si choquante, que lors de ma première rencontre avec l'intersyndicale j'interpelle publiquement le président d'un syndicat de magistrats :

– Mais à la fin, pour vous, un bon budget de la Justice, c'est quoi?

– Le doublement de l'actuel.

– Vous rendez-vous compte que, même si par extraordinaire nous obtenions une telle dotation budgétaire, nous serions techniquement incapables de l'utiliser?

– Cela est possible, Monsieur le ministre, mais c'est le geste politique que nous attendons.

Nous sommes engagés les uns et les autres dans une bataille symbolique : les syndicats préparent la grève du 25 octobre et ne veulent rien négocier avant cette date, même si cette journée « n'est pas dirigée contre moi » à en croire leurs représentants; le Premier ministre ne veut pas rencontrer l' « intersyndicale justice » tant qu'elle n'a pas négocié avec le ministre responsable. Cela peut durer encore un certain temps, au moins jusqu'au 30 novembre où, symbole des symboles, le président de la République doit se rendre au palais de justice pour célébrer le bicentenaire de la Cour de cassation.

Cette « intersyndicale justice » qui, en cet automne 1990, inquiète le gouvernement et parvient à faire appliquer ses mots d'ordre, où puise-t-elle donc sa force et son unité?

Elle bénéficie en premier lieu d'un très bon dirigeant en la personne d'Yves Rousset, le responsable de la

C.F.D.T. Ce jeune éducateur de la Protection judiciaire de la jeunesse est un vrai militant syndical, bien formé, intelligent, tacticien... et sympathique. Il s'est imposé à son espèce d'armée mexicaine et c'est lui qui mène le combat et les négociations au nom de tous. Aucune complaisance à attendre de lui, mais j'ai toujours apprécié sa compétence et sa rigueur. Et ce souci du bien public qui fait de la C.F.D.T. un syndicat différent.

En plus d'un bon chef, l'intersyndicale dispose aussi, en cette fin 1990, pour souder ses organisations constituantes en un front uni, du ciment que forment ce qu'il faut bien appeler les erreurs gouvernementales.

En 1988, l'arrivée à la Chancellerie de Pierre Arpaillange a soulevé de véritables espoirs dans la fraction réformatrice des corps de magistrats et de fonctionnaires. Le nouveau ministre, peut-être parce qu'il connaît intimement les maux dont souffre la justice, adopte une attitude prudente. Il passe commande de nombreux rapports, crée des commissions de réflexion et d'études qui doivent présenter des analyses et des propositions. Cette méthode était censée assurer une bonne concertation avec les différentes parties prenantes à un sujet, et une liberté de choix au gouvernement sur la base d'une bonne expertise technique et des propositions alternatives qui pouvaient lui être proposées. Mais cette technique de travail gouvernemental, si elle n'est pas étroitement contrôlée dès l'origine, peut se retourner contre le commanditaire : à laisser les membres des commissions ou les auteurs de rapports seuls juges de leurs démarches et de leurs propositions, on peut aboutir à des projets surprenants ou irréalistes. Et dès qu'ils sont devenus publics, ils sont considérés par ceux qui les attendent comme une obligation sur laquelle il n'est plus question de revenir. Loin d'ouvrir le choix gouvernemental, la technique du rapport peut enfermer l'exécutif dans ses conclusions. Il lui reste alors le choix entre la déformation des propositions, ce qui fait hurler tous les participants à la commission, et l'enterrement qui provoque la critique de tous.

Je pense que Pierre Arpaillange n'avait même pas cette alternative : insuffisamment soutenu par le gouvernement et le groupe socialiste à l'Assemblée, peu assuré de faire passer ses projets au Parlement, il ne pouvait que laisser s'empiler les rapports qu'il avait commandés. C'est ainsi qu'en arrivant à la Chancellerie, je découvrais un stock de rapports sans suite sur la modernisation de la justice, l'informatisation des juridictions, la réforme de l'aide légale, la réforme de la procédure pénale, le métier de greffier, etc. L'impatience des uns et des autres augmentait avec le temps et le gouvernement était accusé d'immobilisme. Et Pierre Arpaillange, durement attaqué par la droite au Parlement, perdait peu à peu ses soutiens au sein de l'institution. Il devint une cible de choix. Les critiques adressées à Pierre Arpaillange m'apparaissent injustes. Il n'a pas eu les moyens nécessaires aux réformes et le monde politique comme le monde judiciaire n'ont eu de cesse de l'affaiblir. Mais, n'est-ce pas un attribut constitutif de la fonction que d'être l'objet des pires critiques et le ministre le plus visé du gouvernement? Michel Rocard s'en inquiéta et, préoccupé de la montée des manifestations dans le personnel de justice, décida de venir prêter main-forte à son garde des Sceaux. Fait sans précédent, le Premier ministre vint lui-même place Vendôme en février 1990 prononcer un discours destiné à marquer l'attention que le gouvernement portait aux problèmes de la justice et sa volonté de mettre à la disposition de l'institution judiciaire les moyens qui lui étaient nécessaires et qui, jusque-là, lui avaient fait défaut. Et, pour ramasser sa réflexion en une formule susceptible de toucher les esprits, il déclara que « 1991 serait l'année de la Justice ». Ah! danger des petites phrases, malheur des formules qui collent à la peau, imprévoyance des *speech writers*... Alors que Michel Rocard, dont tout le monde reconnaît l'avarice en promesses creuses, voulait dire à peu près : « J'ai compris vos besoins, on va faire le maximum pour mieux y répondre », ses interlocuteurs, y compris une bonne partie des syndicalistes qui l'écoutaient, traduisirent : « La Justice devient la priorité du gouvernement et on va avoir tout ce qu'on demande. » Calamiteux et explosif malentendu qui allait renforcer la méfiance et précipiter ce qu'il faut appeler un affrontement. Les organisations syndicales de magistrats, d'avocats, de greffiers, d'éducateurs, une partie des organisations représentant les personnels pénitentiaires se constituent en intersyndicale. Ces organisations sont divisées sur bien des points, mais c'est le fait qu'elles aient pu se regrouper qui va faire éclater, aux yeux de la société, la « crise de la justice ».

Le 25 octobre, les magistrats, les avocats, les greffiers, les éducateurs... descendent dans la rue. La manifestation a mobilisé 1 500 personnes à Paris, ce qui est un succès par rapport au monde judiciaire. L'intersyndicale, surprise de sa réussite, décide de faire monter la pression et appelle à une nouvelle journée d'action le 15 novembre. A nouveau, la mobilisation est forte et les syndicats convoquent leurs troupes pour exprimer leur mécontentement à l'occasion du bicentenaire de la Cour de cassation le 30 novembre. Les personnels de justice veulent profiter de la présence du président de la République à cette commémoration, mais le préfet de police interdit, pour des raisons de sécurité, l'accès de la place Dauphine. Le ton monte et, malgré les consignes de prudence données aux forces de l'ordre, deux événements menacent de déclencher une émeute.

Des fonctionnaires chargés du service d'ordre veulent faire circuler une magistrate qui pratique le *sit-in* au milieu de la chaussée. Devant sa résistance passive et obstinée, ils doivent la traîner par les pieds. Et pendant ce temps, non loin de là, à l'intérieur même du palais de justice, se déroule un incident plus grave : un jeune substitut du nom de Pernollet interpose son crâne entre gendarmes et personnels de justice, ce qui lui vaut, assez logiquement, un coup de matraque. Bosse et points de suture. M. Pernollet est un haut responsable de l'Union syndicale des magistrats. Et ce qui serait dans tout autre secteur un incident malheureux prend ici des proportions considérables et provoque un émoi dans la magistrature qui y voit un abaissement symbolique : les magistrats sont traités par les policiers, qui obéissent au pouvoir exécutif, comme de simples manifestants cheminots ou étudiants. Inadmissible !

Cet incident eut des suites quelques jours plus tard, jusque chez le Premier ministre. Il avait accepté le principe d'une rencontre avec « l'intersyndicale justice » qu'elle réclamait depuis des mois, et je l'avais prévenu que le coup de matraque du 30 novembre serait vraisemblablement évoqué. Nous étions une bonne soixantaine de personnes réunies dans la grande salle de Matignon, celle où se tenaient les Conseils de cabinet sous les IIIe et IVe Républiques, et où ont lieu aujourd'hui les comités interministériels, qui réunissent plusieurs ministres sur un sujet particulier, et les grandes négociations sociales. Cette salle toute en longueur, très claire et décorée selon les modes du XVIIIe siècle, est connue du monde politique et syndical. Je remarquais cependant les mines curieuses de plusieurs responsables de l'intersyndicale : ils détaillaient la grande tapisserie, levaient la tête vers les lustres et se faisaient entre eux des moues admiratives qui se voulaient discrètes. Alors que le dernier vice-président du Centre national des jeunes agriculteurs ou le moindre collaborateur salarié du secrétaire général de Force ouvrière circulent dans les locaux de Matignon comme dans leur appartement et connaissent chaque garde républicain qu'ils pourraient nommer par leur prénom, certains représentants des personnels de justice y mettaient les pieds pour la première fois ! Ce qui en dit long sur l'intensité du dialogue entre l'exécutif et l'institution judiciaire.

Chacun ayant trouvé sa place, le Premier ministre fut annoncé par un garde en uniforme. D'un pas vif, Michel Rocard gagna sa place et ouvrit sans attendre la séance. Le chef de l'intersyndicale, Yves Rousset, commença un exposé assez long, où il fit allusion aux mauvais traitements infligés aux manifestants, je dois l'avouer, sans grande conviction. Michel Rocard qui, à son habitude, prenait des notes, releva la tête et observa avec une intense attention celui qui parlait. Il se pencha vers moi qui étais assis à sa droite :

– Il s'agit du coup de matraque dont tu m'as parlé ?
– Exactement.
– Et le chef qui parle, est bien de la C.F.D.T. ?
– Oui.
– Bon, on va leur répondre là-dessus.

Il s'appuya un instant au dossier de son fauteuil et accomplit du regard un tour de table, pour faire connaissance. Et quand il prit la parole pour répondre au discours d'Yves Rousset, il commença par l'incident du 30 novembre :

– Quand on lance une manif, on prévoit un service d'ordre, on négocie avec la préfecture de police, et on accepte le risque de recevoir un coup ou de déguerpir en courant. La loi est la même pour tous. Moi qui vous parle, j'en ai organisé des manifs, et plus chaudes que la vôtre ! Les forces de l'ordre m'ont couru après, et quand elles l'ont pu, m'ont tapé dessus. C'est la règle, et vous voyez, cela ne m'a pas empêché de devenir Premier ministre !

Cela dit dans le ton et avec le sourire ramène les choses à leur juste proportion. L'atmosphère se détend et même certains responsables syndicaux approuvent du chef les propos du Premier ministre. On n'entendra plus parler de la bosse de M. Pernollet.

L'affaire a cependant un sens : les gens de justice sont exaspérés. La moindre péripétie donne lieu à soupçon, communiqué, dénonciation, rupture. Et comme tout corps qui se sait malade, ou se vit ainsi, rétrécit le monde à la seule conscience de sa douleur, les corps judiciaires se replient sur eux-mêmes et s'enferment dans leurs insatisfactions. Dans les expressions de cette crise, une voix est étrangement absente : celle du justiciable, du citoyen. Je sais les reproches qu'ils adressent à la justice et le sondage qui sera réalisé en 1991 à la demande de la Commission sénatoriale de contrôle des services relevant de l'autorité judiciaire dressera la liste des insuffisances judiciaires majoritairement reconnues. Mes interlocuteurs ont fait allusion, à un moment ou à un autre, à l'insatisfaction des justiciables, mais ce n'est ni le point de départ de leur raisonnement ni leur souci principal. Pour tous, le point de départ est interne à l'institution : malaise des magistrats, malaise des greffiers, malaise des avocats... « Donnez-nous ce que l'on vous demande pour nous et vous verrez que, par contrecoup, les justiciables s'en trouveront bien. » La crise est d'abord celle des gens de la justice : on ne voit manifester aucun justiciable réclamant une justice plus impartiale, plus rapide, moins coûteuse.

Ces justiciables n'ont pas d'organisation collective. Il n'existe pas d'association des usagers du service public de la justice. Ils ne font pas partie de l'intersyndicale justice. Ils sont, dans l'exposé de la crise, les absents muets.

Or, l'institution judiciaire ne vit pas pour elle-même. La justice n'est importante que dans sa relation au reste de la société qu'elle doit réguler, ordonner, réconcilier avec elle-même. La justice ne peut pas être pensée hors de la société, ou au-dessus d'elle, comme une abstraction, hors de l'histoire et du social. Cette conception de la justice comme œuvre de la société sur elle-même est pour moi décisive. Cette position n'est pas affaire de circonstance : il y a longtemps que je crois que l'État est une forme immanente de l'organisation sociale, travail de la société sur elle-même, et non pas instrument externe d'une rationalité préconçue [1]. Et cette conception de l'État me paraît conforme aux idéaux laïques et républicains. Parler et traiter de la crise de l'institution judiciaire ne peut pas se faire dans la seule place Vendôme, dans le seul tribunal, mais dans la relation de la Justice avec le reste de la société, et sur la place publique. Qui peut parler au nom de la société, des citoyens justiciables, sinon les élus et l'exécutif chargé par le peuple des intérêts généraux de la société?

Autrement dit, dans une République pratiquant la délégation, l'institution judiciaire dans son ensemble n'en a pas encore fini de sa relation complexe avec les élus de la nation et l'exécutif.

J'ai voulu affirmer cette position politique dès mes premières interventions publiques, en même temps que je manifestais ma volonté de dialogue, pour fixer d'entrée de jeu le cadre général de mon action et faire connaître les filiations politiques où je m'inscris. Et, pour être plus précis, je me suis efforcé d'en tirer les premières conclusions logiques.

La crise de l'institution judiciaire ne se résoudra pas par elle-même, mais dans sa relation avec le reste de la société. Donc, toute occasion de débat public au Parlement, au Conseil économique et social, ou sous le préau des écoles est bonne à prendre pour que la

1. J'ai écrit avec l'un de mes amis un petit essai sur cette question en 1978 : H. Nallet C. Servolin, *Le Paysan et le Droit. Des libertés républicaines au règlement bureaucratique*, Paris, I.N.R.A.

société, et d'abord ses élus, s'emparent des problèmes de l'institution, les analysent, les confrontent, et proposent des solutions.

L'institution judiciaire doit des comptes à la société sur la manière dont elle fonctionne. Dès ma première rencontre avec l'intersyndicale, qui revendique en préalable à tout dialogue une rallonge budgétaire, j'affirme un principe que je martèlerai dans toutes mes rencontres et dont je ne dérogerai jamais : « Je ne demanderai au Premier ministre une “ rallonge ” que si nous sommes capables de nous mettre d'accord sur le principe suivant : tout franc supplémentaire demandé au budget de l'État, c'est-à-dire au contribuable, doit pouvoir être justifié publiquement comme moyen d'améliorer le fonctionnement du service public au bénéfice de l'usager. Si on ne peut pas justifier ainsi la rallonge, je ne demanderai rien... »

Surprise chez mes interlocuteurs, peu habitués à ce genre de discours. Et je leur donne la clé de cette position que certains, je l'ai su après, trouvaient provocatrice :

– En tant que ministre de la Justice, je dois exprimer au reste du gouvernement, des élus et, si je peux être entendu, de la nation – les besoins de l'institution que je crois justifiés. Et toujours en tant que ministre membre d'un gouvernement, je dois exprimer auprès de vous les attentes et les possibilités de la nation à votre égard. Je suis aussi le représentant des justiciables auxquels je rends des comptes au moment des élections.

Mes interlocuteurs, qu'ils soient magistrats ou fonctionnaires, savent que cette affirmation entraîne une conception des rapports de la justice avec la société, et en particulier avec l'exécutif. Plusieurs de ceux qui m'écoutent ne partagent pas cette analyse. C'est pourquoi je lui donne un ton ramassé, vigoureux. Mais personne ne dit mot. Quelques jours plus tard, au Congrès de l'Union syndicale des magistrats, principale organisation professionnelle des magistrats, je reprendrai le même thème. Quelques murmures accueilleront l'expression volontairement utilisée de « service public de la justice »... C'est dans ce débat sur les relations de l'institution judiciaire à la société que réside le centre de la « crise de la justice ».

Et si je ne l'avais pas compris assez vite, la tempête politique que j'affronte à l'Assemblée nationale depuis la mi-octobre 1990 se serait chargée de me le faire savoir.

IV

LE PRIX DE LA POLITIQUE

Dans les jours qui suivent mon arrivée à la place Vendôme, où l'ensemble de mes ressources d'attention et d'énergie était consacré à prendre la mesure des problèmes de l'institution judiciaire et à renouer les fils d'un dialogue rompu, je ne me doutais pas que j'étais à la veille de tomber dans un piège extrêmement complexe, tendu depuis un an et demi à mon insu. A peine installé dans mes nouvelles fonctions, j'allais me trouver précipité dans l'imbroglio des « affaires ».

Par la suite, de nombreux journalistes et commentateurs politiques se sont étonnés que le président de la République ait jugé bon, à un moment où le problème du financement des partis politiques avait commencé à faire irruption sur le terrain judiciaire, de nommer garde des Sceaux celui qui avait été durant moins de deux mois le trésorier de sa campagne présidentielle de 1988. Un pareil choix n'apparaissait pas a priori illogique : ma fonction de trésorier ne me rendait pas vulnérable, dans la mesure où je l'avais remplie dans le respect de la loi relative au financement des campagnes présidentielles que le gouvernement de Jacques Chirac avait fait adopter par le Parlement en 1988. Quant aux débats qui pouvaient résulter des méthodes de financement des partis politiques, je ne pouvais y être personnellement impliqué, n'ayant adhéré au parti socialiste qu'en juin 1986, et n'y ayant exercé aucune responsabilité financière. Je crois même avoir compris que cette complète inexpérience en matière de financement de l'activité politique avait eu sa part dans les raisons qui conduisirent François Mitterrand à me nommer trésorier...

Et pourtant, malgré la simplicité de cette situation j'aurais dû me montrer plus méfiant.

Le Nouvel Observateur, le premier, tentait en novembre 1989 d'établir un lien entre le financement de la campagne de François Mitterrand et le système Urba et m'accusait d'avoir perçu de ce bureau d'études, pour la campagne du président, en connaissance de cause, des fonds d'origine irrégulière pour un montant de 100 millions de francs. Ma réaction fut très rapide. Je téléphonai à Georges Kiejman, avocat de grande réputation, que je n'avais jamais rencontré et le chargeai d'attaquer le journal en diffamation. J'eus vite gain de cause : le tribunal reconnut le caractère diffamatoire de l'amalgame que le journaliste fut incapable de prouver, selon des attendus si fermes que l'hebdomadaire renonça à faire appel de sa condamnation. Cette première tentative d'utiliser les Cahiers de Joseph Delcroix, sorte de mémorial du système de financement occulte du P.S., contre la campagne présidentielle de 1988, donc contre le président, avait échoué.

Au moment où j'allais prendre mes fonctions à la Chancellerie, cet épisode appartenait pour moi au passé. J'avais eu connaissance des « révélations » distillées par la presse à partir du printemps 1989 concernant les « fausses factures du Midi » et leur connexion possible avec la société Urba. Elles venaient nous rappeler que la question du financement de la vie politique dans notre pays n'avait jamais reçu de solution cohérente. Mais je ne me sentais nullement concerné par des affaires où je n'avais eu aucune part.

C'est pourquoi l'utilisation quasi hystérique du livre de Gaudino et le feu roulant des questions que la droite m'adresse à partir du 17 octobre 1990 me cueillent d'abord à froid et il va me falloir un moment de tâtonnement pour comprendre le détail de ce que l'on me reproche et ajuster ma riposte.

Contrairement à ce qu'on pourrait croire, la Chancellerie et le garde des Sceaux lui-même ne sont pas parfaitement informés du contenu et de l'évolution des dossiers. Bien que hiérarchiquement subordonnés au ministre, les magistrats du Parquet sont avant tout des magistrats, semblables à leurs collègues du siège avec qui ils peuvent échanger leur rôle. C'est dire si les rapports entre eux et le garde des Sceaux sont extrêmement prudents, respectueux des formes. Quand il veut s'informer, le garde des Sceaux sollicite du Parquet un rapport qui lui parviendra par la voie hiérarchique. Les dossiers que j'ai trouvés en prenant mes fonctions ont été nourris de ce type d'information indirecte. En revanche, mon lecteur aura peut-être du mal à le croire, ils ne contiennent aucune copie, même partielle, des Cahiers Delcroix qui constituent pourtant le document fondamental des « affaires » et dont tous les journaux français reproduisent chaque semaine des extraits. J'avoue que j'ai dû, pour m'en procurer une photocopie, passer par des voies tout à fait extra-officielles !

Là aussi, sur ce front, il m'a fallu m'informer, reconstituer, comprendre ce qui s'était passé et pourquoi nous en étions arrivés là [1].

Le financement de la vie politique, dans tous ses aspects, ne peut laisser personne indifférent, a fortiori les hommes politiques qui vivent dans une société démocratique. La démocratie suppose que toute personne assumant une responsabilité politique, que toute organisation à objectif politique ait les moyens d'exercer matériellement ses activités, selon des conditions d'efficacité et d'indépendance suffisantes. Les individus doivent pouvoir exercer des fonctions politiques même s'ils n'ont pas de fortune personnelle. Les partis politiques modernes sont des organisations complexes qui ont besoin de permanents, de services d'information, d'études, de communication. Ils ne peuvent se reposer seulement sur le bénévolat des militants. Ils doivent fournir aux candidats qu'ils présentent aux diverses élections de quoi payer des sondages, l'affichage, les journaux, les dépliants, les mee-

1. On peut se reporter à : Yves-Marie Doublet, *Le Financement de la vie politique*, P.U.F., « Que sais-je ? », 1990; Yves Mény, *La Corruption de la République*, Fayard, 1992; et au *Rapport de la Commission d'enquête sur le financement des partis et des campagnes électorales sous la Ve République*, n° 2 348, Assemblée nationale, 1991.

tings. La France a su proscrire pour l'essentiel les dépenses exorbitantes que représentent les multiples émissions de propagande télévisée que doivent financer, par exemple, les candidats aux États-Unis. Mais il demeure que chez nous comme ailleurs, les dépenses de la politique ont eu tendance à croître considérablement au cours des vingt dernières années : des dépenses fort coûteuses correspondant aux moyens modernes de communication (vidéo, clips, marketing, mailing, messages téléphoniques ou télématiques) sont venus s'ajouter et non se substituer aux dépenses traditionnelles (affichage, meetings) auxquelles les candidats ne pouvaient pas renoncer.

Ce mouvement est général et irréversible. S'il est lié à l'explosion des moyens modernes de communication, il dépend aussi de la personnalisation des choix politiques, du développement de ce marché où publicitaires, concepteurs, sondeurs, etc., cherchent, par tous les moyens, à accroître la demande des candidats. La littérature que nous recevons avant chaque élection est édifiante : nous sommes prospectés par une quantité croissante d'officines qui nous proposent l'élection clés en main depuis le sondage qui nous apprendra les « attentes » de la population, jusqu'au matériel de propagande, en passant par la rédaction des discours. Des professionnels de la communication politique se proposent, moyennant finances, de remplacer les militants des partis, de mettre dans la tête du candidat les idées qui le feront gagner, en un mot de traiter l'élection comme un marché ! Et plus on y consacre de moyens, plus on est censé accroître les chances de l'emporter.

Ainsi, le problème du financement de ces dépenses, toujours problématique, a-t-il pris au cours des dernières décennies un caractère de plus en plus crucial [1]. C'est à partir de la fin des années soixante que se sont développées en Europe de l'Ouest et en Amérique les législations réglementant le financement des activités politiques. Jusqu'alors la loi dans ces divers pays ne connaissait que les élus en tant qu'individus. Elle organisait leur rémunération et la prise en compte de certaines de leurs

1. Y.M. Doublet, *op. cit.*

dépenses par l'État, elle contenait aussi des dispositions destinées à prévenir ou à réprimer la corruption. L'éclatement de scandales relatifs au financement des partis politiques a conduit les différents États à établir, ou à perfectionner, des législations réglementant le financement des partis politiques considéré comme un problème spécifique, distinct de celui de la corruption et de l'enrichissement personnel de tel ou tel homme politique. Notre pays a été le dernier à se doter de telles législations avec les lois de 1988 et 1990. La loi de 1988 a donné pour la première fois à nos partis politiques un statut juridique moderne : ils présentaient avant cette date la particularité d'être des groupements de fait, dénués de la personnalité morale. Ce qui revenait à dire que la loi ignorait leur financement, et que les pratiques utilisées pour les financer risquaient toujours d'être illégales, en tout cas inconnues et incontrôlées.

Les sources de financement sont peu nombreuses. Il y a les cotisations des adhérents, ressource limitée, même pour les partis de gauche traditionnellement partis de militants et pour les formations de droite qui sont plutôt des partis de notables et des appareils avant tout électoraux. Il y a les fonds recueillis par souscription, à l'occasion de telle ou telle élection. Cela peut être important : lors de l'élection de 1988, les souscriptions pour financer la campagne de François Mitterrand ont réuni 11 millions de francs. Mais il ne s'agit pas d'une ressource permanente.

Les élus et parlementaires socialistes, comme les communistes, versent une fraction importante de leurs indemnités à leur parti. Cette ressource ne doit pas être sous-estimée : elle a atteint pour le P.S. à peu près 25 millions de francs en 1988.

Pour le reste, il faut recourir soit au financement public, soit au financement privé. Les financements publics sont une pratique générale, soit que l'État prenne en charge une partie des dépenses électorales, soit qu'il concoure sous une forme ou une autre aux dépenses de fonctionnement des partis. Ces financements publics posent des problèmes de critères d'attribution qui tendent à favoriser les formations politiques importantes et à renforcer les situations acquises. Ils ne peuvent s'étendre à l'infini. La plupart des lois prévoient qu'ils ne peuvent constituer plus qu'une certaine fraction du budget des candidats ou des formations politiques.

Mais le budget de l'État ne représente qu'une part, même si elle est la plus visible, des financements publics de la vie politique. Les collectivités locales participent indirectement au financement des activités politiques depuis longtemps. Cela a été vrai des municipalités importantes qui, malgré la croyance qui fait de la France un pays hypercentralisé, sont des centres de pouvoir puissants, indépendants et dotés de moyens matériels conséquents. La décentralisation a renforcé les pouvoirs des maires, et donné un rôle majeur aux présidents de Conseils généraux et régionaux en leur permettant de gérer des budgets considérables, de lever comme les maires leur propre impôt, de salarier un certain nombre de collaborateurs. Ce mouvement a transféré des compétences et des charges de l'État vers les collectivités locales, par déconcentration des pouvoirs vers les chefs des exécutifs locaux. Les principaux bénéficiaires de la décentralisation sont les présidents des Conseils régionaux, les présidents des Conseils généraux et les maires.

Élu maire de Tonnerre en 1989, je ne peux pas établir de comparaisons entre l'avant et l'après-décentralisation. Cependant, il m'apparaît que les pouvoirs actuels du maire sont considérables : il fixe seul l'ordre du jour du Conseil municipal qu'il convoque quand il veut; il préside les séances (il est important de savoir donner la parole au bon moment) tout en restant le chef de la majorité municipale; il détient le pouvoir exécutif sur le personnel et les finances municipales; il prend, en dernier ressort, les décisions concernant l'urbanisme et il est enfin officier de police judiciaire.

Bien sûr, dans une commune comme la mienne où tout se passe sous le regard de la population, l'excès de pouvoir est difficile car il serait immédiatement sanctionné par une crise municipale. Mais les mêmes règles s'appliquent aux grandes villes de plus de cinquante ou cent mille habitants où les enjeux de pouvoir et de moyens ne sont plus les mêmes. Les lois de décentralisation ont fait grande confiance à la modération des élus locaux qu'elles investissaient de prérogatives et de moyens immenses sans contrôle ni contre-pouvoirs suffisants. Il faudra porter remède aux excès auxquels a donné lieu la décentralisation, tels par exemple que ceux mis au jour par les nouvelles Chambres régionales des comptes, d'autant plus que les risques de corruption sont les plus grands dans les collectivités locales où se décident la plupart des travaux publics.

Sans même évoquer ces risques d'illégalités, les collectivités locales importantes peuvent mettre à la disposition des élus responsables politiques des moyens de travail et de transport, des locaux, des collaborateurs qui sont autant d'aides indirectes aux partis auxquels appartiennent ces élus. Cette forme de prise en charge de l'activité politique de nombreux élus bénéficie surtout à la droite, puisque les aléas de la conjoncture politique et les systèmes électoraux font qu'une grande partie des Conseils généraux et des régions sont entre les mains de majorités de droite.

Restent les financements privés qui posent les problèmes les plus préoccupants. Chaque pays a dans ce domaine ses propres critères de ce qui est ou non acceptable du point de vue de l'éthique commune. Les États-Unis autorisent leurs parlementaires à percevoir des honoraires des groupes d'intérêts dont ils ont soutenu les positions : cette pratique serait considérée comme un grave délit dans l'ensemble des pays européens. Mais partout subsiste le problème des rapports entre les intérêts économiques et les décideurs politiques. Car partout, les partis politiques tirent une part importante de leurs ressources, directement ou indirectement, des entreprises grandes et petites.

Depuis longtemps, on s'est efforcé de prohiber, ou de contrôler, et de limiter ces transferts [1]. Les circuits par où peuvent circuler ces fonds sont d'une grande opacité et les contrôles sont impuissants contre des transferts qui peuvent bénéficier de la clandestinité.

Ces pratiques sont extrêmement variées. La plus commode est la remise directe de fonds en espèces. Pour

1. Voir Y. Mény, *op. cit.*.

éliminer les risques d'accusation d'abus de biens sociaux ou de fraude fiscale, il est presque indispensable de recourir à des fonds provenant des établissements que l'entreprise détient à l'étranger et qui sont rapatriés par des « porteurs de valises ». Ce système est réservé aux grands groupes à implantation multinationale. Et ce n'est pas, je crois, faire preuve d'un esprit partisan, que de dire qu'il profitait traditionnellement aux partis de droite.

Mais il existe d'innombrables possibilités de prestations non directement monétaires : souscription d'abonnements ou d'annonces publicitaires dans les multiples organes de presse des partis, des fédérations, des municipalités, le plus souvent à des tarifs exorbitants ; prêts de collaborateurs, de locaux, de matériel informatique, d'automobiles ; prise en charge de dépenses diverses. Ces prestations sont diffuses, difficiles à évaluer, souvent d'un montant minime. Mais elles supposent presque toujours un système de fausses factures qui, soustrayant une partie des bénéfices de l'entreprise au fisc et aux actionnaires, constitue à la fois une fraude fiscale et un abus de biens sociaux.

Enfin, une solution répandue dans tous les pays d'Europe et d'Amérique consiste dans le prélèvement de commissions sur les marchés publics ou, plus grave encore, lors de l'attribution de permis de construire ou d'agréments divers par les collectivités locales.

Ces pratiques sont illégales, voire délictueuses. Mais elles sont couramment mises en œuvre dans les pays développés, malgré le solide enracinement de l'état de droit qui les caractérise. Aucun d'entre eux n'a trouvé de moyen satisfaisant pour faire assumer de façon claire et légale par le corps social le coût réel de fonctionnement de la démocratie.

Certains se récrient devant ces pratiques en découvrant qu'elles font reposer en dernier ressort le financement de la politique sur les contribuables. Mais n'est-ce pas à eux, en tant que citoyens, que cette charge doit normalement incomber, étant admis que ces frais de gestion doivent être aussi réduits et aussi bien employés que possible, et ne donner lieu à aucun détournement à des fins d'enrichissement personnel ? Car, finalement, la seule façon de régler ce problème qui empoisonne notre vie politique consiste à faire prendre en charge par les finances publiques toutes les dépenses de la vie politique après les avoir limitées.

Quel que soit le système retenu pour introduire la clarté et la légalité dans le financement politique, il suppose pour fonctionner qu'il soit mis fin à la croissance accélérée des dépenses de ces dernières années. Je suis pour ma part convaincu de l'importance des mesures de plafonnement des dépenses électorales que notre législation de 1988 et surtout celle de 1990 se sont efforcées de mettre en place. Beaucoup d'observateurs se sont moqués avec plus ou moins d'indulgence de ces mesures, ont suspecté la sincérité du législateur, affirmé l'impossibilité d'un contrôle efficace. Il demeure que la loi du 15 janvier 1990 est d'une rigueur sans exemple, y compris dans les autres pays européens.

La loi de 1988, tout en limitant les dépenses de campagne des candidats aux élections présidentielles, laissait en dehors de son champ d'application les dépenses de propagande consenties en faveur des candidats par les partis, les organisations et les personnes qui les soutenaient. C'est cette grave lacune de la loi, dénoncée lors des débats parlementaires précédant son adoption, qui explique que j'aie pu, à tort, en tant que trésorier de la campagne présidentielle stricto sensu de François Mitterrand, être rendu responsable, aux yeux de l'opinion publique, des dépenses consenties par le P.S. bien avant que François Mitterrand ait décidé d'être candidat et bien avant même qu'il m'ait choisi comme son trésorier de mars à mai 1988.

La loi de 1990 comble cette lacune avec sévérité puisqu'elle dispose que seront réputées faites en faveur du candidat et devront être incluses dans son compte de campagne « les dépenses exposées directement au profit du candidat et avec l'accord *même tacite* [souligné par moi] de celui-ci par les personnes physiques ou morales, les groupements et partis qui lui apportent leur soutien ». Le candidat estime et inclut, en recettes et en dépenses, les avantages directs ou indirects, les prestations de service et dons en nature dont il a bénéficié. Cette disposition s'applique pour les dépenses effectuées dans un délai d'un an avant les élections législatives, cantonales et municipales. Le dépassement du plafond, constaté par un rejet de compte de campagne par la Commission nationale des comptes de campagne et des financements de partis politiques, entraînera pour l'élu fautif de lourdes sanctions pécuniaires et pénales, s'ajoutant à une inéligibilité d'un an qui est automatiquement prononcée.

J'ajouterai une constatation qui me paraît décisive : la moralisation et la limitation des dépenses seront d'autant plus effectives qu'elles s'appuieront sur une prise de conscience informée des citoyens. Il est bon que ceux-ci, quand ils verront une débauche d'affiches géantes sur des panneaux commerciaux dits « 4 × 3 », quand ils liront les résultats de multiples sondages préélectoraux, quand ils assisteront à Bercy ou au Zénith à l'une de ces grandes messes où le candidat est transformé en demi-dieu, à renfort de lasers et de Dolby stéréo, aient une idée précise de ce que cela coûte, et sachent que quelqu'un doit bien payer. Il n'y a pas à craindre ici que les dépenses soient dissimulées : la propagande ne peut être clandestine.

J'ai eu envie de sourire, au début de l'été 1991 quand, la nouvelle réglementation étant entrée en vigueur, dans la perspective des élections régionales de 1992, les journaux, les publicitaires, les partis d'opposition, les directeurs de la communication des régions et des grandes villes découvrirent soudain, catastrophés, à quelle disette de communication ils allaient être astreints ! Cette loi du 15 janvier 1990, dont on avait choisi de ne retenir que l'auto-amnistie des politiciens, révélait son caractère contraignant, en particulier pour les élus des collectivités locales.

Il faudra voir ce que deviendra l'application de cette législation dans l'avenir. Chacun a pu remarquer que la campagne qui a précédé les élections régionales du mois de mars dernier a été remarquablement discrète et économe, sans préjudice apparent pour la démocratie. On peut espérer que cet effet bénéfique de la loi de 1990 continuera de se faire sentir lors des prochaines échéances électorales, car le contrôle réel du financement politique dépend d'abord de la limitation des dépenses. C'est la voie la plus saine et la plus sûre.

V

URBA, OU LE FINANCEMENT POLITIQUE OCCULTE RATIONALISÉ

Dans cette jungle du financement politique, le parti socialiste occupait une place particulière. Il ne pouvait guère, à ses débuts, et jusqu'à une période récente, compter sur les largesses des grandes entreprises. Dans les premières années, sa crédibilité politique restait faible. Par la suite, au cours de sa lente progression vers le pouvoir, la situation était pire encore : il n'avait rien à attendre des groupes qu'il promettait pour une bonne part à la nationalisation, ni d'une grande bourgeoisie qui ressentait ou feignait de ressentir la perspective d'une victoire électorale de la gauche comme une sorte de nouveau coup de Prague.

C'est pourquoi le P.S. a dû très tôt recourir à un système dit de « bureaux d'études », à l'imitation de celui qui avait été mis au point depuis les années cinquante par le P.C.F. Ce système a été rendu possible par le fait que le P.S. contrôlait un assez grand nombre de municipalités, même s'il s'agissait de villes moyennes et rarement de très grandes villes.

Toute municipalité, dans l'exercice de ses fonctions, doit nécessairement recourir à un grand nombre d'expertises et passer des contrats de services, de fournitures, de travaux. Ces tâches réclament un ensemble diversifié de compétences et de savoirs techniques que les élus ne maîtrisent pas. Les municipalités disposent de services techniques, mais ceux-ci ne peuvent, surtout dans les villes moyennes, être compétents et pointus sur l'ensemble des domaines à couvrir, qu'il s'agisse de l'urbanisme, du bâtiment et des travaux publics, de la gestion financière, des assurances, de l'approvisionnement en équipements divers. Force leur est donc d'engager des entreprises de services pour les aider à assurer ces fonctions.

La méthode du P.S. a consisté à fonder un ensemble de telles firmes de services, regroupées depuis quelques années en un Groupement d'intérêt économique (G.I.E.) et dont Urba et Gracco sont les plus connues.

Ce système a été constitué dans les années soixante-dix, sous l'autorité vigilante de Pierre Joxe. C'est dire que son organisation a été conçue de manière rigoureuse, ne laissant aucune place aux fantaisies individuelles et aux tentations. Tout était strictement centralisé de façon à permettre une surveillance efficace. Cette centralisation permettait aussi aux courants détenant la majorité dans le P.S. de s'assurer un bon contrôle de cette source de financement.

Nul n'a donné, je crois, une description plus simple et plus complète du système, que Gérard Monate, dernier P.-D.G. d'Urba Technic et de Gracco, dans l'entretien qu'il a accordé au *Monde* le 6 décembre 1989, quelques semaines après son inculpation dans l'affaire S.A.E.-S.O.R.M.A.E., dite des « fausses factures de Marseille ».

Je n'ai jamais rencontré Gérard Monate, contrairement aux rumeurs qui couraient pendant l'hiver 1990-1991. Je n'ai jamais travaillé avec lui, je ne lui ai rien demandé lors de la campagne présidentielle de 1988. Je dis cela parce que c'est la vérité et non pour prendre mes distances à l'égard d'un homme qui serait devenu, parce que inculpé, subitement infréquentable. Au contraire, je tiens Gérard Monate en haute estime pour des raisons que je veux préciser. Comme ceux de ma génération, je me souviens de l'attitude ferme qui fut la sienne pendant la guerre d'Algérie. A la tête de son syndicat de policiers, il anima pendant de longues années la lutte contre la torture et les brutalités policières qui se développaient à la faveur de l'action contre les structures et les militants du F.L.N. en France. Il s'opposa à la dérive qui menaçait la police et à son infiltration par l'O.A.S. C'est largement grâce à lui que s'est maintenue et consolidée chez les policiers de base, au long des années soixante et soixante-dix, la conception d'une police républicaine, d'une police citoyenne, au service de tous, pour laquelle la répression ne constitue qu'une partie de sa tâche. Pour cela, il fallait un beau courage et de fortes convictions. C'est donc en militant expérimenté qu'il prit, en 1983, la direction d'Urba Technic et de Gracco, et devint administrateur du G.I.E. qui coiffait l'ensemble des sociétés contribuant au financement du P.S.

On voit apparaître la première caractéristique de ce système : il s'agit, aussi bien au niveau national qu'au niveau des délégations régionales, d'une structure dirigée et animée par des militants du P.S. Eux seuls sont habilités à décider de l'utilisation des fonds. Cela explique que malgré la liberté d'action dont ils disposaient, personne, aux pires moments de la campagne, pas même Antoine Gaudino, pas même M. de Villiers, ne s'est risqué à les accuser d'avoir tiré un profit personnel de leur action.

Tout était organisé pour soustraire l'ensemble des élus concernés aux tentations et aux risques d'une dérive, non pas tant vers un enrichissement, mais vers des habitudes de vie somptuaires. L'argent tiré des activités d'Urba ou de Gracco remontait obligatoirement au siège, à Paris. La part revenant aux élus ne leur était jamais remise directement. Elle donnait lieu à l'ouverture d'un compte courant spécifique au nom des élus concernés, sur lequel ils pouvaient faire imputer leurs factures d'imprimerie, leurs frais de réunions publiques et toutes dépenses liées à leur activité. La direction d'Urba payait et déterminait le type de dépense que l'élu pouvait lui présenter. Par ailleurs, la direction d'Urba conservait une partie des commissions pour constituer un fonds commun destiné à financer par exemple les campagnes des candidats qui n'étaient pas des élus et ne pouvaient avoir de compte à Urba.

Ce système de financement n'était nullement clandestin. Il avait pignon sur rue, son rôle depuis près de vingt ans dans le financement du P.S. était connu de toute personne un peu familiarisée avec la politique. Entre 1973 et 1981, puis de nouveau en 1986, 1987 et 1988, il a fonctionné au vu et au su d'une suite de gouvernements de droite, sans éveiller le moindre intérêt ni au ministère de l'Intérieur, ni au ministère des Finances, ni au sein de l'institution judiciaire.

On comprend pourquoi les dirigeants des sociétés concernées ne prenaient aucune précaution pour dissimuler des activités qui leur paraissaient normales et somme toute admises. Ils possédaient des archives complètes et bien tenues et, en la personne de Joseph Delcroix, un mémorialiste scrupuleux, enregistrant au jour le jour le détail des délibérations des dirigeants du groupe, allant parfois jusqu'à noter l'heure de la pause café. De quoi faciliter la tâche des policiers et des juges d'instruction qui allaient venir perquisitionner dans leurs bureaux. Quand ils furent interrogés par les enquêteurs et les juges, ils exposèrent simplement les modalités et les objectifs de leur travail.

L'habitude s'est créée, au fil des affaires, de parler de « fausses factures ». Cette expression est défectueuse. Les factures concernées étaient réelles et venaient rémunérer un service rendu. Le problème est de savoir de quelle nature était ce service et s'il avait un caractère délictueux grave. Une chose est claire : des délibérations du conseil de direction du groupe, telles qu'elles ont été enregistrées par Joseph Delcroix, il ressort que les dirigeants du groupe eux-mêmes concevaient que leur responsabilité pénale pouvait être engagée, non dans le cadre de la collecte des fonds qui leur apparaissait comme résultant d'une activité commerciale normale, mais plutôt dans la dépense des fonds ainsi recueillis. En utilisant une importante fraction de ces fonds au financement des activités du parti socialiste, ils avaient conscience de sortir de leur objet social et de se rendre formellement coupables d'un abus de biens sociaux.

C'est le seul délit que Gérard Monate reconnaîtra devant le président Culie qui instruisait l'affaire S.A.E.-Sormae. Il se défendra en revanche avec vivacité et fermeté de rendre un service fictif. De même, dès novembre 1989, dans sa longue interview au *Monde*, Gérard Monate réaffirme ce qui fait selon lui la régularité foncière des opérations d'Urba-Gracco :

« A Urba-Technic et à Gracco, nous faisons un travail commercial classique [...].

« Le système que nous avons mis en place est simple. Nous faisons des montages. C'est-à-dire que l'on essaie de monter des marchés dans les meilleures conditions possible avec, sur le terrain, des gens qui sont tous des professionnels de la vente, des agents commerciaux mais aussi des directeurs techniques, des architectes... Tous connaissent bien le montage des marchés publics. Ils font en sorte que les dossiers soient excellents, que le rapport qualité/prix soit concurrentiel, afin d'obtenir une décision favorable.

« Tout se fait en amont. Dans 95 % des cas, ce sont les entreprises qui nous contactent. Elles viennent nous voir en nous disant : il y a un marché qui se prépare, est-ce que vous voulez le jouer avec nous? Elles savent que notre réseau commercial est efficace. Puis mon délégué régional va faire les démarches, se renseigner sur ce que veut la mairie, apprendre les conditions, les échéances... Un travail d'information. Partant de là, avec l'entreprise nous essayons de monter un dossier qui corresponde le mieux aux besoins de la commune ou de la collectivité et qui ait le plus de chances de l'emporter.

« Mais le décideur n'est absolument pas lié par notre démarche. C'est lui qui tranche. La preuve, c'est que nous ne sommes pas gagnants à tous les coups, il faut vraiment que le dossier soit bon. Et si nous l'emportons, alors nous percevons la commission prévue avec l'entreprise. Mais seulement à la fin du circuit. Tous les agents commerciaux de France et de Navarre font exactement les mêmes démarches que nous et, comme nous, ils sont rétribués en fonction de la réussite ou non, de l'obtention ou non du marché [...].

« Mes dix-huit délégués régionaux font ce travail commercial. Ils se contentent de monter des marchés. La suite ne les concerne pas. Ce sont des salariés, ils n'ont rien à voir dans l'utilisation des fonds. C'est ici, à Paris, au siège central, que ça se passe et c'est moi que ça regarde. [...]

« Je traite de société à société. Avec nous, l'élu n'est jamais en contact avec la société. Donc, il ne peut y avoir de corruption à son niveau. Et, pour la redistribution, il ne trouvera pas directement d'argent. Simplement, il dira par exemple, à son imprimeur : pour les affiches, envoyez les factures à Monate. »

Le journaliste du *Monde* lui fait remarquer qu'il peut y avoir un soupçon de trafic d'influence politique dès lors qu'un élu socialiste devait avoir tendance à favoriser les entreprises qui passaient par un bureau d'études lié au P.S. A quoi Gérard Monate répond en ces termes :

« Un bon agent commercial, c'est celui qui a un bon carnet d'adresses. Un bon vendeur, c'est celui qui a ses filières. Nous, c'est pareil ! Et c'est pour cela que l'on nous paie. En plus, nous sommes modestes, de vrais gamins comparés à d'autres ! Urba-Technic – c'est pour la construction – demande seulement 1 ou 2 %. Gracco – c'est pour l'équipement – prend comme n'importe qui 2 à 5 % sur la vente catalogue. On ne cherche pas à faire fortune ! »

Il considère en somme, que passer par un agent commercial bien introduit dans la « filière P.S. » n'est guère différent de chercher le contact avec la filière du corps des mines ou celle des Aveyronnais de Paris, et pas plus coupable. Où commence le trafic d'influence ? Que fait un ancien élève de l'E.N.A. parti dans le privé, qui utilise l'annuaire de l'école pour obtenir une décision favorable auprès de ses condisciples restés dans l'Administration ? Que fait l'ancien directeur de cabinet d'un ministre devenu P.-D.G. d'une entreprise privée qui décroche de nombreux marchés avec la ville dont son ancien « patron » est le maire ?

Je me suis souvent demandé si, parmi les détracteurs des activités d'Urba, il se trouvait quelques-uns de ces membres du corps des Ponts et Chaussées ou de celui du Génie rural et des Eaux et Forêts qui perçoivent le plus légalement du monde des primes confortables financées par un pourcentage prélevé sur les budgets des travaux conduits par ces corps pour le compte de diverses collectivités locales [1]. Quand Albin Chalandon, alors ministre de l'Équipement, voulut faire accepter aux corps des Ponts, la privatisation de la construction et de la gestion des autoroutes, il lui permit, sous couvert de tâches de contrôle de la construction et de l'entretien des auto-

1. Y. Mény, *op. cit.*

routes, de prélever 5 ‰ des dépenses de construction et 5 ‰ des péages bruts.

Gérard Monate souligne enfin la « modestie » des bénéfices réalisés par Urba-Gracco. Antoine Gaudino, qu'on ne peut suspecter de complaisance, estime dans son livre les recettes du groupe à 200 millions de francs, en chiffres ronds pour 1986, 1987, 1988 et les quatre premiers mois de 1989. De l'aveu de Gérard Monate lui-même, 60 % de cette somme ont servi à financer des activités politiques, dont 30 % au niveau national et 30 % pour les échelons régionaux, les 40 % restants, soit 80 millions de francs, correspondant aux frais de fonctionnement du groupe. On peut interpréter ces chiffres de plusieurs manières ; dire que l'importance des frais de fonctionnement du groupe montre qu'il s'agissait d'une entreprise dotée d'un personnel nombreux et qualifié fournissant de vraies prestations et donc exclure l'hypothèse d'une officine de corruption et de racket.

On peut en revanche remarquer le taux anormalement élevé de la marge bénéficiaire qui donne à penser qu'il n'y a pas là des opérations commerciales normales.

La somme de 120 millions de francs consacrée au financement du P.S., pour près de trois ans et demi d'activité d'Urba, correspond approximativement à ce que les trésoriers du P.S. déclarent avoir bénéficié d'Urba lorsqu'ils ont été interrogés par la Commission d'enquête parlementaire. C'est une somme relativement modeste puisqu'elle concerne les activités du plus important parti politique français sur l'ensemble du territoire national.

Environ à la même période, les journaux nous ont appris que les activités des onze footballeurs du club des Girondins ont occasionné un trou de 400 millions de francs. Les 30 ou 40 millions de francs par an d'Urba-Gracco font piètre figure. Le système qui assurait au P.S. cette ressource était certainement contestable. Mais aussi d'un faible rendement... On est loin des sommes « astronomiques » dont parlait la presse.

Telles étaient les caractéristiques générales du groupe Urba-Gracco de sa fondation en 1972 à sa dissolution en 1990. Il permettait un contrôle strict de la collecte et de l'affectation des fonds. Bien entendu, cela ne pouvait plaire à tout le monde au sein du P.S. Parce que cela permettait aux majoritaires du parti d'exercer un contrôle des moyens financiers ainsi rassemblés. C'est sans aucun doute ce qui motivait les plaintes de nombreux élus pour qui les retenues du centre (30 %) étaient excessives et les sommes réaffectées aux élus (30 %) insuffisantes.

Aussi a-t-on vu se développer des bureaux d'études indépendants du système Urba et travaillant pour les courants minoritaires du P.S. Tel semble être le cas des sociétés gravitant autour de la S.A.G.E.S. Enfin, certains élus socialistes ont fait cavalier seul, sans observer le discernement et la modération dont faisaient preuve leurs camarades. Mais il s'agit là d'un autre problème. Pour l'instant, il était nécessaire de rappeler ces faits établis qui décrivent la nature et le fonctionnement du système de financement occulte mis en place par le P.S. pour faire face à ses dépenses.

VI

LA NAISSANCE D'UNE AFFAIRE

La question qui se pose est de comprendre comment un système de financement qui s'avouait pour ce qu'il était, qui concernait des sommes relativement modestes et ne laissait pas de place à la corruption des individus et à l'enrichissement personnel, a pu devenir l'occasion d'un scandale politique dévastateur pour le parti socialiste. Et ceci alors que les autres partis politiques avaient de toute évidence eu recours à des expédients de même nature, comme Gérard Longuet et Alain Madelin l'ont reconnu. Scandale d'un côté et quasi-absolution de l'autre. Comment des responsables politiques expérimentés, détenant les informations et quelques centres de pouvoir ont pu se laisser à ce point enfermer dans une nasse si dangereuse?

Il faut retracer la genèse de l'affaire.

Elle prend naissance de manière quasi fortuite avec les ennuis judiciaires du patron d'une petite entreprise de construction à Marseille, qui, soupçonné d'escroquerie, fait l'objet d'une enquête du Service régional de police judiciaire de Marseille, sur commission rogatoire de Mme Bernadette Augé, juge d'instruction au tribunal de grande instance de Marseille.

Au cours des investigations de la police judiciaire, il apparaît que la société Bernard joue le rôle de « société-taxi » émettant de fausses factures à destination de la société Sormae. Le montant de ces factures qui correspondent à des prestations inexistantes ou démesurément majorées sont payées par la Sormae, ce qui permet aux dirigeants de celle-ci de constituer une caisse noire dont ils peuvent disposer à leur gré.

Ces constatations conduisent à une perquisition au siège de la Sormae-zone sud à Marseille et à l'interpellation de Paul Peltier, directeur général de cette société. Celui-ci, interrogé par l'équipe de la brigade financière dont fait partie Antoine Gaudino et soumis à la dure épreuve de la garde à vue, finit ainsi que le raconte l'inspecteur, par craquer et se livre à une dénonciation générale de ses propres pratiques : il met en cause un ensemble d'élus et de décideurs locaux qui auraient perçu des sommes prélevées sur la caisse noire qu'il avait constituée, pour favoriser la Sormae dans l'attribution des marchés publics.

Les opérations ainsi avouées sont de deux ordres. D'abord la remise directe à des élus de sommes en liquide, parmi lesquels un certain nombre d'élus de droite et de leurs collaborateurs ayant appartenu aux municipalités d'Aix-en-Provence, d'Avignon, de La Seyne-sur-mer, ainsi qu'un conseiller régional U.D.F. et un ex-premier adjoint P.S. de Marseille. Ensuite le paiement de factures à trois bureaux d'étude : Urba-Technic lié au P.S., Sud-Est Équipement connu pour être lié au P.C. et Sun Communication lié à la droite.

Paul Peltier n'en reste pas là : il révèle des faits semblables concernant la région Nord de la Sormae qui n'est pas placée sous sa direction, et met en cause des élus de Lyon, de Grenoble et de quelques autres villes. La procédure s'étend à cette région. Un certain nombre de documents y sont saisis. Une grande partie de la procédure sera annulée par la Cour de cassation, pour non-respect du « privilège de juridiction » par le magistrat instructeur qui doit, dès le moment où un élu est susceptible d'être impliqué dans une affaire, interrompre ses actes d'instruction et demander à la Chambre criminelle de la Cour de cassation de désigner l'instance qui sera chargée de la poursuite de l'instruction et qui est en général une Chambre d'accusation de Cour d'appel lorsqu'il s'agit de faits imputés à un élu dans l'exercice de ses fonctions.

Cette annulation de la procédure va rendre impossible

l'exploitation d'un grand nombre de documents saisis, surtout dans la région Nord. Mais comme la Cour de cassation a choisi de ne pas annuler la déposition de M. Peltier et que celui-ci avait été très précis dans ses déclarations sur sa propre zone d'activité, le dossier a été repris et réduit à la région marseillaise. L'action de la police judiciaire et de la justice ainsi que les attitudes des différents protagonistes concentrent l'attention sur les affaires concernant le parti socialiste. Il y a d'abord, du côté des dirigeants d'Urba, une bonne volonté qui revêt à première vue les apparences de la naïveté. Après les premières investigations de la police judiciaire, les responsables d'Urba-Marseille à qui l'on demandait, comme la loi le requiert, de consentir à une perquisition approfondie de leurs locaux, après avoir tergiversé pendant vingt-quatre heures, finirent par accepter sur les instructions expresses de Gérard Monate. Ils ne songèrent même pas, au cours de ces quelques heures, à se débarrasser des quatre cahiers où Joseph Delcroix avait, pendant des années, enregistré les débats les plus intimes de la direction d'Urba. Les collègues de Joseph Delcroix l'ont laissé semaine après semaine, réunion après réunion, enregistrer, à sa manière, des débats de nature confidentielle.

De leur côté, placés dans les mêmes circonstances, les dirigeants de Sun Communication et de Sud-Est Équipement refusèrent les perquisitions et ne reconnurent que très peu de choses devant le juge d'instruction. Le directeur général de Sud-Est Équipement n'admit même pas les liens de sa société avec le P.C. qui sont pourtant de notoriété publique depuis de longues années.

L'attitude des dirigeants d'Urba est autre : ils semblent pressés de s'expliquer et de se justifier, même si leur discours est contradictoire, qu'il s'agisse de Joseph Delcroix, ou de Gérard Monate dont l'argumentation est la plus complète et la plus politique. Dans un premier temps, ils réaffirment avec force la réalité des services rendus par le groupe aux entreprises. Puis ils reconnaissent que leur position privilégiée par rapport aux décideurs P.S. leur assure une position de monopole et leur permet de surévaluer le service rendu. Ils insistent sur la modicité de leur gain et leur rigueur dans la gestion de cet argent. Ils soulignent que les partis de droite, par des mécanismes bien connus d'eux, opèrent des prélèvements plus considérables et dans des conditions plus obscures parce que totalement décentralisées. Enfin, ils déplorent que l'état de la législation les ait obligés à travailler dans l'irrégularité, même si c'était pour une bonne cause.

Dans son interview déjà citée, Gérard Monate propose de légaliser le type d'activité d'Urba, à condition que cette activité soit rigoureusement organisée et surveillée (par la Cour des comptes!). Ces propositions ont déchaîné l'indignation de beaucoup, dans cette ambiance où, depuis trop longtemps, le moralisme et le bavardage sur l'éthique occupent la place de la réflexion politique et de l'étude sans complaisance des phénomènes sociaux [1]. Mais comme le fait remarquer Michel Pezet dans son entretien avec *Le Monde* (le 23 mai 1992), le système établi par la loi de janvier 1990 n'est pas différent de ce que faisait Urba : les entreprises sont autorisées à financer un candidat ou un parti en versant une somme, qui ne peut dépasser un pourcentage déterminé du montant du plafond des dépenses prévu par la loi, à une association de financement ou un mandataire financier. La différence c'est que l'entreprise fera un versement global à l'élu ou au parti, sans qu'il soit lié à tel ou tel marché, et sans qu'il comporte la contrepartie d'un service, réel ou fictif. La distinction n'est pas grande : en versant une somme à un élu ou à un parti, une entreprise escompte qu'en retour ils exerceront leur influence dans un sens qui soit favorable à ses intérêts. Quand, en 1986, de grands groupes industriels et financiers contribuaient à la campagne électorale de la droite, ne peut-on dire qu'elles faisaient un placement en vue des privatisations? Pourquoi un chef d'entreprise donnerait-il de l'argent à un homme politique, qu'il ait ou non avec lui des affinités idéologiques, si ce n'est pas, d'une manière ou d'une autre, pour bénéficier de son influence, de ses relations, de son pouvoir? Là encore, le seul moyen d'éviter tout soupçon de trafic d'influence consisterait à interdire les contributions des entreprises sous quelque forme que ce soit et assurer le financement politique par l'argent public.

1. Y. Mény, *op. cit.*

Il est évident que le principal protagoniste, Paul Peltier, a trouvé un certain plaisir à accabler ses anciens partenaires socialistes. Il a donné de leurs activités l'interprétation la plus sévère et nié tout service réel en contrepartie des paiements consentis. Il est contredit sur ce point par son collègue Jean-Pierre Adam et par son supérieur Claude Popis, qui a déclaré au juge d'instruction : « La rémunération d'Urba-Technic dépasse très largement le service rendu. Parfois, la facture est justifiée parce que l'intervention d'Urba-Technic permet de faire aboutir, pour des raisons techniques, de financement ou commerciales, des projets qui, sans cela, n'aboutiraient pas. En outre, pendant la période d'exécution des travaux, en cas de différend avec le maître d'ouvrage, la médiation d'Urba-Technic permet de trouver des solutions amiables. »

A l'inverse, les déclarations de Paul Peltier se font plus indulgentes et nuancées dès qu'il s'agit des factures de Sun Communication concernant par exemple une « étude de faisabilité de cercles de qualité » à la Sormae, ou un « audit de communication interne ». Dans le premier cas, il déclare : « Dans mon esprit, il n'y a pas eu de volonté de faire un geste de soutien financier en faveur des formations politiques de droite pour lesquelles M. Farinacci travaillait de notoriété publique. Peut-être cependant, la facture a-t-elle été majorée par rapport au travail fourni et à sa valeur. » Dans le second cas, il affirme : « Je suis incapable de dire si le prix facturé par Sun correspond au juste prix. J'ai quand même pensé, à l'époque, que nous faisions un geste pour la droite libérale [...] mais sans en connaître l'importance. » Ces éléments d'enquête, connus, montrent que le système dit des « fausses factures » était pratiqué par toutes les formations politiques. Mais, seuls les documents qui concernaient le P.S. furent exploités par Antoine Gaudino et ceux qui lui enboîtèrent le pas. Il est curieux de constater que, dans son livre, l'ancien policier passe très vite sur les interrogatoires des dirigeants de Sun Communication qu'il a lui-même réalisés.

Dans les premières déclarations que j'ai été conduit à faire quand je me suis trouvé brusquement exposé à la tempête des affaires, il en est une qui s'est révélée insuffisante et mal informée : j'ai affirmé d'abord que l'affaire Urba-Marseille était avant tout une affaire locale. C'était vrai d'un point de vue judiciaire et procédural : d'après la connaissance du dossier que j'avais à l'époque, les faits susceptibles de constituer des délits avaient eu lieu à Marseille et dans sa région. Mais, dès lors qu'Urba se trouvait en cause, étant donné son mode d'organisation, la moindre affaire, la plus périphérique, concernant le système Urba permettait, et imposait, à l'enquêteur ou au magistrat de remonter directement au centre parisien, sans même qu'il soit nécessaire d'être en possession des cahiers Delcroix.

Les affaires de Marseille permettaient de remonter au niveau national par une autre voie : celle des structures de la S.A.E. elle-même. Les investigations limitées conduites au siège de ce géant des Travaux publics français ont montré qu'un de ses principaux dirigeants, Pierre Bentata, directeur général et membre du directoire, selon les termes mêmes de l'arrêt de renvoi de l'affaire devant le tribunal de Paris, « orchestrait l'ensemble des pratiques de *lobbying* et de mécénat du groupe S.A.E. à l'égard de la classe politique ». Pierre Bentata, lors de ses auditions, a affirmé, comme allant de soi, que ses dépenses de *lobbying* étaient équitablement réparties entre la droite et la gauche. On a retrouvé copie de la note qu'il adressait aux directeurs de ses filiales pour les inciter à se faire de « solides alliés » dans le monde politique, à identifier dans leurs régions les élus décideurs. Il leur proposait d'utiliser ses bonnes relations du siège de la S.A.E. avec les états-majors politiques nationaux pour faciliter la conclusion de telle ou telle affaire avec les élus locaux, les présidents de Conseils généraux ou régionaux.

Comme l'a reconnu le procureur dans son réquisitoire au procès des factures du Sud-Est, il serait naïf de voir dans les entreprises concernées de malheureuses victimes rackettées par des hommes politiques corrompus. Dans bien des cas, ce sont plutôt les firmes qui font le siège des hommes politiques, leur « soutien financier » à la main.

Les exemples de la S.A.E. et d'autres sociétés démontrent que les grandes entreprises de construction et de travaux publics ont été particulièrement concernées par ces méthodes de financement. Bien peu ont été l'objet de la curiosité des brigades financières ou de la justice elle-même. Elles n'offraient probablement pas les mêmes facilités d'investigations qu'Urba, ni la satisfaction de pouvoir mettre en difficulté un ensemble de hauts responsables politiques.

L'ensemble des scellés rassemblés à Marseille lors du coup de filet de la police judiciaire, dont faisait partie l'inspecteur Gaudino, comprenait des dossiers concernant des partis de droite et le P.C., autant que de dossiers concernant le P.S. Seuls ceux qui concernaient le P.S. ont été exploités. Ce n'est que récemment, au moment où j'écris ces lignes, qu'on voit se manifester les premiers signes d'un rééquilibrage de l'action judiciaire en direction de l'ensemble des partis. Cela ne changera rien au caractère délictueux de certaines pratiques, mais montrera enfin, pièces à l'appui, que tous les partis politiques français pataugeaient dans le même marécage et qu'il importe aujourd'hui de les en faire sortir. L'universalité de ces méthodes est connue.

Les responsables d'Urba-Technic se sont confessés dans la presse et à la télévision. Le parti socialiste, à son tour, a assumé ses responsabilités. Henri Emmanuelli en particulier, en sa qualité de trésorier du P.S., a donné à l'opinion des explications sans faux-fuyants ni mauvaises excuses. Au début de 1991 et surtout à partir des travaux de la Commission d'enquête parlementaire qui débute en juin 1991, tout est connu : les méthodes, les chiffres, les circuits de financement occulte des partis politiques. L'effort de transparence est bien tardif, mais il est réel. Et pourtant cela n'a pas empêché que l'affaire tourne au désastre politique pour le P.S.

Cela résulte, me semble-t-il, d'un ensemble de circonstances où les fausses manœuvres, les erreurs d'appréciation de l'ensemble des responsables, tant au parti qu'au gouvernement, ont joué un rôle dans un contexte judiciaire très particulier.

Quand les rouages du financement du P.S. sont apparus

au grand jour, ces révélations ont déterminé dans ses rangs un ensemble de réactions désordonnées, liées à la mentalité de ses militants. Chez ceux-ci, un des traits les plus caractéristiques est le puritanisme concernant l'argent, une gêne invincible dès qu'il en est question. C'est ce qui suscite la colère de Michel Pezet dans *Le Monde*. Il parle avec indignation de ces innombrables militants et responsables socialistes qui ont profité indirectement du système de financement du P.S., en disposant des moyens que leur offrait le parti, comme s'ils tombaient du ciel, sans vouloir savoir d'où venait l'argent, ni qui l'avait collecté.

Ce même trait explique la rigidité et la maladresse des méthodes de gestion des socialistes devenus une proie facile dès la première investigation policière un peu poussée. Cette organisation pyramidale, hiérarchisée, contrôlée sur le modèle administratif français a été conçue pour réduire au minimum les risques de dérapage individuels. Cette préoccupation morale a conduit nombre de responsables socialistes (cités dans le mémorial de Joseph Delcroix) à être soupçonnés de pratiques coupables. Retournement dialectique d'autant plus mal vécu par certains qu'ils avaient le sentiment de s'en être remis, pour ce qui concerne les « histoires d'argent », à une structure spécialisée qui les débarrassait du souci d'avoir à se procurer par eux-mêmes les sommes nécessaires à leur élection. C'est ce qui explique aussi la honte et l'affolement qui se sont emparés d'eux, même au plus haut niveau de responsabilité.

Dès les premiers jours de l'affaire, quand il a été question de consentir à la perquisition des bureaux d'Urba-Marseille, celle-là même qui allait permettre la découverte des cahiers Delcroix, quelques grands dirigeants du parti et quelques membres du gouvernement, sollicités de fournir leur avis, et incapables de se déterminer, laissent finalement Gérard Monate donner son consentement à la perquisition. Se sont-ils rangés à l'opinion de la Chancellerie qui a fait valoir que la perquisition dans les locaux d'Urba-Marseille était techniquement inévitable? Ont-ils pensé que les informations recueillies à cette occasion resteraient sous le contrôle de policiers et de magistrats respectueux du secret de l'enquête? S'imaginaient-ils que les documents que les enquêteurs allaient saisir ne concernaient que des affaires de socialistes marseillais, alors déchirés entre eux? Ces dirigeants ont-ils laissé, sciemment ou non, s'opérer un règlement de comptes local? Quoi qu'il en soit, un fait est établi: l'ordre de laisser la perquisition avoir lieu normalement émane de Paris.

Dans le même temps, les responsables de Sun Communication et de Sud-Est Équipement se refusaient à toute saisie, n'avouaient rien à personne. Le P.C. avait sur ses affaires une attitude simple: alors que l'un de ses « bureaux d'études » figurait dans la première enquête, que les chefs d'entreprise concernés reconnaissaient, comme l'a fait Claude Popis, que Sud-Est Équipement fonctionnait au profit du P.C. comme Urba au profit du P.S. à la différence que les communistes étaient beaucoup mieux organisés et plus « durs en affaires », les dirigeants et la presse de ce parti moralisent, accablent le P.S., se bouchent le nez devant ce « raz de marée qui donne la nausée [1] » et affirment inlassablement leur pureté exemplaire.

Tous les dirigeants socialistes furent d'abord surpris et gênés de voir leur système de financement mis sur la place publique. Cette réaction a déterminé leur attitude : en avril et en mai 1989, ils n'ont pas songé à une réplique politique d'envergure, ils ont préféré tenter d'utiliser le pouvoir qu'ils détenaient pour se protéger de révélations éventuelles, ils ont demandé au gouvernement de les délivrer de la menace qui pesait sur eux, le plaçant dans une situation de plus en plus difficile. C'est à ce moment-là et sur ce point précis qu'a été commise une fatale erreur d'aiguillage qui conduira le P.S. à la situation désastreuse d'aujourd'hui. S'en remettant à d'autres qu'à lui-même pour sa propre défense, la plaçant sur un autre terrain que le sien, il a perdu le contrôle de la situation, et a commencé à prendre du retard sur les événements : il a commis l'erreur de se livrer à une machine institutionnelle qui, loin de le protéger comme il le croyait,

1. *L'Humanité*, 16 novembre 1990.

allait chercher à le briser parce qu'il représente le pouvoir.

La faute que le P.S. expie encore aujourd'hui tient à ce moment de peur qui le pousse à chercher à cacher une réalité plutôt qu'à l'assumer. Il pouvait faire du financement occulte des partis un objet de bataille pédagogique devant l'opinion publique : « Voilà ce qui arrive lorsque les règles ne sont pas transparentes et que le financement public est insuffisant. Fixons des règles, et prenons en charge aux yeux de tous, le prix de la politique. » Il pouvait s'emparer de l'affaire et la tourner à son avantage puisqu'il a toujours réclamé le financement public de l'activité politique. Au lieu de quoi il passe pour coupable, lui qui a fait les efforts les plus méritoires de la classe politique pour s'imposer à lui-même des normes. Cette occasion perdue ne sera plus jamais rattrapée car comme l'a dit Mikhaïl Gorbatchev en 1988 : « Quand vous agissez trop tard, la vie se charge de vous punir. » Cette erreur d'analyse sera comprise trop tard, quand l'opinion ne croira plus à la sincérité du P.S. Ce qu'elle lui reproche en effet n'est pas tant d'avoir obtenu illégalement 20 à 30 millions de francs par an des entreprises que d'avoir cherché à le dissimuler.

Comme les dirigeants socialistes avaient chargé Urba de trouver de l'argent, ils ont essayé de charger le gouvernement, et plus particulièrement le garde des Sceaux, de les protéger. Ils estimaient en effet que le gouvernement pouvait agir, parce qu'ils étaient sans doute convaincus, eux aussi, que la justice était soumise au pouvoir exécutif. Au garde des Sceaux de faire le nécessaire avec *ses* magistrats, à Pierre Arpaillange de prendre les dispositions que l'on adopte dans certaines affaires délicates. Et comment? Il suffit de faire comme Paul-André Sadon!

Ce magistrat qui fut procureur général à Paris et directeur du cabinet d'Albin Chalandon en 1986-1988, représente dans l'imaginaire de beaucoup de responsables socialistes, mais aussi de dirigeants de droite, d'avocats et de magistrats, le modèle achevé du manipulateur de justice, capable à la demande de faire exploser ou d'étouffer telle affaire selon des considérations politiques. Je le rencontre souvent au Conseil général de l'Yonne, puisqu'il est élu du canton de L'Isle-sur-Serein, proche de Tonnerre et qu'il participe aux travaux de l'assemblée départementale avec assiduité. Petit, rond, chauve, peu soucieux de son apparence, vêtu d'un costume gris foncé ou bleu marine, il parle d'une voix douce, et sourit souvent. On le verrait bien en chanoine. Il s'effarouche volontiers :

– Pourquoi me prête-t-on tout ce pouvoir? Lorsque j'étais à la Chancellerie, je n'en avais pas tant que cela...

Sourire modeste, œil malicieux, on le croirait presque. Mais l'instant d'après, à une réflexion, une déclaration d'un de ses collègues, le sourire disparaît, la pupille se durcit et la repartie fuse, sans élever la voix, mais en général sans réplique : un homme dur et sûr de lui est apparu, intelligence et ruse mêlées, avant de laisser à nouveau la place au pacifique et bonhomme conseiller général de L'Isle-sur-Serein.

Le souvenir de son autorité sur l'institution est resté si fort qu'un ministre important me lâcha, un jour, à la sortie du Conseil des ministres :

– Ah! c'est un Sadon qu'il te faudrait à la Chancellerie!

Il y avait dans son ton de l'admiration pour Paul-André Sadon et du reproche à mon égard.

En avril 1989, les dirigeants du P.S. attendaient de Pierre Arpaillange qu'il fasse du Sadon, ce qui dénotait une connaissance superficielle des deux hommes, et une mauvaise appréciation de l'évolution récente de l'état d'esprit des magistrats. Dès cette époque, il n'était plus possible de pratiquer l'art d'étouffer les affaires tel qu'il était peut-être encore accessible au temps d'Albin Chalandon.

Cet art supposait un certain nombre de conditions. Une certaine connivence de la magistrature : Pierre Arpaillange faisait partie d'un gouvernement de gauche auquel une grande partie de la magistrature est politiquement hostile. Des moyens effectifs de pression ensuite. Depuis 1981, les gouvernements de gauche, à juste titre, se sont privés d'une grande partie des moyens dont disposaient leurs prédécesseurs d'intervenir selon leur bon plaisir dans les avancements et les mutations.

A cela s'ajoute le souci grandissant des magistrats de voir « mieux respecter leur indépendance », souci qui, exaspéré par les facteurs de la crise de la justice, se transforme chez beaucoup en violent désir de revanche sur l'exécutif et les politiques. Le plus simple eût été sans doute d'ouvrir dès le mois de mai 1989 une discrète information judiciaire et de la confier à un juge d'instruction expérimenté et sage qui aurait pris son temps – et le temps judiciaire est long – pour démêler l'écheveau complexe de tous les dossiers constitués à Marseille. Mais on ne refait pas l'histoire...

Au lieu de quoi, ces évolutions des pratiques et des comportements étant sous-estimées par les responsables du P.S. et les membres du gouvernement, tout converge pour rendre inopérante la volonté de contrôler l'évolution de l'affaire. Alors, une nouvelle étape sera franchie dans la mauvaise direction avec la préparation d'une amnistie.

VII

L'INOUBLIABLE AMNISTIE

Dès le 8 mai 1989, quelques jours après la perquisition au siège d'Urba-Marseille, le procureur général près la Cour d'appel d'Aix-en-Provence propose l'ouverture d'une information judiciaire et demande des instructions à la Chancellerie, comme il est de règle dans une affaire délicate. L'analyse de la Chancellerie, établie dès la fin de mai 1989, était simple : l'ouverture d'une information judiciaire, techniquement justifiée, peut avoir des conséquences fâcheuses ou imprévues pour de nombreux responsables politiques, et pas seulement du P.S., à propos de pratiques de financement habituelles. Et, toujours d'un point de vue technique, il apparaît que, seule une amnistie peut mettre rapidement fin à l'ensemble de l'affaire.

Dès lors, la position de la Chancellerie était simple. Sans demander un classement sans suite, elle se contenta de ne pas répondre au procureur général. Le dossier était ainsi en attente, le temps de mettre en route une loi d'amnistie qui, à terme, apparaissait comme la seule façon d'éviter qu'un grand nombre d'élus de tous bords fût mis en cause par la justice pénale. Cette attitude, qui ne fut alors guère critiquée, exigeait, pour réussir, une relative tranquillité.

Or dès le mois de juin 1989, *Le Canard enchaîné* exposait l'essentiel de l'affaire. Début septembre, *Le Monde* relance le débat. Il devenait clair que ces journaux disposaient d'une copie des pièces de l'enquête préliminaire (procès-verbaux des saisies et des auditions des personnes en cause). Bientôt l'ensemble des médias se procura les divers éléments du dossier, et en particulier la copie des cahiers Delcroix. Cela indiquait que certains policiers et magistrats avaient décidé de ne plus jouer le jeu du « devoir de réserve » ni du secret de l'instruction. Dans le même temps, la question de l'amnistie piétinait, loin d'être tranchée.

Certains responsables et élus socialistes avaient eu d'abord l'idée de faire passer en catimini une disposition d'amnistie électorale dans une loi d'amnistie relative... à la Guadeloupe ! La manœuvre fut éventée. Elle éveilla la méfiance de l'opinion et des médias. Les députés socialistes eux-mêmes en définitive choisirent de s'abstenir.

Le débat sur la nécessité d'une amnistie se trouvait engagé dans les plus mauvaises conditions. Cet épisode au Parlement apparut comme un signe de fébrilité de la part des socialistes, comme l'indice qu'ils avaient quelque chose à cacher.

Il devenait de plus en plus évident que le monde politique ne pouvait demeurer plus longtemps, en ce qui concerne le financement de ses activités, dans cet espace de non-droit où il évoluait depuis tant d'années. Il lui fallut rompre avec cette sorte de coutume où le recours à des pratiques plus ou moins illégales, considérées comme inévitables, était toléré [1] par un consensus tacite, pourvu qu'il restât modéré et désintéressé.

Le président de la République était conscient de cette nécessité et ne souhaitait pas laisser le débat se concentrer sur la question d'une éventuelle amnistie. Pour lui, il fallait aller au fond des choses, poser clairement le problème du financement de l'activité politique devant le Parlement et l'opinion. Déjà, en 1988, il avait contraint Jacques Chirac et sa majorité à préparer et adopter une première loi commençant à réglementer les dépenses des campagnes électorales. Il veut aller plus loin et demande publiquement aux hommes politiques d'apporter une réponse claire et complète à l'attente de l'opinion publique.

1. La France n'est-elle pas le seul pays au monde où l'on trouve des « zones de stationnement toléré » ?

Lors de son excursion rituelle à Solutré, en mai 1989, François Mitterrand avertit solennellement les médias de son intention d'aller jusqu'au bout d'une réforme législative radicale : « On ne peut laisser durablement la gestion démocratique se confondre avec des formes mêmes ténues de concussion », déclara-t-il.

La droite, qui avait conscience des insuffisances de la loi Chirac de 1988, ne pouvait que se rallier à ce projet. En même temps, le gouvernement de Michel Rocard travaillait à la mise au point d'un texte qui fut adopté par le Conseil des ministres le 20 juin 1989. Ce texte sera voté par le Parlement en décembre 1989 et promulgué en janvier 1990 pour les dispositions relatives au financement des partis politiques et des campagnes électorales. Ce texte contenait en outre une clause prévoyant l'amnistie pour les actes illégaux commis à l'occasion du financement politique. Clause qui n'avait rien d'extraordinaire en elle-même.

La loi de 1988 contenait déjà une telle disposition amnistiante, corollaire des pratiques extra-légales de financement. Pour tolérées qu'elles fussent, elles exposaient leurs auteurs, en principe, à des poursuites judiciaires : on ne pouvait les laisser indéfiniment exposés à ce qui pouvait constituer une menace, par exemple de la part d'un adversaire politique refusant de jouer le jeu. Ces amnisties spécifiques n'étaient pas toujours nécessaires : il est facile, dans le cadre d'une amnistie générale, d'amnistier les agissements exposant à moins de quelques mois de prison, ce qui permet à l'amnistie de couvrir la plupart des pratiques de financement utilisées.

On constatait, en juin 1989, que les représentants de tous les partis politiques étaient d'accord sur le principe d'une amnistie, comme condition préalable à la réforme : puisque tous avaient commis des erreurs, de la même manière. Il semblait normal d'apurer les comptes du passé, avant de repartir sur des bases saines.

C'est ce que le Premier ministre, Michel Rocard, exprimait sur T.F.1 lorsqu'il présentait ce projet de loi en déclarant : « La fraude a été très générale et tous azimuts. Il s'agit de sortir de l'alternative actuelle entre la fraude et la mendicité. » Mais, si les partis souhaitaient cette

« remise à zéro des compteurs », il leur était difficile d'assumer publiquement ce qui apparaissait déjà à l'opinion publique, à travers les médias, comme une « auto-amnistie » honteuse. Et ce qui devait apparaître, dans l'esprit de ses auteurs, comme la conséquence logique d'une réglementation précise, complète et sévère du financement politique, enflamma le débat, au point de faire oublier les autres paragraphes du projet de loi. Les politiques gênés par la tournure du débat ne concevaient pas ce que la démocratie pouvait gagner à ce que des centaines, voire des milliers d'élus de tous bords fussent traînés en justice comme des délinquants pour avoir participé à des pratiques connues, décrites en détail par les journaux, et avouées par les responsables des partis (sauf le P.C. et le Front national). Quitte à être, au bout de longs mois, reconnus finalement intègres, et relaxés.

Quand la discussion parlementaire s'engagea à nouveau, à l'automne 1989, la querelle n'était nullement réglée malgré le recul du gouvernement qui, d'après le garde des Sceaux, Pierre Arpaillange, aurait renoncé à l'amnistie. Les parlementaires socialistes ne tenaient pas à apparaître comme demandeurs d'amnistie pour leur propre compte, ce qui serait revenu à se reconnaître comme seuls coupables, ou plus coupables que les autres, faute d'avoir su aussi bien dissimuler leurs traces.

La droite connaissait de son côté des inquiétudes qui résultaient des réactions des milieux d'affaires. Pour ceux-ci, l'affaire S.A.E.-Sormae avait marqué une étape inadmissible : pour de médiocres histoires de commissions qui, pour eux, faisaient partie de la routine de la prospection et de la conquête des marchés, des membres haut placés de l'état-major du numéro 2 français du B.T.P., s'étaient retrouvés appréhendés, soumis à des interrogatoires humiliants, jetés en prison pour les faire avouer. Le message était clair : « Ça suffit comme ça. »

C'est ce qui explique que, pendant les débats au Parlement et lors du retour du texte en seconde lecture à l'Assemblée nationale, au début de décembre 1989, les groupes parlementaires de droite aient eux-mêmes préparé leurs propres amendements d'amnistie. Le plus intéressant est le projet attribué à Robert Pandraud et Nicole Catala, élaboré a-t-on dit avec l'aide de conseillers juridiques du C.N.P.F. [1]. Deux pages d'un papier sans le moindre signe distinctif se promenaient sur les bancs de l'hémicycle, dans les couloirs des commissions. Pour voir... Cet amendement stipulait que « sont amnistiées toutes les infractions à la réglementation fiscale, à la législation sur les sociétés et les écritures de commerce commises avant la promulgation de la présente loi, dans la mesure où les faits reprochés trouvent leur origine dans le but d'assurer par des personnes morales (N.D.A. : cet euphémisme désigne les entreprises), le financement direct ou indirect de campagnes électorales ou de partis politiques politiques à l'exclusion des faits de corruption active ou passive ».

Le souci de préserver avant tout les intérêts des chefs d'entreprises compromis dans les affaires de financement politique se trouvait confirmé par l'exposé des motifs qui accompagnait le projet d'amendement : « Il serait... injuste que soient maintenues des poursuites contre des personnes morales et leurs dirigeants [2], qui dans le vide et l'imprécision juridiques, et la tolérance de fait, n'ont pu aider des candidats ou des partis politiques qu'en contrevenant à des dispositions devenues désormais légales. » Le R.P.R. souhaitait exclure de l'amnistie les faits de corruption active et passive. Mais on voyait poindre dans son texte, sous une forme allusive, la question embarrassante que pose l'amnistie. Les rédacteurs déclarent ne pas vouloir amnistier la corruption parce que « nul ne doit, évidemment, pouvoir être autorisé à recevoir des fonds dans un but politique et les détourner à des fins personnelles ».

Cette formulation ne semble concerner que les hommes politiques, ceux qui « reçoivent les fonds ». Mais elle ne dit rien de ceux qui les donnent, surtout si c'est en contrepartie d'un avantage quelconque, de l'exercice d'une « influence » exercée en faveur d'une entreprise. Dans ces contacts, ces échanges de bons procédés entre

1. Voir l'article de Pascale Robert Diard, *Le Monde*, 11 mai 1990.
2. Le libellé est étrange : ce ne sont évidemment jamais les « personnes morales », c'est-à-dire les entreprises, qui sont poursuivies, mais seulement leurs dirigeants, à titre personnel.

des dirigeants d'entreprises et des décideurs politiques, est-ce que le soupçon de corruption n'est pas toujours présent, soit d'un côté, soit de l'autre?

C'est alors que les rédacteurs du texte ont introduit la notion de l'enrichissement personnel du destinataire des fonds, qui est le responsable politique.

On voit où se situent les difficultés : si le responsable politique a trafiqué de son influence avec modération, à des fins strictement politiques, on peut le considérer comme méritant l'indulgence et l'absolution. Mais il demeure que les responsables d'entreprises de leur côté se sont bel et bien assurés, par la corruption d'un élu, un avantage indu, dans l'intérêt privé de leur entreprise : méritent-ils eux aussi le pardon? On voit ici la logique somme toute rigoureuse qui a conduit dans les affaires déjà jugées, les responsables d'entreprises et les intermédiaires des bureaux d'études à se retrouver seuls devant les tribunaux, tandis que les élus reconnus innocents de tout enrichissement personnel étaient amnistiés.

A cette première difficulté s'en ajouta une autre : la notion d'enrichissement personnel ne correspondait pas à une catégorie juridique claire. Il s'agit d'une notion de fait. On ne peut l'établir que par une enquête, cas par cas, concernant l'ensemble des activités publiques et privées des personnalités considérées. Et encore, il faut préciser que la notion d'enrichissement personnel n'a pas été clairement définie. La Commission d'instruction de la Haute Cour de justice a considéré, à propos de l'affaire Nucci, que seule l'augmentation du patrimoine constituait un enrichissement personnel. Il semble aujourd'hui que certains magistrats instructeurs veuillent étendre la notion d'enrichissement aux avantages personnels tels que les voyages ou les nuits d'hôtel...

Les craintes des milieux d'affaires étaient vaines. Ainsi, la déclaration claire de M. Bentata, directeur général de la S.A.E., selon laquelle ses faveurs financières étaient équitablement réparties entre élus de droite et de gauche, comme la découverte dans les locaux du siège de cette société, de documents mettant en cause des hommes politiques de tous bords n'ont pas suscité la curiosité de quiconque, ni fait naître de vocations de perquisition. Les représentants des entreprises firent pression sur les parlementaires pour qu'une disposition amnistiante figurât dans la loi. Le message reçu, restait à savoir qui aurait le courage d'endosser l'amendement en seconde lecture. Une partie de mistigri commença. Les socialistes manquèrent de l'habileté qui aurait consisté à attendre que la droite déposât son amendement, dont ils connaissaient l'existence. Alors que les élus socialistes avaient fait preuve à plusieurs reprises de répugnance pour l'amnistie, les dirigeants du parti socialiste exercèrent une pression pour qu'un amendement amnistiant fût adjoint au texte de la loi sur le financement politique. Eux aussi avaient reçu des messages des entreprises. Ils se préoccupaient aussi du sort des responsables des bureaux d'études qui risquaient d'être inculpés pour avoir servi les intérêts de leur parti.

Malgré les dangers qu'elle comportait, Michel Rocard, devait s'engager dans cette entreprise. D'abord parce que son projet initial, qu'il avait défendu avec vigueur, contenait une amnistie. Ensuite, du moins je le crois, par souci de témoigner aux membres du parti sa solidarité dont il est, en tant qu'éternel minoritaire, toujours soupçonné de vouloir s'affranchir.

Michel Sapin, alors président de la Commission des lois, fut chargé de trouver une solution acceptable pour une majorité de parlementaires. Il se mit au travail avec le député socialiste Jean-Pierre Michel, en collaboration avec le député centriste Jean-Jacques Hyest. Le texte qui en résulta exclut, ce qui est dans l'air du temps, ceux qui se sont rendus coupables de trafic d'influence avec enrichissement personnel. En ce sens, il est semblable au projet d'amendement du R.P.R., et soulève les mêmes difficultés. C'est à la demande de Michel Rocard lui-même, qu'il exclut du bénéfice de l'amnistie, ce qui est une innovation, les parlementaires qui l'auront votée.

Le texte de Michel Sapin fut alors soumis à la Commission des lois : les députés socialistes qui la composaient refusèrent de le signer. Seul Jean-Pierre Michel continua courageusement à en assumer la responsabilité. Les parlementaires de droite n'y étaient pas hostiles. Bon nombre en furent même secrètement soulagés. Plus tard, quand le texte de l'amendement viendra en Commission mixte paritaire, pour concilier les positions de l'Assemblée nationale et du Sénat, un député R.P.R., un député U.D.F., un député U.D.C., et un sénateur U.D.C. le voteront.

Il est curieux de le constater aujourd'hui : si les débats concernant l'amnistie ont été animés au mois de juin 1989, au moment de la présentation du projet de loi, l'intérêt demeure faible durant la session d'automne, jusqu'au vote de la loi. Les médias lui avaient consacré de nombreux commentaires qui ne lui étaient pas défavorables. Le monde politique dans son ensemble s'y ralliait, mis à part le P.C. qui réaffirmait la transparence absolue de son propre financement [1].

C'est après le vote de la loi et sa première application dans l'affaire Nucci qu'une campagne d'opinion d'une extrême violence s'engagea, sur le thème de l'auto-amnistie des hommes politiques corrompus. « C'est bien connu : ils sont tous pourris... »

La maladresse de la démarche qui a guidé les responsables politiques de gauche dans cette affaire apparaît dans sa crudité. Ils ont suivi une ligne de conduite qui consistait à retarder le traitement des dossiers puis à décider une amnistie, sans pressentir qu'elle représentait la pire attitude possible. Ils n'avaient pas compris que la magistrature, suivant en cela l'opinion publique, allait refuser la loi d'amnistie. Pourtant, dès juin 1989, les syndicats de magistrats demandèrent à Pierre Arpaillange que le gouvernement renonçât au projet d'amnistie. Dans les premiers jours de septembre, le garde des Sceaux annonça le retrait du projet. La confusion atteignit alors son comble : s'agissait-il d'un recul tactique, ou le gouvernement renonçait-il à la stratégie qu'il avait lui-même acceptée ?

Certains responsables politiques se sentirent trahis. De plus, en semblant donner raison aux magistrats intervenus en tant que tels dans le débat politique, le ministre

1. Selon un article de *L'Express* du 14 mai 1992 qui semble puiser à de bonnes sources policières, les bureaux d'études du P.C. lui auraient rapporté deux milliards de francs durant les cinq dernières années, soit cinq fois ce qu'Urba a rapporté au P.S. dans la même période.

de la Justice désavouait ceux des magistrats qui rappelaient le devoir d'obéissance à la loi. Ainsi, dès le mois de juin, le « premier magistrat de France », Pierre Drai, premier président de la Cour de cassation, avait réaffirmé avec fermeté la nature de la séparation des pouvoirs politiques et judiciaires [1]. Il déclara : « Si les pouvoirs législatif et exécutif décident de mettre en chantier une loi d'amnistie, le juge en tant que tel n'a pas à intervenir... Si une loi est votée, il est là pour l'appliquer. » Il ajoute : « Je sais bien que ce n'est pas ce que les journalistes ont envie d'entendre de ma part, mais... croyez-moi, c'est la meilleure façon d'éviter le désordre. Moins le judiciaire empiétera sur l'exécutif et le législatif, moins les deux autres pouvoirs empiéteront sur le judiciaire. »

A la journaliste qui lui opposait le cas des lois iniques de Vichy, Pierre Drai répondit : « Nous sommes dans une démocratie et en période de paix civile, et ce que je vous dis n'a de valeur que dans ce cadre précis. Si une loi est votée qui ne convient pas aux Français, ce n'est pas aux magistrats qu'ils doivent s'en plaindre. C'est au pouvoir politique, et pour se faire entendre, ils disposent d'un bulletin de vote. » Il ajouta : « On a trop pris l'habitude de voir les magistrats donner leur avis sur tout, se déterminer pour ou contre le pouvoir politique. C'est à ce niveau que se situe le manque de crédibilité des magistrats, parce que trop souvent, le justiciable se demande quelle est la couleur politique du juge qu'il a en face de lui. »

L'amnistie votée et sa première application à Christian Nucci allaient fonctionner dans la magistrature comme un détonateur mettant en contact deux phénomènes de nature différente et provoquant une réaction imprévue.

La première évolution concernait la loi elle-même. La multiplication des dispositions législatives, la brièveté de certaines d'entre elles, le caractère disparate et circonstanciel de nombreux textes ont privé beaucoup de lois actuelles de la solennité, de la généralité et de la stabilité que la théorie juridique leur assigne. Elles ne représentent plus, pour nombre de magistrats, ces textes de référence qu'il convient d'appliquer aux cas d'espèce. Elles sont devenues relatives, provisoires et critiquables.

1. Interview de Pierre Drai au *Figaro*, 28 juin 1989.

Pour beaucoup d'entre eux, la loi de 1990 sur le financement politique tombe dans cette catégorie : elle a été votée non pour réglementer une situation sans droit, mais pour soustraire quelques individus à la justice. Ils ne se privent pas pour le dire et pour l'écrire, sans souci de la séparation des pouvoirs que rappelait Pierre Drai. C'est à ce moment que le juge Jean-Pierre fera parler de lui pour la première fois en remettant en liberté, pour protester contre l'amnistie et son application à Christian Nucci, un ensemble de prévenus qu'il avait lui-même placés en détention préventive.

Le deuxième phénomène a trait à la conception qu'une partie des magistrats se font de leur rôle dans la société. Le modèle déontologique classique, exprimé par le premier président de la Cour de cassation, est critiqué au nom d'une mission qui ne relèverait que de la conscience du juge. Cette évolution idéologique, qui a commencé avec le syndicat de la magistrature à la fin des années soixante, serait aussi le produit d'une modification sociologique du corps des magistrats qu'un spécialiste résume ainsi : les magistrats se recrutent de plus en plus parmi les « classes moyennes en voie d'ascension sociale » qui se caractérisent par un idéalisme « bien différent du réalisme des fils de la famille judiciaire et des classes supérieures habituées aux arrangements ». Cet idéalisme de nombreux jeunes magistrats les « prédispose à croire dans la possibilité d'une justice indépendante et correctrice des inégalités » et les convainc « de la nécessité et de la légitimité pour le juge de s'engager et de prendre parti sur la place publique et à propos du choix politique [1] ».

On voit en somme se répandre, chez des magistrats de toute obédience, une conception déviée de la séparation des pouvoirs, où une magistrature coupée du politique, ne relevant que d'elle-même et tenant d'elle-même sa propre légitimité, serait en revanche libre de censurer le pouvoir politique, de lui adresser des injonctions, et de traduire ses membres devant elle. Illustration caricaturale d'une telle conception : dans un département de la région Nord, après les élections de mars 1992, un juge du

1. Alain Bancaud, « Les désarrois des magistrats », in *Regards sur l'actualité*, la Documentation française, mai-juin 1991.

tribunal de grande instance rendit une ordonnance de référé pour interdire au président sortant du Conseil général d'emporter ses archives politiques et lui ordonner de les remettre à son successeur. Cette décision fut évidemment annulée dès le lendemain.

Il est juste de rappeler que les manifestations plus ou moins spectaculaires d'« indépendance » de certains magistrats s'expriment d'autant plus facilement que la gauche depuis dix ans s'est volontairement interdit, dans les textes comme dans sa pratique, l'utilisation des moyens répressifs autrefois en usage, tels que les mutations et promotions destinées à récompenser ou punir les magistrats.

Tout cela n'existe plus, je peux en témoigner. On va même désormais assez loin dans l'abstention bienveillante. Ainsi, j'ai renouvelé la mise à disposition du juge Marsaud auprès de la présidence du Sénat, à sa demande, alors que je pouvais me douter que ce magistrat préparait avec ses amis de « l'Observatoire des libertés », à partir des documents d'enquête, les questions d'actualité dont me bombardaient tous les mercredis Philippe de Villiers et ses amis. Refuser au juge Marsaud le droit de continuer à parader dans les ors du Sénat, ce qui était en mon pouvoir, n'aurait fait qu'entretenir la querelle sur l'indépendance de la justice. Pour cette raison, je me suis privé d'une mesquinerie qui me valut cet hommage ambigu d'un de ces sénateurs qui briguent la succession d'Alain Poher : « Vous êtes trop bon, monsieur le garde... » Dans un autre cas, le respect de cette stricte neutralité me fit craindre l'injustice : Mme Tric, la présidente du tribunal du Mans, qui avait eu le courage de dessaisir le juge Jean-Pierre, était candidate à une promotion à laquelle elle avait droit. Les services judiciaires avaient proposé au Conseil supérieur de la magistrature de la nommer à la tête d'un important tribunal du Midi. C'était une belle promotion, sans complaisance, compte tenu des qualités professionnelles de la candidate. Mais cette nomination pouvait faire jaser et elle fut reportée. C'est dire combien sont devenus insupportables les moindres indices et les plus vagues soupçons d'une dépendance du judiciaire à l'égard du politique.

La réaction des magistrats à l'amnistie, puis au traitement de l'affaire Urba constitue l'expression symbolique de cette évolution et de cette crise où s'affrontent deux conceptions opposées du métier de juge : qu'y a-t-il de commun entre l'attitude du président Drai qui rappelle la prééminence de la loi et les positions du juge Jean-Pierre qui revendique l'exercice d'un pouvoir solitaire jusques et y compris contre la loi ? S'agit-il de la même justice ? Quelles garanties des droits et des libertés sont dans l'un et l'autre cas en jeu ? Cette divergence au sein d'un corps qui se veut uni n'est-elle pas le signe que la crise de la justice est d'abord une crise du sens du métier de juge ?

Si ces données étaient incluses dans ce que l'on appelle les affaires, on comprend mieux l'écho qu'elles ont reçu et l'on ne s'étonne plus que la volonté de geler le dossier de Marseille ait été non seulement inopérante, mais qu'elle ait provoqué des effets opposés à ceux qui étaient recherchés. La volonté de certains magistrats d'imposer leurs vues aux politiques est relayée et amplifiée par les médias qui expriment une volonté d'émancipation avec d'autant plus de force qu'elle est sans risque depuis 1981.

Sans remonter à l'emprisonnement de la direction de *France-Observateur* coupable d'avoir révélé les mécanismes du « trafic des piastres » avec l'Indochine, sans parler des saisies de journaux pendant la guerre d'Algérie, des procès pour « offenses au chef de l'État » sous le général de Gaulle, se rappelle-t-on qu'en 1975, Jacques Chirac, alors Premier ministre, fit congédier une partie de la rédaction d'Europe 1 coupable de « persiflage » à l'égard de son gouvernement ? Ne parlons pas de ce qui se passait à la télévision où il n'était guère question de Bébête Show !

On peut dire que, grâce à la gauche, le journalisme d'investigation n'est plus aujourd'hui en France un métier à risque. Cette évolution de nos médias est positive. Cette volonté d'informer sans complaisance, sans doute parce qu'elle est trop récente, n'a pas donné lieu à un développement parallèle d'une déontologie sur le refus des rumeurs, la vérification des sources, le sérieux et l'équité de l'information.

Cela s'est vu à plusieurs reprises lors des affaires. Je me

souviens d'avoir, au cours d'une rencontre privée, demandé au patron de l'un de nos grands hebdomadaires politiques, pourquoi il ne parlait que des affaires où le P.S. était en cause. Il me répondit en ricanant : « Parce que les affaires de la droite, ça n'intéresse personne ! »

Plus grave est l'exemple d'Edwy Plenel, journaliste au *Monde*, qui, au cours de l'été 1991, n'a pas craint d'affirmer, sur la foi d'un seul document grossièrement contrefait, que le P.S. complétait les profits d'Urba avec des narco-dollars que lui envoyait de Panamá le général Noriega ! Le faux était si évident que, cette fois, *Le Monde* présenta des excuses à ses lecteurs mais la rumeur avait été reprise par d'autres journaux. Edwy Plenel ne semble pas avoir eu à souffrir professionnellement de cette considérable « erreur ». Il a vite repris ses leçons de morale politique et je dois souligner que je tiens néanmoins Edwy Plenel pour l'un de nos journalistes d'investigation les plus sérieux et les mieux informés. Une telle affaire en dit long sur l'atmosphère qui régnait à ce moment-là.

Dans cette ambiance, il était vain de vouloir préserver un secret sur le contenu des dossiers marseillais. Au bout de quelques semaines, des photocopies de toutes les pièces, y compris les cahiers Delcroix et les procès-verbaux des interrogatoires des principaux protagonistes, tant par la police judiciaire que par le président Culié chargé de l'instruction, se trouvaient entre les mains de toutes les rédactions comme de beaucoup d'hommes politiques. Rien ne devait arrêter la machine infernale dont les socialistes ont été à la fois les créateurs et les victimes.

La ligne de conduite qui avait été arrêtée avant mon arrivée par Pierre Arpaillange n'était ni déraisonnable ni incohérente. L'affaire S.A.E.-Sormae était instruite par le président Culié. Elle conduisait à l'inculpation de Gérard Monate et de l'état-major du groupe Urba. Cela permettait aux acteurs de s'expliquer sur leurs activités, d'assumer leurs responsabilités, et de se voir infliger une éventuelle condamnation de principe. Ainsi, au cours de ce procès à valeur quasi pédagogique, les citoyens verraient en quoi consistait ce système de financement extra-légal, trop longtemps toléré, avec lequel la classe politique s'était résolue à rompre en votant la loi de janvier 1990.

On voulait éviter que l'affaire S.A.E.-Sormae ne se transforme en un procès général du groupe Urba : étant donné l'organisation centralisée et non clandestine du groupe, l'ouverture d'un tel procès aurait entraîné la mise en accusation de plusieurs dizaines, voire de centaines d'élus nationaux et locaux, ainsi que celle d'un grand nombre de dirigeants d'entreprises. Beaucoup de procédures, de troubles, de scandales pour l'opinion publique trop encline à ressasser un vieil antiparlementarisme populiste, sans compter la démoralisation d'hommes politiques dévoués, offerts en pâture à l'impopularité. Tout cela pour aboutir, au bout de quelques mois ou de quelques années, au gré du rythme de travail de la justice, à la constatation que, faute d'enrichissement personnel, l'amnistie devait leur être appliquée.

Nous retrouvons là le piège technique d'une amnistie qui s'est voulue scrupuleuse et soucieuse de ne pas couvrir de véritables malhonnêtetés. L'enrichissement personnel – ou le non-enrichissement – ne sont pas des catégories juridiques. Il s'agit de pures questions de faits qui ne peuvent être établies, constatées qu'au cas par cas par la justice. Ainsi pour pouvoir laver un élu de tout soupçon d'enrichissement personnel et le déclarer amnistiable, la justice doit-elle préalablement le mettre en cause et même l'inculper, c'est-à-dire le traiter, aux yeux de l'opinion publique, comme un coupable. Cela peut paraître absurde, mais c'est juridiquement impeccable.

La volonté de ne pas ouvrir le procès général d'Urba, de s'en tenir aux suites de l'information ouverte à Paris, reposait sur des justifications techniques et politiques solides. Pourtant, dans l'état où se trouvaient l'opinion publique et la magistrature, cette attitude était suicidaire d'autant plus qu'aucun haut responsable socialiste n'avait pu se résoudre à l'expliquer à l'opinion dans les termes que je viens d'employer. Face à cette attitude de mystère et de cachotterie, l'opinion a été et reste aujourd'hui persuadée qu'on lui a dissimulé des énormités, alors que tout ce qu'il y avait à savoir s'est trouvé exposé, pendant des semaines, dans les médias et les journaux, du *Monde* et de *L'Express* au plus modeste quotidien de province.

L'impopularité de l'amnistie devint telle que les partis

de droite et spécialement le R.P.R. accomplirent une inélégante volte-face. En mai 1990, Jacques Chirac prit la tête d'une croisade anti-amnistie et évoqua une motion de censure à ce sujet. Il oubliait que son parti, comme les autres, à l'exception du P.C., avaient voté l'amnistie contenue dans la loi de juillet 1988. Lors des débats, Pierre Mazeaud, devenu ensuite l'un des plus farouches contempteurs de l'amnistie, déclarait : « Il n'est pas question de faire une différence entre les partis politiques en ce qui concerne le financement des campagnes électorales, et il est scandaleux qu'un parti (c'est-à-dire le P.C.) cherche à s'arroger le monopole de l'honnêteté. »

Jacques Chirac oubliait que le R.P.R. avait rédigé lui-même un projet d'amnistie à l'automne 1989, et que le groupe R.P.R. à l'Assemblée nationale avait favorisé l'adoption de l'amendement d'amnistie en laissant un de ses membres voter pour et quatorze autres s'abstenir.

Je ne sais quel bénéfice politique les partis de droite ont pensé pouvoir tirer de cette campagne de dénégation. Il semble que l'opinion publique ait conscience que les fautes de la droite sont aussi graves, et peut-être plus que celles de la gauche, mais qu'elle les juge avec une moindre sévérité, comme si cela allait de soi.

Dans ce domaine du rapport à l'argent, l'opinion publique demande davantage à la gauche qu'à la droite. Et pour cette raison-là, les affaires ont été dévastatrices et le P.S. en a souffert et en souffre plus que les autres.

VIII

LES BATAILLES DU MERCREDI

Au moment où j'ai pris mes fonctions de garde des Sceaux, le 2 octobre 1990, l'essentiel du mal était accompli. L'ensemble des responsables socialistes, quelle que fût leur fonction, pensait à cette époque que la seule attitude possible consistait à garder la ligne précédemment choisie malgré les effets désastreux qu'elle avait eus jusqu'alors. J'allais donc m'y employer malgré mes réticences qui se renforçaient au fil des semaines. Nous avions été quelques-uns à proposer, à la fin de 1990 et au début de 1991, un changement de cap radical dans le traitement des affaires par une opération de catharsis ou de purge comportant un volet politique : « On met tout sur la table » et un volet judiciaire : « Que la justice en finisse avec tous ceux qui sont vraiment coupables ».

La première partie de la proposition eut pour prolongement la proposition de Pierre Mauroy et du groupe parlementaire socialiste de créer une commission d'enquête parlementaire sur le financement des partis politiques. Quant à la deuxième partie de la proposition elle se heurtait à l'incapacité dans laquelle j'étais – et nous y sommes encore – de prévoir le moment où les procédures concernant des élus pourraient prendre fin. Elle tenait à la répugnance d'envoyer, à partir des cahiers Joseph Delcroix, des dizaines d'élus et des chefs d'entreprises à l'inculpation d'abord, à l'amnistie ensuite. Il y avait aussi l'humaine difficulté de changer de ligne en cours de période, ce qui revenait à confesser publiquement son erreur. Il fallut rien de moins qu'un nouveau gouvernement et un changement de Premier ministre en avril 1992 pour que fût officiellement revendiqué un changement d'attitude déjà mis en œuvre en silence depuis plusieurs mois, car il n'y avait rien d'autre à faire.

Pierre Bérégovoy s'est attaqué à la lutte contre la corruption sous toutes ses formes et en a fait un thème politique. Quarante-huit heures avant sa nomination comme Premier ministre, je lui avais fait part de mon souhait de n'être pas reconduit au ministère de la Justice, quel que soit le chef de gouvernement choisi, et je lui avais dit ma conviction de la nécessité d'aborder en termes politiques forts et exigeants la question des affaires. La ligne qu'il applique m'apparaît raisonnable et juste.

Je ne dis pas cela pour diminuer ma propre responsabilité ni pour jouer à retardement les chevaliers blancs incompris. Je n'y postule pas. Je suis solidaire de ce qui s'est décidé dans les deux gouvernements où j'étais garde des Sceaux. Je ne peux et ne veux me défausser de rien sur personne car, après tout, et même si l'envie parfois m'en est venue, je n'ai pas alors offert ma démission...

Avant de remettre en cause l'attitude définie en avril-mai 1989, il a fallu prendre bien des coups, livrer une rude bataille et commettre encore quelques erreurs.

Dès le début de la session parlementaire de l'automne, 1990, j'ai dû répondre à des questions dont tous les termes ne m'étaient pas connus. Et puis je n'aurai plus, pendant longtemps, le loisir de parler avec recul et sérénité de l'affaire Urba dès lors que certains croient pouvoir utiliser cette affaire pour provoquer ma perte, espérant atteindre à travers moi le président de la République. La conjonction de mon arrivée place Vendôme et de la sortie du livre de l'inspecteur Gaudino allait permettre à une partie de la droite de mener une violente offensive contre le chef de l'État, relayée tous les jours par *Le Figaro, Le Quotidien de Paris,* et le « Journal de 20 heures » de T.F.1. Pour réussir, cette attaque, qui rassemble des troupes peu nombreuses mais déterminées, doit enfoncer la première ligne que j'occupe : il faut montrer que le garde des Sceaux, qui fut trésorier de la campagne électorale de François Mitterrand, a bénéficié pour les besoins de cette campagne de « l'argent sale » des fausses factures. On passerait alors à la deuxième partie du plan, l'attaque directe contre le chef de l'État lui-même. En une vingtaine de jours, entre le 20 octobre et le 15 novembre 1990, le débat a changé de nature et d'objet : on ne parle plus de l'amnistie, ni du financement occulte du P.S., pas même de l'indépendance de la justice; les attaques sont concentrées sur François Mitterrand et sa campagne de 1988. Peut-être y a-t-il enfin là le moyen de le toucher à mort? A l'époque, certains cercles de droite spéculent à haute voix sur le départ anticipé du président de la République. Ceux qui vont mener l'offensive contre moi au Parlement, les Villiers, Charrette, Aubert, Robien, Broissia, Mestre, Bayrou appartiennent à la fraction de l'U.D.F. la plus giscardienne et la plus hostile à François Mitterrand. L'un de mes questionneurs lâche un jour à Jean Auroux dans les couloirs de l'Assemblée : « Tu l'as compris, nous la tenons notre revanche des diamants... »

Je n'ai pas eu besoin des confidences de mes adversaires pour saisir, dès la première séance de questions orales au Parlement, que la bataille qui s'ouvre est politique et que je suis la première cible dans une ligne de mire qui se prolonge au-delà de moi. J'ai vu aussi dans le premier assaut qu'il n'y aurait pas de quartier, comme Jean-François Deniau eut l'élégance de m'en avertir, plus tard, en déclarant à un de mes amis rencontrés dans un restaurant connu du boulevard Saint-Germain : « C'est dommage, Nallet est un type bien, mais on va le briser! »

Cette bataille qui fut intense pendant quatre mois, mais s'étala sur une année, je l'ai acceptée sans rechigner. D'abord parce que j'étais sûr de moi : je disais la vérité lorsque j'affirmais que la campagne de François Mitterrand n'avait pas reçu 24 millions de francs d'Urba comme le prétendait Gaudino. Ensuite parce que je me battais pour un homme que je respecte. Enfin, parce qu'il ne me déplaisait pas de repousser les assauts d'hommes dont je n'aime pas les idées et dont l'attachement à la République ne me paraît pas fait du même métal que le mien.

Ce fut long; j'y ai pris des coups et j'en ai donné. J'y ai fait la connaissance de la haine et de la solitude politiques mais, somme toute, j'ai tenu le choc, puisque l'offensive est restée bloquée sur la ligne de défense que je tenais.

Le montage de l'opération politique dirigée contre moi était très simple. Il reposait sur quelques passages des cahiers Joseph Delcroix, dans lesquels le scripteur, sous une forme elliptique, parle de l'effort financier que s'engage à consentir Urba en faveur du P.S., en prévision de la campagne présidentielle. Rien là qui ne cadre avec ce qui était de notoriété publique : Urba se servait de ses bénéfices pour payer certaines dépenses électorales du P.S. Mais il était tentant pour nos adversaires d'aller plus loin, et de procéder à un amalgame entre les dépenses du P.S. et la campagne du candidat François Mitterrand. D'abord parce que cela offrait l'image compromettante d'un candidat recevant clandestinement des fonds d'origine douteuse. Mais surtout parce que les comptes du candidat établis par moi et remis par mes soins au Conseil constitutionnel ne contenaient aucune allusion à un transfert de fonds provenant du groupe Urba, mis à part les 50 000 francs d'Urba et les 50 000 francs de Gracco représentant leur cotisation normale de société commerciale à la souscription ouverte pour le financement de la campagne. Or mes accusateurs, interprétant à leur manière un passage des cahiers Joseph Delcroix, parlaient d'un transfert de 24 millions de francs du groupe Urba au budget de la campagne de François Mitterrand, ce qui est considérable, et pas facile à camoufler!

Ces accusations sont apparues, on le sait, pour la première fois, en 1989, dans *Le Nouvel Observateur*. J'avais à l'époque fait condamner pour diffamation ce journal qui n'avait pu apporter un commencement de preuve de son affirmation. Mais quelques jours après ma nomination paraissait le livre d'Antoine Gaudino, *L'Enquête impossible*. Étrange figure que celle de ce policier redresseur de torts. Il s'est illustré quelques années plus tôt au sein de la police, en partant en guerre contre la pratique des faux frais de mission, qui servent aux autorités policières à rembourser les frais réels exposés par les fonctionnaires dans leurs missions. Cette offensive puritaine explique que son corps ne se soit guère mobilisé lors de ses démêlés avec le ministre de l'Intérieur.

La lecture de son livre révèle chez lui une extrême fierté d'avoir percé à jour les mystères d'Urba. Lorsqu'il compris que ses découvertes étaient considérées comme embarrassantes par sa hiérarchie, il commença à distribuer des photocopies des pièces de son dossier à la presse. C'est sans aucun doute l'origine de l'article du *Nouvel Observateur.*

Il fut d'abord muté dans un autre service. Son ardeur dénonciatrice n'en devint que plus grande. Je considère que ce fut une erreur de révoquer l'inspecteur Gaudino, même si son comportement était inadmissible du point de vue de son administration. Aucun citoyen de notre pays n'a pu comprendre et admettre que l'on sanctionne gravement un policier qui voulait agir contre les auteurs de certains délits, alors que ces auteurs étaient épargnés par la justice et amnistiés. On en a fait un héros et un martyr, et de son livre un énorme succès de librairie, dont des dizaines de milliers de lecteurs prennent chacune de ses lignes pour parole d'Évangile. Au point qu'il a été plusieurs fois produit à titre de preuve à l'appui de diverses plaintes déposées à Paris ou à Marseille par des associations ou organisations politiques tendant à faire ouvrir un procès Urba.

Il contient l'affirmation formelle de l'amalgame entre la gestion financière du P.S. et la trésorerie de la campagne présidentielle dont j'ai eu la charge. Mais il ne fournit aucune preuve à l'appui de ses dires.

J'aurais bien aimé pouvoir attaquer en justice le livre et son auteur pour cette imputation calomnieuse. Mais une règle non écrite interdit au garde des Sceaux en fonction d'intenter à quiconque un procès en diffamation, puisqu'il serait accusé d'être en quelque sorte juge et partie. Le respect de cette règle m'a pesé. C'est sur la base de cet amalgame non prouvé que j'allais être attaqué sans relâche pendant plusieurs semaines à l'Assemblée nationale et au Sénat.

L'offensive prend naissance au cours de la séance de questions de l'Assemblée nationale, le mercredi 17 octobre 1990. Une « question » m'est posée par Philippe de Villiers qui affirme mon implication dans l'affaire Urba, et la dissimulation dans mes comptes de campagne de 24 millions de francs que j'aurais reçus d'Urba. Et c'est pour cette raison, et aucune autre selon mon accusateur, que le dossier d'Urba-Marseille était au point mort.

Ma réponse s'articulait en trois points. Sur l'affaire Urba qu'on m'accusait d'étouffer, je rappelais que les cahiers Joseph Delcroix, loin d'être bouclés dans quelque coffre-fort du Parquet de Marseille comme beaucoup le prétendaient, dont Gaudino lui-même, se trouvaient dans le dossier transmis à la Chambre d'accusation de Paris, ce qui permettrait de tout savoir sur Urba. La réponse était insuffisante mais exacte.

Sur l'affaire du financement de la campagne présidentielle par Urba, je mettais « au défi quiconque de prouver que mon nom ait été cité ne serait-ce qu'une fois dans un des documents ou pièces qui figurent à cette procédure ».

Enfin, j'exhortais l'ensemble des partis à renoncer à leur « hypocrisie traditionnelle » en matière de financement, à reconnaître les pratiques illégales à l'égard des Français et à s'engager à mieux maîtriser les rapports entre la politique et l'argent.

Sur le second point, le plus important, je reçus dès le lendemain un démenti inattendu. Les journaux publièrent un extrait d'un interrogatoire de Gérard Monate par le président Culié que je ne connaissais pas et qui leur avait été remis par une main bien intentionnée. Les journaux se déchaînèrent et parlèrent d'un camouflet. Selon un procès-verbal, Gérard Monate aurait déclaré le 20 octobre 1989 au président Culié : « A la suite de la loi Chirac du 11 mars 1987, M. Nallet, trésorier de la campagne de M. Mitterrand, m'a demandé de faire appel à mes délégués régionaux pour collecter des dons dans le cadre de cette nouvelle réglementation. Au cours de la réunion du 26 octobre 1987, j'ai donc demandé aux délégués régionaux de solliciter les entreprises... » Cette déclaration, faite, m'a-t-on dit, à la fin d'une longue journée d'interrogatoire, ne résiste pas à l'examen tant elle est contradictoire. Pourquoi Gérard Monate prétendait-il m'avoir rencontré, alors que nous ne nous étions jamais vus ? Pourquoi datait-il la loi Chirac du 11 mars 1987 et non du 11 mars *1988* ? Et il ne s'agit pas d'un lapsus, puisqu'il présente la réunion du 26 octobre *1987* comme une conséquence de la loi Chirac et de la nouvelle réglementation que je lui aurais recommandé de respecter. En 1987, au demeurant, je ne jouais aucun rôle dans la structure financière du P.S. et j'étais loin de me douter que François Mitterrand me demanderait d'être trésorier de sa campagne le 23 mai 1988.

Cette déclaration était donc incohérente et je me souviens de m'être demandé si le président Culié avait écouté Gérard Monate avec beaucoup d'attention. Je fus aussi surpris de voir *Le Monde* reproduire cet interrogatoire sans même indiquer à ses lecteurs les contradictions évidentes qu'il contenait. Par la suite, ce texte ne fut plus guère exploité contre moi, tant son contenu était absurde.

Le fait est que ma position était forte, puisqu'elle s'appuyait sur la vérité. Villiers et Gaudino, *Le Figaro, Le Figaro-Magazine, Le Quotidien de Paris* eurent beau faire et beau dire, on trouvait tout dans les cahiers Joseph Delcroix, sauf mon nom! Mon nom ne figurait pas « à toutes les pages des cahiers Joseph Delcroix » contrairement à ce qu'affirma Patrick Poivre d'Arvor en introduction à son émission « Le droit de savoir » du 9 novembre 1990. Et il était difficile de prétendre qu'un scribe aussi maniaque que Joseph Delcroix, qui notait l'heure des pauses café, qui compromettait tout le monde, aurait omis de parler des visites de Henri Nallet, trésorier de François Mitterrand, venu négocier un transfert de 24 millions de francs!

Beaucoup de gens, à la suite de Gaudino, prétendirent alors trouver *le* lien entre Urba et la campagne de François Mitterrand dans le fait que les comptes remis au Conseil constitutionnel étaient certifiés par David Azoulay, expert-comptable d'Urba. Mais cet argument était faible. Il n'y avait rien d'étonnant à ce que je recoure à David Azoulay, l'un des experts-comptables du P.S., pour une formalité qui n'a pas la signification et l'importance qu'on a voulu lui donner. L'expert-comptable n'est là que pour attester que les comptes sont conformes aux règles de la comptabilité et aux pièces comptables produites. Il n'est pas chargé de garantir la sincérité des comptes.

Ma défense tenait et, petit à petit, les choses commencèrent à se calmer. Philippe de Villiers brandissait ses trois cents photocopies, mais il n'en sortait rien d'intéressant. On continuait à me poser des questions à l'Assemblée ou au Sénat, mais on envoyait des troisièmes couteaux m'interroger. Le mercredi 14 novembre, je réussis pour la première fois à présenter de manière indiscutable la distinction qu'il convenait d'établir entre les activités d'Urba, la campagne du P.S. et la campagne de François Mitterrand. En réponse à une question posée selon les termes habituels, je rappelai d'abord que :

« Le parti socialiste bien avant le vote de la loi de mars 1988, et bien avant que François Mitterrand ne déclare sa candidature, a mené une campagne en vue des élections présidentielles, comme tous les autres partis en ont mené une. Le parti socialiste a continué son action après le 11 mars 1988, action politique légitime, à côté de l'équipe de campagne du candidat, comme tous les autres partis qui sont représentés sur ces bancs ont continué à mener leur campagne. La loi du 11 mars 1988 fait obligation à chaque candidat à l'élection présidentielle de remettre au Conseil constitutionnel le compte de sa campagne, c'est-à-dire les dépenses effectuées par le candidat, ou pour son compte, par une personne spécialement mandatée. Il est donc évident qu'un candidat ne peut inclure dans son propre compte de campagne les dépenses effectuées par d'autres personnes qui soutiennent sa candidature, mais qu'il n'a pas mandatées. Et telle était bien la volonté des auteurs de cette loi. Pour vous le prouver, mesdames, messieurs les députés, permettez un instant que je cite un orfèvre en la matière qui était le président de la Commission des lois de l'époque et le rapporteur de cette loi, M. Mazeaud : " Ainsi que Monsieur le ministre de l'Intérieur vient de le rappeler – il s'agissait, vous l'avez compris, de M. Pasqua – il ne saurait être question que du mandataire du candidat, car on ne peut limiter l'activité des partis, sinon en faisant échec à l'article 4 de la Constitution. " M. Mazeaud poursuivait : " Il ne saurait naturellement être question de faire porter à un candidat la responsabilité de dépenses engagées à son insu. " C'est bien ainsi que les choses se sont passées pour tous les candidats.

« Je vais vous donner un exemple, évidemment pris au hasard. Le compte de campagne de M. Chirac fait apparaître des dépenses d'un montant de 95 millions de francs. Or tout le monde sait, ou à peu près tout le monde, que les dépenses totales engagées pour promouvoir la candidature de M. Chirac ont été beaucoup plus élevées. La trésorière de la campagne de M. Barre et moi-même avions, pendant la campagne, estimé que les dépenses ayant concouru à la promotion de la candidature de M. Jacques Chirac étaient de l'ordre de 200 à 250 millions de francs. J'en conclus qu'au cours de la campagne de soutien à M. Chirac des dépenses ont été effectuées par d'autres, ainsi que la loi le prévoyait. Je n'en ai pas fait davantage ! »

Les journaux du lendemain devaient noter qu'à ce moment, Raymond Barre avait applaudi joyeusement.

Je rappelais ensuite que c'est pour remédier aux failles de la loi Chirac de mars 1988 que la loi de janvier 1990 a étendu son contrôle à l'*ensemble* des dépenses concourant à toute élection, qu'elles aient été ou non sous le contrôle direct du candidat, et même si elles ont été engagées à son insu.

Comme le constatait le journaliste de *Libération*, mon argumentation avait « coupé le sifflet à l'opposition ». Les invectives cessèrent et un silence soudain s'établit dans l'hémicycle.

A compter de ce jour, le rituel des questions du mercredi qui, prévoyait-on, devait durer jusqu'à ma mise à mort, s'effilocha. J'aurai à revenir quelques mois plus tard sur cette affaire lors de ma déposition devant la Commission d'enquête parlementaire sur le financement des partis politiques, finalement formée, et qui siégera entre mai et septembre 1991. Entre-temps, j'aurai approfondi et rendu plus rigoureuse mon argumentation. J'y observe en particulier qu'il était étrange de jeter le soupçon sur les 24 millions de francs versés par le parti socialiste à la campagne de son candidat, alors que l'on acceptait comme allant de soi que le R.P.R. ait versé 40 millions de francs à Jacques Chirac. On trouvera en annexe l'essentiel de cette déposition qui ne souleva aucune controverse et dont plusieurs membres de la Commission représentant des partis de droite reconnurent la solidité et la force.

Dès la fin de décembre 1990 le gros de l'attaque contre

moi était passé. Mon intégrité personnelle ne fut jamais mise en cause et la nature politicienne de l'opération fut assez vite établie. Beaucoup de voix à droite s'élevaient pour protester contre cette campagne parce qu'elles admettaient que tous les partis devaient balayer devant leur porte et parce qu'elles voyaient qu'elle alimentait un antiparlementarisme les touchant tous sans distinction. Et aussi, pour des raisons plus profondes : je me rappelle une des fortes personnalités de la droite venant vers moi à la buvette du Sénat après une séance de questions et m'encourageant à tenir bon car, me disait-elle : « Ce de Villiers et ses amis, ce ne sont pas des républicains ! » On s'explique pourquoi au même moment, Philippe de Villiers déplorait avec amertume « le silence assourdissant des grands leaders de l'opposition ».

Le début de l'année 1991 me permit d'assumer mon métier de garde des Sceaux et de lancer les réformes que j'estimais urgentes. Cependant, je n'en avais pas fini avec l'affaire Urba. La polémique était en sommeil, mais la menace restait latente tant que la volonté de ne pas laisser s'ouvrir l'affaire Urba nationale n'était pas assumée et expliquée à l'opinion par l'ensemble des responsables socialistes, qu'ils soient au gouvernement ou dans le parti. J'avais fait ce que je pouvais pour donner ces explications mais l'expérience montrait que ma seule intervention était insuffisante pour endiguer le flot des attaques, des accusations mal étayées, la méfiance et les doutes de l'opinion. Je ne pouvais pas demeurer seul. Il fallait que le relais soit pris avec détermination par tous les responsables socialistes sur le terrain politique et d'abord par l'explication. Je pouvais vérifier le bien-fondé de ma position à chacune des réunions publiques que je tenais : un soir, à Toulouse, deux cents militants socialistes m'accueillent pour une réunion sur la justice. Ils ont des visages fermés, tristes, parce qu'ils en ont assez, eux aussi, d'entendre parler des affaires. Alors, j'aborde la question d'entrée de jeu :

« Je vais vous parler des affaires, parce que, moi aussi, j'en ai assez de prendre des coups immérités et que nous n'avons, sur ce sujet, aucune raison de raser les murs. »

Pendant deux heures d'horloge, j'ai traité le sujet dans

tous les coins, répondu à toutes leurs questions. Soulagement dans la salle, satisfaction d'entendre une explication, de comprendre enfin les mécanismes dont on ne parle pas, chaleureuse ovation pour l'orateur. Je suis convaincu que la partie se joue là, sur le terrain.

« Oui, on a commis des fautes et voilà pourquoi... Et voici ce qu'on propose pour que ça ne recommence plus. »

Mais il n'y eut pas de mobilisation générale, les dirigeants socialistes se satisfaisant de la contre-attaque parlementaire qui avait abouti à une Commission d'enquête. Aujourd'hui, lorsque j'évoque cette période, le sentiment de ma solitude l'emporte. Si j'ai été constamment soutenu par le président lui-même, les dirigeants qui pouvaient parler sur ces sujets restèrent plus discrets, comme si, deux ans après le début de l'affaire Urba et les dégâts politiques qu'elle a entraînés, la question de l'argent restait soumise à un tabou.

Cette discrétion était d'autant plus dommageable et imprudente que, dans le même temps, des tentatives avaient eu lieu, en particulier à Marseille, pour relancer l'affaire par le moyen d'une constitution de partie civile de citoyens ou de contribuables alléguant que les agissements financiers de la municipalité les avaient lésés, qui contraindraient le Parquet à ouvrir une instruction. Il était vraisemblable qu'un jour ou l'autre, une telle plainte bien formulée et bien étayée pourrait être jugée recevable. Ainsi le parti pris de silence choisi au départ de cette affaire risquait-il de devenir incohérent, surtout s'il se trouvait contourné par la machine judiciaire elle-même.

IX

UN PREMIER PROGRAMME DE MODERNISATION

Cette bataille parlementaire et médiatique avait accaparé une partie de mon temps et de mon énergie. Elle ne m'a pas empêché de continuer le travail entrepris : discussion avec les organisations professionnelles, déplacements dans les juridictions, préparation de décisions gouvernementales en réponse aux manifestations répétées des personnels de justice. Lorsque la tourmente se calme, à la fin de la session parlementaire de 1991, je mets en route un programme d'ensemble. Sans savoir que j'ai devant moi seulement trois mois de répit.

Nous avions besoin d'un plan englobant tous les aspects de la crise de l'institution : il fallait que chacun constate que ses problèmes, ses propres préoccupations s'intégraient à un programme d'ensemble, aux objectifs identifiés, aux calendriers précis.

Ce programme devait s'articuler autour d'un mot d'ordre dont l'évidence m'est apparue au cours de mes premiers entretiens : moderniser. Pas pour faire moderne, mais parce qu'il y a urgence et nécessité à accoutumer l'institution à des techniques et des moyens utilisés dans les autres secteurs de la société et qu'elle continue, superbe, d'ignorer.

Moderniser le droit, en élaguant et simplifiant ce qui peut être simplifié (chèques sans provision, contentieux routier) ; en assurant l'efficacité de la décision de la justice (réforme des voies d'exécution) ; en mettant le droit en conformité avec les aspirations sociales (réformes du droit successoral et du droit de la famille); en rapprochant la justice des citoyens (développement de la médiation et des maisons de justice); en créant des instruments juridiques mieux adaptés à l'évolution économique et sociale (instauration de la fiducie et de la société par actions simplifiée)... Bref le programme législatif de la Chancellerie doit être centré autour d'un effort de simplification du droit et d'efficacité de l'institution judiciaire.

Moderniser les professions qui concourent à l'œuvre de justice : les avocats, les magistrats, les greffiers verront leurs statuts assouplis, plus ouverts sur leur environnement. Décloisonner, permettre la mobilité des uns et des autres, dans le respect de leurs spécificités. Ces objectifs rejoignent l'effort conduit par le gouvernement pour moderniser le service public. Ils doivent devenir les axes majeurs d'une politique de gestion des ressources humaines dont notre justice est dépourvue.

Moderniser les structures de l'institution : nécessité vitale si l'on veut sortir de la crise. L'administration centrale a besoin d'une organisation moderne et efficace, rattrapant les progrès accomplis au cours des dernières années par les autres grands services publics. Doter l'institution judiciaire d'échelons de gestion matérielle et humaine adaptés à l'évolution du pays et à la réforme de la décentralisation doit conduire à donner au cadre départemental des pouvoirs propres.

Donc, s'engager sur tous les fronts, avec un plan d'ensemble dont la première version est présentée à l'intersyndicale dès le mois de décembre 1990 et qui connaîtra son expression officielle dans une communication au Conseil des ministres le 12 juin 1991, reproduite en annexe.

Mais on ne peut tout faire aboutir en même temps. Il faut choisir un rythme tactique et progresser selon les sujets. Les discussions menées avec les organisations professionnelles dictent le tempo de la réforme : il faut commencer par les professions judiciaires et les fonctionnaires des greffes dont les attentes sont d'autant plus fortes qu'ils ont l'habitude de voir les gardes des Sceaux successifs se préoccuper, presque exclusivement, des magistrats. Changer l'ordre habituel doit me permettre d'attaquer en meilleure posture les questions plus difficiles, parce que plus symboliques, comme, par exemple, la réforme du Conseil supérieur de la magistrature. Par cette méthode progressive, je souhaite faire s'exprimer ce que j'appellerai le « parti moderniste » qui existe dans chaque corps mais qui a, face aux corporatismes, beaucoup de mal à se faire entendre. Cette réforme programmée doit avoir pour effet de permettre la constitution progressive de soutiens aux réformes. J'opte donc, par calcul et par tempérament, pour le pas à pas selon un plan, un tracé de route préétabli. Cela me semble correspondre à l'état de l'institution tel qu'il m'apparaît : sur un corps aussi délabré, aussi peu sûr de lui, toute médecine de choc risque d'emporter le malade.

Cela suppose l'adhésion de quelques-uns pour commencer. Et cela dépend de ma capacité à faire bouger des choses que l'on croyait devenues immobiles. Je décide de frapper d'entrée de jeu deux coups importants : faire adopter dès la session d'automne par le Parlement la loi portant réforme de la profession d'avocat qui s'est embourbée au Sénat, et obtenir du gouvernement un amendement au projet de loi de finances. En m'appuyant sur la bonne volonté du Parlement et du gouvernement, deux interlocuteurs extérieurs mais indispensables à l'institution judiciaire, je veux montrer aux membres de l'institution que les pouvoirs peuvent remplir leur mission à son égard.

La démonstration parlementaire n'est pas hors de portée. J'aime le travail législatif et je possède à l'Assemblée comme au Sénat un certain capital de sympathie que n'a pas écorné le feuilleton des affaires parce que je me suis toujours efforcé de respecter les droits du Parlement, et en particulier le droit d'amendement. Lors de débats sur des projets de lois agricoles, j'ai souvent accepté des modifications substantielles aux textes initiaux, au grand désappointement de mon administration qui s'accrochait de toutes ses forces au texte qu'elle avait préparé. Cette attitude m'avait permis de faire adopter certains textes à l'unanimité. C'est dans le même esprit que je me présente devant la Commission des lois du Sénat, présidée par Jacques Larcher. Après quelques séances de travail, les points où il faut concéder m'apparaissent. Et j'accède aux demandes des sénateurs, ravis de ce changement. La direction des affaires civiles et du sceau, responsable du texte de loi dont j'hérite n'est, elle, pas enthousiasmée de ma manière d'accorder ce qu'elle avait incité Pierre Arpaillange à refuser. Elle ne me l'exprime pas, mais je vois que la résistance s'organise, et il me faudra à plusieurs reprises, au cours de séances publiques, donner brutalement l'ordre de trouver le compromis qui débloque la situation. Ainsi on traîne depuis des heures sur la question de savoir si l'on peut ou non créer un « notaire salarié ». J'ai compris les questions juridiques que cela pose, mais je sais que le rapporteur, M. Luc Dejoie, lui-même ancien notaire, tient à cet amendement au point que, s'il est accepté, son groupe votera l'ensemble du texte. Les fonctionnaires qui sont autour de moi dans l'hémicycle [1] me passent des petits papiers tous plus inquiets les uns que les autres, m'expliquant qu'il s'agit là d'une monstruosité juridique inapplicable. Au bout d'une heure de ce jeu, et en accord avec le rapporteur, je demande une suspension de séance et secoue mes collaborateurs : « Vous avez trente minutes pour trouver un compromis acceptable, sinon j'accepte purement et simplement l'amendement du Sénat. »

Puis, je les plante là pour aller bavarder à la buvette avec quelques sénateurs. A la reprise de la séance, le compromis est trouvé et le texte est voté quelques heures plus tard à l'unanimité, moins les voix communistes qui m'accusent de sacrifier le barreau français sur l'autel du marché unique. Ce succès me vaut la reconnaissance publique des avocats, des conseils juridiques et des notaires. De ce côté-ci, la pression baisse de plusieurs degrés.

Quant au fameux amendement du gouvernement au projet de budget dont l'intersyndicale fait un préalable à la reprise du dialogue, il n'est pas évident à obtenir. Ceux qui ont préparé le projet de budget pour 1991 estiment,

1. Lorsqu'on discute un projet de loi, le ministre est accompagné des fonctionnaires compétents baptisés pour la circonstance « commissaires du gouvernement » pour l'aider à répondre aux questions des parlementaires, et le rapporteur parlementaire est de la même façon aidé par les fonctionnaires de la commission concernée.

avec raison, que la justice n'est pas maltraitée compte tenu de l'ensemble des contraintes qui s'imposent à eux. Une rallonge subite et imprévue, qui ne peut être qu'importante, n'a pas, pour eux, de justification technique. Mais, ce sont aussi des responsables politiques, et avant que ne s'engagent les discussions entre les services sur la possibilité et le contenu d'une augmentation de ma dotation budgétaire, je vais en présenter les justifications politiques à Michel Charasse, le ministre délégué au Budget.

Son bureau est au cinquième étage des nouveaux et grandioses locaux du ministère de l'Économie et des Finances à Bercy. La première fois que j'y suis entré, son directeur de cabinet m'a prévenu :

– Attention, tu vas avoir un choc culturel...

Dans ce grand volume climatisé dont deux parois sont entièrement vitrées, on s'attend à trouver du mobilier en altuglass, acier chromé et cuir noir. Michel Charasse, lui, a fait suivre ses petites affaires de la rue de Rivoli : tapis des Gobelins, immense bureau Empire, bibliothèque et fauteuils recouverts de soie verte.

– C'est chouette, tu ne trouves pas?

Il s'est levé, heureux de m'accueillir, son visage rond pétillant de malice. Il est en bras de chemise, bretelles au vent, cigare au bec, conforme à l'image qu'il tient à donner de lui. Je connais Michel Charasse depuis 1981, lorsqu'il était avec moi à l'Élysée. Nous avons sympathisé et j'ai partagé avec lui, dans sa maison de Puy-Guillaume, le saucisson séché dans la cendre. J'apprécie chez lui la franchise, la générosité et la fidélité. Mais aussi la complexité du personnage, car Michel Charasse n'est pas seulement cette grande gueule fièrement affichée. Il donne le change. Ses bretelles? Il n'est pas obèse. Ses cigares? Il n'en fume que passé treize heures. Ses demi-lunes sans monture? Elles lui servent à voir de loin, pas de près. Ses vulgarités? Il écrit un français d'une très grande précision. Sa proximité réelle de François Mitterrand serait-elle son seul bagage politique? Il a des idées très construites sur l'État, la République et le service public qui lui permettent de travailler auprès du président de la République.

Il vaut mieux que ce qu'il donne à rire, mais cela ne le gêne pas. Comme le vrai chasseur qu'il est, il sait marcher sous le vent et effacer ses traces : il en dit plus qu'il n'en fait, mais il ne dit pas tout ce qu'il fait.

Quand je le rejoins pour commencer à plaider en faveur du budget de la justice, il m'accueille par un tonitruant :

– Alors, ils t'em... tes juges, hein?

Ce qui signifie en langue courante qu'il comprend la gravité de la crise et qu'il est désireux de m'aider.

La partie n'est pas perdue. Encore faut-il la préparer dans de bonnes conditions techniques avant que le Premier ministre ne prenne sa décision. C'est à cette occasion que ceux que l'on appelle mes « bouseux » vont montrer leur savoir-faire et imposer leur autorité à l'intérieur de la Chancellerie. Plusieurs de mes collaborateurs travaillaient déjà avec moi au ministère de l'Agriculture. Ils connaissent mes orientations et mes méthodes. Je peux leur donner de larges délégations qui renforcent l'autorité de chacun. Ils ont l'habitude de la haute administration et de « l'arbitrage interministériel », cette procédure qui consiste à soumettre tout projet émanant d'un ministère à la critique des autres ministères concernés par le sujet, sous le regard et l'autorité d'un représentant du Premier ministre. Car c'est celui-ci qui, lorsqu'il considère que les discussions ont assez duré et que le sujet est mûr, propose au Premier ministre de trancher les derniers points de désaccord et surveille la rédaction par le secrétariat général du gouvernement du projet ainsi remanié, sur un document de couleur bleue. Et dès lors, le « bleu de Matignon » fait foi. Le ministère en charge du projet n'a plus qu'à le mettre en forme pour le présenter au Conseil d'État, s'il s'agit d'un projet de loi, avant son passage en Conseil des ministres. Cette technique qui fonctionne bien a lieu entre fonctionnaires et membres des cabinets très compétents, ce qui ouvre des batailles féroces, chacun défendant son point de vue et, plus encore, les vues de son ministre.

Les collaborateurs qui m'ont suivi du ministère de l'Agriculture à la Chancellerie sont rompus à ces joutes et savent y ferrailler. Mais lorsqu'ils arrivent avec moi place

Vendôme, les magistrats, qui observent leurs premiers pas avec curiosité, les baptisent tout de suite « les bouseux ». *Le Canard enchaîné* en fit ses... choux gras pendant quelques semaines, mais sans plus car « les bouseux » surent se faire respecter. Le plus représentatif d'entre eux, Jean Nestor, ingénieur général du Génie rural et des Eaux et Forêts, qui devient mon directeur de cabinet après la nomination de Jean-Pierre Dintilhac à la tête de la Gendarmerie, réussit le tour de force de s'imposer à ce poste difficile et même, à son départ, d'être regretté par nombre de ceux qui l'avaient vu arriver place Vendôme en souriant. Il est vrai qu'entre-temps, Jean-Pierre Dintilhac, grâce à ses qualités humaines exceptionnelles, était parvenu à souder une équipe composée de « bouseux » et de « chats fourrés » qui a accompli un travail considérable.

Cette première bataille interministérielle, pour obtenir un supplément de plusieurs centaines de millions de francs au budget que j'allais présenter aux parlementaires, était préparée par mon conseiller budgétaire, Jean Bassères, jeune inspecteur des Finances qui, avant de me suivre à la Chancellerie, a appris son métier à l'Agriculture. Là, il a dû batailler contre les fonctionnaires du Budget pour obtenir des aides pour les fraises, les cerises, les fromages corses, les calamités aussi naturelles que diverses, etc.

Il est devenu un spécialiste de cet exercice redoutable qui consiste à résister au rouleau compresseur des hommes du Budget qui, par fonction, disent non à toute demande coûteuse pour les finances publiques. Ils ont été dressés à ce travail de destruction par une hiérarchie exigeante et solidaire. Le fonctionnaire du Budget ne doit pas se contenter de dire non : il doit savoir expliquer à son interlocuteur-adversaire que sa demande infondée est inutile, car le ministère quémandeur a suffisamment de ressources par ailleurs. N'ayant aucune justification technique ou économique, cette demande serait dangereuse, si elle était acceptée, car elle constituerait un précédent.

Bref, la demande est inconvenante et l'honneur voudrait qu'on la retire. Ce jeu cruel, dans lequel il entre une bonne dose de perversité, atteint son apogée avec les conférences budgétaires qui préparent le projet de loi de finances. Les différents ministères, puis les directions de chaque ministère, vont à tour de rôle dans une salle austère de la direction du Budget défendre leurs propositions de dépenses devant un aréopage de fonctionnaires du Budget qui mettent en pièces pendant des heures ces demandes nouvelles « auxquelles le ministre tient tant ». J'ai vu des directeurs d'administration centrale déjà âgés, compétents et respectés, dépérir à vue d'œil à l'approche de la conférence budgétaire, se livrant à des exercices de bachotage et essayant de déterminer les points sur lesquels ils seraient le plus durement accrochés. Il est de bon ton de critiquer les fonctionnaires du Budget et de dénoncer leur pouvoir qui s'imposerait à tous les ministres dépensiers. Dans certains cas, cela me paraît heureux. Et le Budget ne gagne pas toujours, mais sa dureté et sa compétence imposent à ses interlocuteurs un grand professionnalisme, ce qui n'est pas toujours le cas. Mais dans l'ensemble, et expérience de dépensier faite, je considère que les fonctionnaires du Budget servent bien les intérêts du pays. Et ils le font avec une indépendance d'esprit qui démontre que cette vertu n'est pas, seulement, une question de statut.

Il y a longtemps qu'il n'y a pas eu d'inspecteur des Finances au cabinet du garde des Sceaux et les magistrats de la place Vendôme accorderaient bien à Jean Bassères une promotion sociale. Mais il les désespère par sa brutalité feinte, qui lui vient de son amour pour le rugby, et par son art de découvrir les failles dans une demande ou un projet et d'y appuyer alors de toutes ses forces. C'est à lui et à Jean Nestor que je confie le soin de diriger la délégation ministérielle aux séances d'arbitrage. Entourés des fonctionnaires et magistrats de l'Administration centrale, ils vont à ces réunions comme à l'abordage : ils cognent. Plus tard, le magistrat responsable du Budget du ministère m'avouera son admiration gênée : il n'avait jamais vu cela. Et le ministère de la Justice, pour une fois, remporte un arbitrage budgétaire : Michel Rocard accepte que je dépose un amendement gouvernemental accroissant la marge de manœuvre qui m'est allouée de 500 millions de francs.

Enfin, le Premier ministre accepte de recevoir l'intersyndicale le 3 décembre 1990. Dans un entretien direct, il confirme mes orientations et reprend l'essentiel des engagements que j'ai déjà présentés aux organisations syndicales. Il renvoie pour le reste à la négociation quotidienne avec le ministre de la Justice.

Cette série d'actes concrets a pour effet de détendre l'atmosphère. Les relations avec l'intersyndicale se normalisent, même si le syndicat de la magistrature s'enferme dans des déclarations théoriques sans se rendre compte que l'axe du débat se déplace vers des négociations sectorielles plus concrètes. Je peux créer des groupes de concertation entre les syndicats et la Chancellerie sur plusieurs des sujets de revendications que je reprends dans mon programme. On peut espérer revenir à un dialogue social normal, difficile avec des interlocuteurs soupçonneux, mais au bout de quelques semaines, des passerelles sont rétablies à partir desquelles il sera possible de travailler pour aborder les aspects de la modernisation de l'institution judiciaire.

Cette marge de manœuvre neuve et chèrement acquise, je vais l'étrenner en m'attaquant à la première grande réforme réclamée depuis des années par les avocats et qui me paraît à la fois urgente et conforme à mes convictions : la réforme de l'aide légale. Mais les trois mois de répit étaient écoulés, et j'allais à nouveau affronter un épisode inattendu et une nouvelle tempête à la Chancellerie.

X

LE JUGE JEAN-PIERRE
ET LE PROCUREUR DE LA RÉPUBLIQUE

L'affaire Jean-Pierre a eu lieu au printemps 1991. Nouvelle péripétie dans les affaires politico-financières qui montre que le poison continue à faire son œuvre. Rude coup qui illustre le mauvais fonctionnement de l'institution. J'ai déjà parlé de Thierry Jean-Pierre, juge d'instruction au tribunal de grande instance du Mans. Il fait partie de ces magistrats qui se sont élevés contre le vote de l'amnistie en janvier 1990 après que la Commission d'instruction de la Haute Cour de justice en eut fait bénéficier Christian Nucci. Pour marquer son indignation, il avait spectaculairement remis en liberté des prévenus qu'il avait lui-même fait incarcérer.

Ses ambitions ne se bornaient pas à ce modeste coup d'éclat. L'idée lui vint, avec un petit groupe de ses collègues du tribunal de grande instance du Mans et quelques amis avocats, de s'attaquer à la réouverture de l'affaire Urba.

Je n'entreprends pas ici de retracer le déroulement des faits, passablement complexe et qui a été exposé dans les médias. Je ne reviens sur cette affaire que pour en tirer les enseignements qu'elle comporte.

En juin 1990, le juge Jean-Pierre s'était vu confier l'instruction d'une affaire d'accident du travail dans une entreprise du bâtiment occupée à la réalisation d'une opération immobilière dans la ville du Mans, dite « chantier Îlot 7 ».

L'histoire commence le 5 janvier 1991 : le juge Jean-

Pierre prétend qu'un correspondant téléphonique anonyme lui aurait appris, que l'accident de « l'Îlot 7 » était dû à une réduction des dépenses de sécurité qui était imposée aux entrepreneurs par le fait qu'ils avaient dû verser une contribution aux socialistes. Et enfin qu'un certain Dr Coicadan pourrait lui en dire long là-dessus. Le 8 janvier, il convoque le Dr Coicadan, ancien responsable de la Fédération socialiste de la Sarthe, et le fait déposer comme témoin. Celui-ci déclare qu'il n'a aucune révélation à faire sur « l'Îlot 7 », mais que des entreprises versaient des commissions au P.S. comme aux autres partis politiques, par l'intermédiaire de bureaux d'études pour avoir des marchés publics. Le tout sans autre précision.

Aussitôt, le juge Jean-Pierre obtient du premier substitut Wawrzyniak l'ouverture d'une information contre X pour extorsion de fonds... dont l'instruction lui est confiée.

Le même jour, il réentend le Dr Coicadan sur le financement du parti socialiste dans la Sarthe : il refuse à ce moment d'enregistrer le nom d'un maire adjoint du Mans que citait son témoin, pour éviter, lui dit-il, d'être dessaisi du dossier.

Le 9 janvier, sur la foi d'un renseignement anonyme, il obtient d'un autre membre du Parquet, le substitut Tromparent, l'ouverture d'une autre information dont l'instruction lui est également confiée.

En quelques jours, le juge Jean-Pierre s'est arrangé pour disjoindre son dossier en plusieurs procédures distinctes : l'une relative au chantier de « l'Îlot 7 », la deuxième relative au financement de la Fédération sarthoise du P.S., la troisième relative à Urba-Technic et Urba-Gracco.

Il était arrivé à ses fins, par des moyens de procédure bien particuliers. Tellement particuliers que lui-même s'abstint d'aviser le procureur du Mans de ses actes, et que les deux substituts dudit procureur qui avaient ouvert les informations n'en avaient pas rendu compte à leur propre patron.

Le procureur de la République, M. Henri Bertrou, n'eut vent de l'affaire que le 13 avril. Comme il le raconte dans une longue interview au *Monde* [1], il prit alors connaissance de l'ensemble des dossiers, jugea que ces informations étaient irrégulières car elles ne concernaient que des infractions générales et vagues et non « un fait individualisé dans l'espace et le temps » comme le prescrit le Code de procédure pénale. Il avait l'intention de saisir la Chambre d'accusation de la Cour d'appel d'Angers, dont il relevait, pour lui demander d'annuler l'ensemble de la procédure. Mais le juge Jean-Pierre, informé de ses intentions, résolut de le prendre de vitesse. Le samedi 6 avril après-midi, il convoque Christian Giraudon, ancien délégué d'Urba, et l'incarcère. Le dimanche 7 avril au matin, il part pour Paris avec sa greffière, sans prévenir ni le Parquet du Mans ni celui de Paris, ainsi qu'il est d'usage de le faire, dans l'intention d'interpeller Gérard Monate et de perquisitionner au siège d'Urba.

C'est en apprenant cela que le procureur Bertrou, indigné, envisage le dessaisissement du juge Jean-Pierre de ce dossier où il a selon lui « accumulé les irrégularités ». Il s'en ouvre au président du tribunal du Mans, Mme Marie-Hélène Tric, qui, au vu de son argumentation, se déclare convaincue et disposée, s'il lui en présentait la requête, à rendre une décision de dessaisissement du juge Jean-Pierre, en vertu de l'article 84 du Code de procédure pénale.

Dans le même temps, le procureur avise la Direction des affaires criminelles au ministère pour avoir l'avis de la Chancellerie ainsi que le font les membres du Parquet quand il s'agit d'une affaire délicate. C'est ainsi que les collaborateurs compétents de mon cabinet se concertent dans l'après-midi du samedi, sur l'opportunité d'une telle requête.

Le dimanche matin, la question m'est soumise. Entretemps, les événements se sont précipités, puisque j'apprends à la fois que le juge Jean-Pierre a incarcéré Christian Giraudon et qu'il est parti pour son expédition à Paris. Je donne mon approbation à la requête du procureur du Mans. Elle est aussitôt soumise au président du tribunal qui rend sa décision de dessaisissement vers

1. *Le Monde*, 24 avril 1991.

midi. Le juge Jean-Pierre ne sera avisé que trois heures plus tard de la décision de Mme Tric. Cela ne l'empêchera pas, après avoir trouvé vide le domicile de Gérard Monate, de procéder à une longue perquisition à Urba, dans les conditions inhabituelles que l'on sait.

Ma décision de suivre la proposition du procureur du Mans avait à mes yeux de solides justifications. Il est intolérable qu'un magistrat, juge d'instruction, s'arroge le droit de se saisir lui-même, de par sa propre volonté, de telle ou telle affaire qui l'intéresse. On ne peut pas accepter qu'un juge d'instruction construise une procédure en fonction d'un objectif qu'il s'est à lui-même fixé : il n'y a pas d'instruction téléologique. Et on ne peut pas admettre qu'en vertu des pouvoirs qu'il s'est à lui-même attribués, il arrête des gens et les mette en prison. J'étais choqué du traitement arbitraire et expéditif que Thierry Jean-Pierre avait fait subir à Christian Giraudon. Selon les propres termes du procureur du Mans : « Cette incarcération a eu lieu un samedi soir à vingt-deux heures, dans des conditions tout à fait surprenantes... le dossier n'a pas été transmis au Parquet... M. Giraudon n'avait pas d'avocat et, à ma connaissance, l'avocat de permanence du tribunal n'a même pas été contacté. Cette incarcération a eu lieu de manière quasiment clandestine. »

S'il fallait ouvrir une nouvelle affaire Urba, ce ne pouvait être de cette façon, dans le désordre, l'arbitraire et l'abus de pouvoir.

Sur le fond, je ne renie pas le parti que j'ai pris de soutenir le procureur du Mans : j'ai donné raison à un magistrat qui reprochait à l'un de ses collègues de ne pas respecter les règles de la procédure et de menacer ainsi les libertés. Mais il s'agissait d'Urba... Et alors ? Parce qu'il s'agissait d'Urba, sujet sensible, fallait-il laisser commettre ce qui m'apparaissait comme un abus de pouvoir ? J'ai cru que mon devoir était de m'y opposer.

En prenant cette décision, juridiquement fondée, je commettais une erreur sur le plan de l'opportunité politique. Je ne prêtais pas suffisamment attention à ce que l'opinion avait accumulé de soupçons et ce qu'une partie des magistrats ressentait dès qu'il s'agissait d'Urba.

Le bilan de cette affaire fut désastreux. Le juge Jean-

Pierre était certes dessaisi, mais il l'aurait été tôt ou tard puisque l'affaire pouvait concerner des élus. A peine dessaisi par le président du tribunal, le juge faisait figure de héros. Les procédures qu'il avait déclenchées, soumises à la Chambre d'accusation d'Angers, furent validées par celle-ci contre toute attente. On comprend ces magistrats : de quoi ne les aurait-on pas accusés s'ils les avaient annulées ? Et la Chambre criminelle de la Cour de cassation, d'abord hésitante, n'a pas confirmé l'arrêt de la Chambre d'accusation d'Angers. Elle s'est retranchée derrière l'appréciation souveraine des juges du fond. Ce qui permettait au gouvernement de se féliciter bruyamment de l'indépendance de la justice qui venait de lui donner tort à deux reprises. Mais personne n'était dupe du message : tout venait de se passer comme si l'institution judiciaire avait voulu donner raison au juge qui s'était dressé contre les politiques. Un magistrat, juge d'instruction à Paris et secrétaire de l'Union syndicale des magistrats, eut le courage de critiquer dans *Le Monde* les méthodes de son collègue du Mans et de regretter son « action partisane [1] ». Il fut peu après destitué de ses responsabilités syndicales et la Commission d'avancement lui barra la route d'une promotion espérée. Fallait-il déduire de ces indices que le corps soutenait ceux des siens qui prenaient parti sur la place publique à l'occasion d'affaires politiques ? On pouvait s'interroger.

La Cour de cassation ayant validé l'engagement de la procédure par le juge Jean-Pierre, les documents saisis à Urba ont fait leur chemin. Des mains du successeur désigné de Thierry Jean-Pierre, ils sont passés à la Cour d'appel d'Angers et de là, à la Cour d'appel de Rennes quand la Cour de cassation a décidé de confier à la Chambre d'accusation de cette cour l'instruction des affaires de financement pouvant concerner les élus de l'Ouest. Comme on le sait, ces affaires ont été confiées au juge Renaud Van Ruymbeke.

Après l'accalmie des trois premiers mois de l'année 1991, la polémique s'est trouvée brutalement relancée. Cette fois-ci, je n'étais plus mis en cause en tant que trésorier de la campagne présidentielle, mais en tant que res-

1. *Le Monde*, 25 avril 1991.

ponsable d'un étouffement systématique de toutes les affaires gênantes pour le pouvoir. Je suis désormais celui qui a dessaisi le juge Jean-Pierre, comme si le garde des Sceaux disposait d'un tel pouvoir! Quelques mois plus tard, quand le Conseil supérieur de la magistrature a ajourné la décision de nommer Mme Tric, présidente du tribunal de grande instance du Mans à un poste auquel elle était candidate, bien des journaux se sont étonnés que je n'aie pas été capable de « récompenser » celle à qui, selon les médias, j'avais « donné l'ordre » de prononcer le dessaisissement.

Le juge Jean-Pierre a tout fait pour accréditer cette version tendancieuse des événements, ce qui lui a permis de devenir pendant quelques semaines, le « petit juge rouge » favori du *Figaro*.

Cela a relancé la polémique sur le financement du P.S. et des campagnes électorales. Pour beaucoup de gens l'acharnement mis à refuser l'ouverture de l'affaire Urba nationale ne pouvait s'expliquer que par la crainte de voir révéler de manière irréfutable le financement du parti et peut-être de la campagne présidentielle par Urba. Le groupe socialiste de l'Assemblée nationale, dès le mois de mai 1991, proposa et obtint la constitution d'une commission d'enquête parlementaire sur le financement des campagnes électorales. Les auditions de cette commission furent publiques.

L'affaire Jean-Pierre a achevé de me convaincre que le gouvernement et moi-même n'avions rien à gagner à tenter de retarder ou d'influencer l'action de la justice dans les affaires de financement politique puisqu'il semblait que, désormais, la magistrature soutiendrait ceux qui tenteraient n'importe quel raid contre le P.S. et le pouvoir, quels que soient les moyens employés.

Constat d'impuissance face à ce qui risquait de devenir un affrontement entre la justice et l'exécutif sur un terrain détestable pour ce dernier. Les dégâts étaient déjà si considérables que l'abandon de la stratégie précédente devenait urgent. Dès ce moment, sans bruit et sans déclarations, j'ai adopté une ligne de conduite de neutralité complète de l'action publique. Chacun a pu voir que le juge Van Ruymbeke a procédé en toute tranquillité à ses investigations, même si on était fondé à trouver ses méthodes brutales et spectaculaires. C'est l'institution judiciaire elle-même, soutenue par les médias, qui est parvenue à paralyser toute action de la Chancellerie dans les affaires politico-financières. Lorsqu'en mai 1991, après l'affaire Jean-Pierre et en ayant informé le Premier ministre, Édith Cresson, je donne ordre à mes collaborateurs de « laisser faire, se tenir informé et suivre » dans les affaires politico-financières, j'ai conscience d'avouer une impuissance mais aussi d'enterrer en silence, au bout de deux années d'échecs, une erreur politique majeure. Et lorsque je quitte la Chancellerie, un an plus tard, je laisse à mon successeur une situation clarifiée. Il peut revendiquer l'abstentionnisme de la Chancellerie en toute circonstance. Il a raison : il n'y a rien d'autre à faire.

Quant à l'affaire Urba, elle est, dans tous ses aspects, en cours d'instruction. Au moment où j'écris ces lignes, Henri Emmanuelli, ancien trésorier du P.S. qui a dissous Urba pour se mettre en conformité avec la loi de 1990 est convoqué par le juge Van Ruymbeke pour être inculpé.

La stratégie arrêtée en mai 1989 a produit jusqu'au bout son effet : la machine judiciaire en route, personne, aujourd'hui, ne peut plus l'arrêter. Pas plus le garde des Sceaux que les magistrats concernés.

Jusqu'où ira-t-elle ? Nul ne peut le dire. Les magistrats instructeurs ont en main de quoi inculper des dizaines, voire des centaines d'élus. Pendant combien de temps dureront les procédures ? Nul ne le sait.

Ce dont on est sûr, c'est que des hommes et des femmes dévoués à la chose publique, en général intègres et davantage victimes que profiteurs d'un système de financement archaïque et maintenant périmé, seront présumés coupables, éliminés de la vie publique et, parfois, brisés. Pour quel profit ? Le triomphe du droit ? L'indépendance de la justice ? L'approfondissement de la démocratie ? L'encouragement à l'engagement public des jeunes générations ? Tout le monde, magistrats, politiques, est maintenant piégé par l'emballement même de la machine. Il n'y a pas d'autre solution que de la laisser s'arrêter d'elle-même, quand elle aura achevé son « travail ».

L'affaire Jean-Pierre et ses suites posent une autre question plus générale qui ramène au débat sur l'indépendance de la justice. Si la Chancellerie est contrainte à renoncer à toute action auprès des procureurs qui dépendent d'elle, n'est-ce pas le moment de rompre le lien qui unit le ministre de la Justice aux procureurs de la République, de donner au Parquet une autonomie en matière d'opportunité des poursuites et de dissoudre par là la relation la plus apparente entre la justice et le pouvoir? En période d'intense débat sur l'indépendance de la justice, l'idée a l'attrait de l'évidence et on la voit apparaître un peu partout.

Raymond Barre écrivit au début de 1991 : « J'attache une importance cruciale... surtout aux modifications permettant d'assurer l'indépendance des magistrats du Parquet en retirant au gouvernement le droit dont il dispose à l'heure actuelle de juger de l'opportunité des poursuites [1]. » Plus récemment encore, Jean-Claude Casanova souhaite « qu'un jour on constitue un ministère public, rattaché à la Cour de cassation, pleinement indépendant du gouvernement [2] », rejoignant les tenants habituels de cette thèse comme Jacques Toubon ou le Syndicat de la magistrature.

Si l'on mettait en œuvre cette idée qui gagne du terrain, la justice serait-elle plus indépendante, plus impartiale? Fonctionnerait-elle mieux? Avec la question de la réforme du Conseil supérieur de la magistrature, la relation du Parquet au gouvernement est au centre des questions que les magistrats et les politiques qui leur font écho soulèvent, lorsqu'ils abordent la question de l'indépendance de l'institution judiciaire. On peut s'attendre que la question du statut du parquet soit évoquée lors des prochains débats sur la justice. Elle est cruciale, à mon sens décisive, pour l'avenir de l'institution judiciaire. Voilà pourquoi elle mérite un état des lieux détaillé.

La justice fonctionne comme une automobile : elle ne se met en mouvement que si quelqu'un, muni de la bonne clé, déclenche la mise en route. Le reste du temps, elle demeure immobile, prête à servir.

1. *Faits et arguments*, janvier-février 1991.
2. *L'Express*, 30 juillet 1992.

Ce caractère réactif de la justice est une nécessité : il n'y a matière à sanction que s'il y a trouble de l'harmonie sociale, intérêt lésé, infraction constatée de la loi. Et pour le reste, la vie continue... S'il en était différemment la vie serait impossible.

Pour mettre en œuvre la justice, il existe deux moyens : ce que l'on appelle l'action civile, à la disposition de la personne qui a eu à souffrir du dommage causé par l'infraction à la loi. La justice vérifie l'existence du dommage et le lien avec l'infraction et la procédure commence.

L'autre moyen est l'action publique qui se trouve dans les mains de magistrats professionnels qui ont connaissance d'une infraction à la loi, même si les personnes lésées par l'infraction ne se manifestent pas. Ces magistrats qui veillent à l'application de la loi ont le pouvoir de demander des comptes à ceux qui l'ont enfreinte. Ils sont chargés par la société de veiller à son bon fonctionnement selon les lois qu'elle s'est données à elle-même. Ils agissent au nom de la société lorsqu'ils demandent à la justice de faire respecter la loi et de punir ceux qui s'en sont écartés. Ils mettent en œuvre ce que l'on nomme l'action publique.

Ces magistrats spécialisés dans cette action, et qui ne participent pas au jugement, sont plus connus sous le nom de procureurs de la République, ceux qui parlent au nom de la République et demandent aux juges l'application de ses lois. On les appelle aussi membres du Parquet, ou parquetiers, car, au Moyen Age, les « gens du roi » étaient installés auprès de la juridiction dans un petit parc clos, ou parquet.

Les procureurs et leurs substituts agissent sous l'autorité de leurs supérieurs hiérarchiques qui sont les procureurs généraux, placés auprès de chaque Cour d'appel, et du ministre de la Justice qui est donc le responsable ultime de l'ensemble des procureurs que l'on nomme alors le « ministère public ». Pourquoi cette organisation pyramidale, coiffée par le garde des Sceaux? La réponse habituelle consiste à rappeler que la loi devant être la même pour tous, il importe que l'action publique obéisse aux mêmes règles sur l'ensemble de la République. Ces procureurs étant chargés de défendre devant les juridictions les intérêts de la société, il importe qu'un membre du gouvernement, responsable devant le Parlement, réponde de la manière dont est mise en œuvre l'action publique, voire, dans certains cas, demande lui-même l'engagement des poursuites. C'est ce que prévoit la loi dans le fameux article 36 du Code de procédure pénale :

« Le ministre de la Justice peut dénoncer au procureur général les infractions à la loi pénale dont il a connaissance, lui enjoindre d'engager ou de faire engager des poursuites ou de saisir la juridiction compétente de telles réquisitions écrites que le ministre juge opportunes. »

Il est clair que, par l'intermédiaire des procureurs, le ministre de la Justice peut mettre la justice en mouvement au nom de la société qu'il représente et dans le cadre des lois de la République.

Peut-il faire l'inverse, c'est-à-dire empêcher la justice de se mettre en mouvement? Le Code de procédure pénale n'est pas aussi explicite sur ce point. Il prévoit dans son article 40 que le procureur de la République apprécie la suite à donner à une plainte, un procès-verbal ou une procédure d'enquête préliminaire. Il s'ensuit que le ministre de la Justice peut, par l'intermédiaire du procureur, empêcher la mise en route. Ce n'est pas contraire à la loi, mais il faut l'assentiment du procureur. Le garde des Sceaux peut par l'action des procureurs, mettre en route, ou ne pas mettre en route, la machine judiciaire. Après, tout lui échappe et il ne peut plus agir. Il détient un pouvoir certain, mais contrebalancé car le procureur peut ne pas obéir aux instructions qu'il reçoit. C'est la loi et la loi seule qui fixe les règles et les modalités de l'action publique. Ainsi, si le procureur estime que l'instruction qui lui est donnée est contraire à la loi, il peut faire application de l'adage selon lequel : « La plume est serve, mais la parole est libre » comme le prévoit expressément l'article 33 du Code de procédure pénale. Il remettra alors au tribunal ses réquisitions écrites conformes aux instructions qu'il a reçues, et développera oralement à l'audience ses conclusions, qui peuvent être différentes de ce qu'il a écrit. Et cela se produit. De même le procureur peut déclencher une poursuite qu'il juge fondée alors que son supérieur lui a demandé de n'en rien faire.

D'où vient ce pouvoir du procureur qui lui permet de désobéir à son supérieur, voire au ministre? Et qu'est cette subordination hiérarchique qui n'en n'est pas une?

Bien que soumis hiérarchiquement au garde des Sceaux, le procureur de la République n'est pas un vrai fonctionnaire. C'est un magistrat, bénéficiant du statut de la magistrature au même titre que les magistrats du Siège, ceux qui jugent et que l'on dénomme « juges ». Ainsi le procureur est-il indépendant, ce qui l'autorise à ne pas obéir si tel est le sentiment de sa conscience. On voit l'avantage de cette situation étrange pour ce qui concerne les libertés publiques : la hiérarchie, et en dernier ressort, le ministre de la Justice, ne peuvent pas, au nom des intérêts supérieurs de la société, demander n'importe quoi au procureur qui, au nom de la loi, peut avoir le dernier mot.

Cette construction originale est remarquable en ce qu'elle s'efforce de concilier deux impératifs qui peuvent entrer en contradiction : l'intérêt de la société, à un moment donné, à actionner ou à ne pas actionner la justice, ce que l'on appelle aussi « l'opportunité des poursuites », et d'autre part l'application rigoureuse de la loi qui commande de veiller à sa mise en œuvre en toutes circonstances. Pouvoir et contre-pouvoir, intérêt social et égalité devant la loi, conflit ou paix dans une même personne.

Un exemple pour faire saisir cette alchimie. Soit un conflit social important. Des hommes et des femmes inquiets pour leur avenir manifestent au cœur de la ville. Provocation, dérapage? La manifestation tourne mal et on saccage du matériel public. Le maire porte plainte. Le procureur le suit et déclenche l'action publique. Au bout de quelques semaines, les auteurs sont retrouvés. Ils risquent de lourdes amendes voire de l'emprisonnement au terme de la loi. Mais entre-temps, le climat social s'est détendu. L'atmosphère est à l'apaisement. Quand l'affaire passera devant le tribunal, le procureur aura le choix entre deux attitudes : demander la plus faible des peines, voire une dispense de peine au nom de l'harmonie sociale à consolider, c'est l'intérêt de la société, ou bien demander la stricte application de la loi au risque de relancer l'agitation...

Cette possibilité d'appréciation laissée à celui qui requiert, qui parle au nom de la République et de la loi est en elle-même œuvre de justice dont l'objet est de rétablir la paix.

La double nature du ministère public a dans notre système juridique un fondement solide et honorable. Il faut aussi reconnaître qu'elle nourrit les pires ambiguïtés dans le débat sur l'indépendance de la magistrature : comment la justice peut-elle être indépendante si certains magistrats doivent rendre des comptes au ministre?

Un souvenir de réunion publique éclairera la confusion à laquelle on peut parvenir. Lors de la campagne pour les régionales de 1992, je participais à une réunion publique dans une ville moyenne. Après mon discours, je donne la parole à la salle : un homme se lève, la quarantaine dynamique et sympathique; pas agressif, il m'interroge :

– Est-ce vrai que, dans certaines affaires, vous donnez des ordres aux juges pour qu'ils aillent dans le sens que vous souhaitez?

– Non, c'est impossible. Et même, si par folie, un ministre de la Justice s'aventurait à faire pression sur des juges, il n'aurait aucune chance de parvenir à ses fins : les juges sont complètement indépendants, ils décident comme ils veulent.

– Mais on dit que vous avez empêché le procureur de Marseille d'agir dans l'affaire Urba?

– Le procureur n'est pas dans la même situation que le juge du Siège...

Et je me mets en devoir d'expliquer aux deux cents personnes présentes ce qu'est le ministère public dans notre organisation judiciaire. Cela prend cinq bonnes minutes. Le questionneur reste sur sa faim :

– Si je comprends bien, le procureur n'est pas un juge?

– En effet, le procureur n'est pas un juge, mais l'un et l'autre sont des magistrats, bénéficiant des mêmes garanties et remplissant des fonctions différentes dans le fonctionnement de l'institution judiciaire...

Avant de se rasseoir, cet homme sans malice eut quand même le mot de la fin :

– C'est compliqué, votre truc...

Oui, c'est compliqué, « mon truc »... Tout le monde est persuadé que le ministre de la Justice manipule à son gré l'ensemble de la justice, magistrats du Parquet et du Siège confondus et cette croyance est si solidement ancrée dans l'esprit public que toute tentative d'explication se heurte au plus profond scepticisme. Lorsqu'on interroge les Français par sondage, ils sont 82 % à affirmer que la justice est soumise au pouvoir politique [1] et ils en tirent la conclusion qu'il est du pouvoir du garde des Sceaux et éventuellement du président de la République de faire réformer, de réformer eux-mêmes, le jugement qui leur a donné tort. La Chancellerie reçoit des lettres de justiciables qui exposent leurs griefs à l'égard de l'institution, expliquant avec force détails les erreurs commises par la juridiction à laquelle ils ont eu affaire et demandant au ministre de réparer puisqu'il en a le pouvoir. Et il ne s'agit pas de personnes ignorantes ou de mauvaise foi. Parfois elles sont devenues très savantes en droit et en procédure. J'ai même reçu, en petit nombre il est vrai, des lettres d'élus me demandant d'agir pour réformer ce qu'ils estimaient être une injustice. Et un jour, ce qui devait arriver arriva : un justiciable mécontent d'une décision pourtant fondée et lassé de mes réponses en fin de non-recevoir à ses nombreuses interventions, vint s'installer devant mon domicile à Tonnerre pour y entamer une grève de la faim afin de « forcer le garde des Sceaux à lui rendre justice » ! Il fallut des heures de palabres avec le jeune sous-préfet d'Avallon et le capitaine de gendarmerie pour lui faire plier son sac de couchage...

Lorsque je fis le récit de l'aventure à la Chancellerie, quelques magistrats s'exclamèrent :

– Les gens ne savent pas ce qu'ils veulent ! Ils reprochent à la justice d'être dépendante du gouvernement et ils demandent au même gouvernement d'intervenir dans la marche de la justice. C'est incohérent...

J'essayais de leur montrer qu'au contraire cette double attitude démontrait la cohérence de l'opinion : dès lors

1. Voir Rapport Haenel et Arthuis « Justice sinistrée : démocratie en danger », Paris, Economica, 1991.

qu'elle est majoritairement convaincue de la soumission de la justice au pouvoir, elle est fondée à demander au pouvoir, malgré ses dénégations, d'agir avec détermination sur ladite justice.

Peut-on convaincre que, dans la pratique, le garde des Sceaux a infiniment moins de pouvoir sur l'institution judiciaire que celui qu'on lui attribue si généreusement?

Peut-être en racontant comment les choses se passent, comment fonctionne la pyramide de l'action publique en matière pénale, celle qui intéresse le plus l'opinion publique?

Tous les ans, les tribunaux rendent à peu près 10 millions de décisions pénales, envoient plusieurs milliers de personnes en prison et fixent des milliards de francs d'amendes. L'immense majorité de ces procédures se déroule entre le Parquet, les juges, les avocats et les parties civiles sans l'intervention de qui que ce soit. Quelques milliers d'affaires, ce qui représente un énorme travail, sont évoquées auprès de la Chancellerie, soit parce que la matière est complexe et difficile et le procureur hésitant sur la marche à suivre, soit parce que l'importance financière ou symbolique ou personnelle de ceux qui peuvent être inculpés donne à penser au procureur qu'il convient d'en informer sa hiérarchie.

Le premier filtre sur le chemin qui conduit à la place Vendôme est constitué par le procureur général. Il organise un entretien avec le procureur, et s'il estime qu'il ne peut pas prendre sur lui la solution que lui suggère le parquetier ou que la gravité de l'affaire mérite de saisir le ministère, il demande un rapport écrit qu'il relira et éventuellement commentera. Le texte est construit sur le même modèle : exposé des faits, résultats de l'enquête, analyse juridique du travail des enquêteurs et proposition de traitement : on poursuit, ou on classe sans suite, on peut aussi demander de nouvelles investigations... et le rapport du procureur se termine par la formule rituelle : « [...] faute de meilleures instructions de votre part, je me propose de [...] ».

Le rapport prend la route de Paris et arrive à la Direction des affaires criminelles qui coordonne l'action des Parquets. Deuxième filtre : un magistrat spécialisé analyse le rapport, mène quelques recherches techniques, s'en ouvre à tel ou tel de ses collègues et, dans la plupart des cas, confirme au procureur général que la solution proposée recueille l'assentiment de la Chancellerie. Si, par contre, il apparaît que la proposition est hasardeuse, risquée ou discutable, le magistrat de l'Administration centrale remet le dossier à ses supérieurs et au directeur des affaires criminelles. Troisième filtre : tranche-t-il lui-même la question ou en saisit-il le cabinet du ministre? C'est selon la qualité professionnelle et le flair : qu'est-ce qui est en jeu dans l'affaire en question : un principe, une personnalité, une grande entreprise, un raté judiciaire? Au besoin, le directeur des affaires criminelles s'en entretient avec un collaborateur du ministre spécialisé dans l'action publique et ils prennent la décision d'informer ou d'interroger le ministre sur l'affaire en question.

Je recevais ainsi tous les matins une dizaine de notes ou dossiers en provenance de la Direction des affaires criminelles décrivant, avec force détails, l'aspect noir de nos semblables et de notre société : crimes de sang particulièrement odieux, escroqueries de grande envergure, affaires financières portant sur des sommes énormes, drogué célèbre devenu dealer, fantaisies sexuelles d'un père de famille honorablement connu, fils d'une personnalité pris dans un minable trafic de voitures, affaires de terrorisme, trafics d'armes, et les affaires, pas toutes financières, dans lesquelles des hommes politiques, des journalistes connus, des vedettes pouvaient être impliqués.

Sans oublier les « sinistres judiciaires », instructions ratées, procédures interminables, divergences entre juridictions... Et les imprévus, crimes, accidents, manifestations où le Parquet doit agir sans tarder. Cette plongée quotidienne dans le malheur, la violence, la perversité, le mensonge, la bêtise ne me laissait pas insensible et me conduisit souvent à m'interroger sur le métier des magistrats qui affrontent des années durant cette horreur ordinaire. Au bout de combien de temps naît l'indifférence? Quelle force d'âme faut-il être capable de mobiliser pour ne pas réduire l'homme à ses faiblesses?

Plusieurs fois par semaine, je rencontrais le directeur

des affaires criminelles et le membre du cabinet compétent pour faire avec eux le point des dossiers qu'ils m'avaient soumis. La majorité n'appelait pas de commentaires particuliers et les propositions des procureurs étaient confirmées sans hésitation. Au point que je fis remarquer :

– Pourquoi me submerger de ces notes et dossiers qui n'appellent pas de remarques de ma part ?

– Pour que vous soyez informé. Pour pouvoir répondre aux journalistes s'ils vous interrogent. Vous ne pouvez pas ne pas savoir.

La boucle est bouclée : comme on est persuadé que le garde des Sceaux intervient dans de nombreuses affaires, on l'interroge pour connaître la position de la Chancellerie sur tout et sur rien, et pour ne pas sembler ignorant ou dissimulateur, le garde des Sceaux doit se tenir informé des affaires sur lesquelles il est susceptible d'être questionné.

Quelques dossiers donnaient lieu à hésitations sur le parti proposé par le procureur général. La Direction des affaires criminelles était chargée de prendre contact avec le procureur, de lui faire préciser son projet et, quelques jours après, le feu vert était en général donné. Ce travail entre la Chancellerie et les procureurs prend exceptionnellement la forme d'un rapport d'autorité : les hommes se connaissent, se respectent et souvent s'apprécient. Ils possèdent une commune conception du ministère public et de sa mission dans l'État. Les procureurs généraux sont, pour la plupart, des hommes de grande qualité, compétents et dotés d'une forte personnalité. Je suis intervenu rarement auprès d'eux, que je rencontrais régulièrement, parce qu'il n'y avait pas lieu d'intervenir. La vérité est que la Chancellerie intervient peu pour empêcher la justice de suivre son cours.

Ainsi, contrairement à des rumeurs tenaces, aucune entrave n'a été mise à l'instruction de l'affaire Boucheron. Cette affaire compliquée relève de plusieurs juges d'instruction appartenant à des ressorts de Cours d'appel différents qui ont travaillé selon des rythmes divers, dont certains dépendaient des enquêteurs policiers. Un procureur me fit même observer que l'ouverture d'une nouvelle information qui provoquerait des commissions rogatoires internationales risquait de retarder l'ensemble du dossier. C'est une question fréquemment rencontrée dans la conduite de l'action publique : faut-il ouvrir des informations sur tous les chefs possibles d'infractions au risque de rallonger les procédures et le jugement, ou resserrer l'instruction sur quelques délits bien établis pour aboutir à un jugement dans un délai raisonnable ? Si nous ne voulons pas trancher cette question nous-mêmes, la Cour européenne des droits de l'homme nous y contraindra car elle reproche de plus en plus souvent à la justice française de passer le « délai raisonnable ».

De même, je ne me suis jamais opposé, comme on l'a dit, aux investigations judiciaires concernant les finances de l'Olympique de Marseille. Je suis amateur de football, je connais quelques joueurs professionnels et des dirigeants de clubs de première division. C'est dire que le rapport du procureur de Marseille concluant à l'ouverture d'une information judiciaire ne m'a pas surpris. Mais ce qui me paraissait injuste, c'était que l'O.M. et Bernard Tapie apparaissaient comme des boucs émissaires chargés de rendre des comptes à propos de pratiques très répandues résultant en partie d'une insuffisance de la législation. Comment peut-on concevoir que ces grandes entreprises de spectacles que sont les principales équipes professionnelles de football puissent vivre sans risques dans le cadre de la loi de 1901 sur les associations ? J'ai demandé au procureur de Marseille d'attendre pour ouvrir une information, de reporter sa décision, que je ne contestais nullement, le temps que les procureurs généraux des autres cours où se trouvent des clubs de première division fassent le point des différentes enquêtes fiscales entreprises afin que toutes les grandes équipes professionnelles et leurs dirigeants soient traités de la même façon. Comme je m'y attendais la récolte fut abondante, bien qu'un peu longue à venir et, après les élections régionales de mars 1992, Michel Vauzelle a pu, sur la base du travail accompli par les procureurs, leur demander de traiter pareillement et simultanément les pratiques condamnables de notre football. Tout cela a pris un an. Il n'y a pas « étouffement », mais volonté de traitement équitable.

Après son inculpation, les avocats de François Léotard ont soutenu que leur client avait été la victime de décisions malveillantes du garde des Sceaux, comme si j'avais décidé moi-même de l'inculpation du maire de Fréjus. En octobre 1990, il s'agissait déjà d'une vieille affaire faisant suite à un contrôle fiscal déclenché lorsque Alain Juppé était ministre du Budget, à un rapport de la Cour régionale des comptes et à diverses plaintes avec constitution de partie civile. L'enquête suivit un cours tranquille au point que les plaignants et certains médias soupçonnaient la Chancellerie de « protéger » François Léotard. Lorsque les investigations de l'enquête furent suffisamment avancées, le procureur général de Lyon demanda à la Chancellerie s'il devait prendre l'initiative d'une information ou laisser traiter au contentieux la recevabilité de la partie civile et si cette information devait être ouverte contre X ou contre personne dénommée. J'ai donné mon accord aux propositions qui paraissaient susceptibles de faire traiter rapidement une affaire dans laquelle se multipliaient les incidents troublant l'ordre public. Et quelques semaines plus tard, le même procureur général ouvrit une information contre MM. Pezet et San Marco, et non contre X à la suite d'une plainte avec constitution de partie civile d'un écologiste marseillais. J'ai donc demandé au directeur des affaires criminelles et au procureur général de Lyon de traiter M. Pezet de façon identique à M. Léotard. Pourquoi aurait-il fallu que, devant la même juridiction pour des affaires à grand retentissement médiatique, le même procureur eût des attitudes différentes selon qu'il s'agissait de François Léotard ou de Michel Pezet? Je m'en suis tenu là.

Responsable juridiquement et politiquement de l'action publique, le garde des Sceaux y intervient peu et ne va qu'exceptionnellement à l'encontre des propositions que lui font les procureurs. S'il s'oppose à ce qu'on lui présente dans le traitement d'une affaire de quelque importance, il le fait alors à ses risques et périls. Nous vivons à l'époque de la photocopieuse : les pièces d'enquêtes, les rapports de procureurs, les télégrammes de la Chancellerie atterrissent en rangs serrés dans les salles de rédaction et le ministre doit alors se justifier dans les plus mauvaises conditions. Le meilleur exemple de cette situation est l'affaire Urba de Marseille : la Chancellerie et deux gardes des Sceaux successifs ont refusé l'ouverture d'une information judiciaire comme ils en avaient sans doute le pouvoir. Ce n'est pas tant cette décision qui leur fut reprochée que le fait qu'en la prenant, ils allaient contre les conclusions du procureur de Marseille. Les procureurs sont plus indépendants qu'on ne le croit. Et je serais bien surpris de voir, un jour, l'un de mes successeurs s'opposer, dans une affaire quelque peu difficile au rapport de *son* procureur. L'affaire Urba a sonné le glas d'une forme dépassée de l'action publique.

Mais, si le garde des Sceaux a si peu de pouvoir réel dans la conduite des affaires sensibles, pourquoi ne pas en tirer toutes les conséquences et rompre le lien de subordination des procureurs au ministre?

Pourquoi ne pas créer un Parquet autonome puisque nous n'en sommes plus tellement éloignés? L'idée progresse. Elle gagne de nouveaux partisans désireux d'aller au-devant des revendications d'indépendance, et plus généralement de réduire l'État à sa plus simple expression.

Je crois qu'il faut combattre cette idée. Non pour restaurer une conception de l'action publique aujourd'hui critiquée mais parce qu'elle touche à l'organisation des pouvoirs publics et au rôle de l'État dans la nation. Un Parquet autonome, indépendant du gouvernement, c'est un ensemble de procureurs qui ne rendent compte qu'à eux-mêmes de la conduite de la politique criminelle dans la nation. Or, le gouvernement qui « détermine et conduit la politique de la nation » (art. 20 de la Constitution) ne peut pas être tenu à l'écart de la conduite de la répression des crimes et délits qui concernent la nation, ses citoyens, leurs relations entre eux. Cela me paraît inconcevable : le gouvernement de la République n'aurait rien à dire, aucun point de vue à faire valoir dans la manière de réprimer le terrorisme ou le grand trafic de drogue? Le point de vue que je défends, parce qu'il concerne l'organisation fondamentale des pouvoirs publics et la conception de l'État qui la fonde, doit partager les familles politiques de manière surprenante puisque je me retrouve sur la même position que l'ancien garde des Sceaux gaulliste, Jean Foyer, qui écrivait récemment : « Supprimer la dépendance du ministère public par rapport au gouvernement ne serait pas seulement déraisonnable mais illégitime. Le pouvoir de commandement de l'État a sa justification, sa cause juridique dans la nécessité de maintenir l'indépendance de la nation, de faire régner l'ordre public, de protéger les personnes et les biens. Le gouvernement, comptable au premier chef de ces valeurs, ne peut être désintéressé de la répression des crimes et des délits qui leur ont porté atteinte [1]. »

Si l'on veut pour ces raisons fondamentales maintenir le ministère public sous la responsabilité du gouvernement, il faut le rénover profondément, en restaurer les règles de fonctionnement tant la relation hiérarchique est aujourd'hui soupçonnée, décriée, affaiblie. Seule une profonde modernisation de notre ministère public pourra en sauver la spécificité. Le premier effort doit porter sur la transparence et la stabilité des relations entre la Chancellerie et l'ensemble des procureurs. A plusieurs reprises, j'ai évoqué devant les parlementaires et les procureurs un système de relations qui devrait rencontrer un soutien majoritaire : le garde des Sceaux orienterait la politique du ministère public par la rédaction d'instructions générales par type de sujet, traitement des entreprises en difficulté, manière d'aborder la toxicomanie, etc., où seraient indiqués les points qui apparaissent essentiels au gouvernement.

J'ai rédigé dans cet esprit une circulaire sur les mineurs en difficulté qui a rencontré un écho positif dans l'institution judiciaire. Le ministre pourrait à cette occasion consulter un Conseil national de politique pénale où siégeraient des magistrats, des officiers de police judiciaire, des élus et des personnes qualifiées. Les orientations du ministère public seraient préparées sur la place publique, connues de tous et assumées par le gouvernement. Il ne resterait plus aux procureurs généraux et aux procureurs qu'à les mettre en œuvre.

Dans l'application de ces textes généraux, la Chancelle-

1. *Le Figaro*, 22 avril 1991.

rie continuera à être consultée ou interrogée par les procureurs sur des cas particuliers, des situations qui donnent traditionnellement lieu au soupçon de manipulation. Je propose une clarification simple : si la Chancellerie n'a pas répondu au bout d'un mois aux propositions d'un procureur, elles sont réputées confirmées. Et si la Chancellerie est en désaccord avec la solution imaginée par le procureur, elle doit le lui écrire dans une note qui figurera au dossier et, après en avoir pris connaissance, le procureur décide de ses réquisitions. Là, chacun prend ses responsabilités, il devient impossible d'instruire le perpétuel procès en interventions cachées.

Dans cette constante suspicion, il faut reconnaître que la Chancellerie n'est pas innocente. Lorsque je suis arrivé place Vendôme, j'ai été surpris d'apprendre qu'une tradition voulait que lorsqu'on s'abstenait de répondre à la proposition d'un procureur, le silence signifiait le refus. Cette absence de transparence, qui est aussi absence de courage politique, nourrit le soupçon. C'est pourquoi, dans l'affaire de Marseille, qui est la seule où j'ai continué à m'opposer aux vœux du Parquet, j'ai écrit à ce magistrat mon souhait de voir classer les enquêtes préliminaires sur Urba et Sun Communication, comme je l'avais déclaré à l'Assemblée.

Ces règles de transparence, telles que je les propose, pourraient faire l'objet d'un débat devant la représentation nationale et figurer dans une circulaire ministérielle ou mieux encore dans une circulaire signée du Premier ministre donnant solennité à la nouvelle conduite du ministère public.

Cette clarification de la relation hiérarchique qui lie les procureurs au représentant du gouvernement doit s'accompagner du renforcement des moyens d'action du Parquet dans la mise en œuvre concrète de l'action publique. Cela concerne d'abord les rapports de la justice et de la police. Les officiers de police judiciaire, policiers et gendarmes, constatent, recherchent, enquêtent « sous la direction du procureur de la République », précise le Code de procédure pénale. Cette responsabilité du procureur est importante pour le respect des libertés individuelles pendant le temps des premières investigations, de l'éventuelle garde à vue, des premiers interrogatoires. Le procureur doit pouvoir exercer ce contrôle en toutes circonstances (visiter, par exemple, un commissariat de manière inopinée) et pour cela bénéficier d'une autorité incontestée sur les policiers.

Or, dans un certain nombre de cas, gendarmes et policiers ont pris l'habitude de ne référer de leurs actes qu'à leur autorité administrative, laissant l'autorité judiciaire dont ils dépendent aussi devant le fait accompli. La conduite de l'action publique échappe au Parquet, et le vrai patron de l'enquête devient le ministre de l'Intérieur. Cette situation que j'ai pu constater à plusieurs reprises est grave et dangereuse. Elle alimente le ressentiment et la méfiance de nombreux magistrats à l'égard des O.P.J., officiers de police judiciaire, et pousse certains d'entre eux à se conduire en « justiciers solitaires ». Elle constitue une atteinte grave à l'indépendance de la justice qui perd la maîtrise de l'action publique, et est empêchée de jouer son rôle de protectrice des libertés individuelles. On parle peu de cet aspect de « l'indépendance de la magistrature » car il touche aux conduites et aux pouvoirs de puissantes bastilles. Je le tiens pour infiniment plus important pour chacun d'entre nous, que les affaires montées en épingle. Voilà une grande bataille à mener où devraient se retrouver les hérauts de l'État de droit, les chantres de la société libérale, les spécialistes de l'indépendance de la justice et les avocats des libertés individuelles : donner à la justice le véritable contrôle de l'activité des policiers et des gendarmes.

Les cyniques sourient : « Bataille perdue d'avance, les flics seront toujours les plus forts, et jamais un ministre de la Justice n'imposera son autorité au ministre de l'Intérieur », et comme les cyniques sont souvent irréalistes, ils ajoutent : « La seule solution serait de faire passer gendarmerie et police sous l'autorité complète du ministère de la Justice... »

Cette bataille peut être gagnée sans guerre administrative ni bouleversement des pouvoirs publics puisque, dans certains cas, des procureurs de la République parviennent à imposer leur autorité à la police judiciaire.

A la fin de 1990, j'ai nommé en Corse un procureur

général jeune, dynamique, autoritaire et passionné de son métier avec mission de ranimer des Parquets somnolents, d'assurer la présence de la justice dans toutes les affaires corses, et de contrôler, si possible, policiers et gendarmes dont le travail donnait lieu à critiques. Un an plus tard, il était parvenu à imposer son autorité à l'ensemble des forces policières, il avait fait progresser de difficiles enquêtes financières et l'institution judiciaire était présente sur le terrain de la délinquance comme elle le fut rarement en Corse. Ce qui s'est avéré possible dans l'île de Beauté l'est aussi ailleurs, comme les Parquets de Lyon et de Nanterre le démontrent.

Pour généraliser ces pratiques qui ne sont que l'application du droit, il faut donner aux procureurs les moyens de leur mission. Ils doivent pouvoir mieux contrôler les O.P.J. par un renforcement du système de notation : les procureurs notent les O.P.J. dans leurs ressorts. Cette appréciation est formelle ; qu'elle ait dans le déroulement de la carrière de l'officier le même poids que celle de son supérieur administratif et son comportement s'en trouvera changé. Les Parquets ont besoin de moyens matériels simples en voitures rapides, instruments de communication, permanences leur permettant d'être en un temps record sur les lieux où ils doivent se rendre. Il est urgent de créer des Parquets départementaux où le procureur départemental aura autorité sur les procureurs des différents tribunaux et sur les forces de police organisées dans le cadre du département. Cette équipe de procureurs et de substituts pourra spécialiser certains de ses membres dans le traitement d'affaires difficiles – je pense aux délits financiers – et imposer la présence autonome de la justice à toutes les autorités départementales policières et préfectorales.

Plutôt que de rêver à un impossible et peu souhaitable démantèlement du ministère de l'Intérieur, la Chancellerie doit renforcer le ministère public en moyens « organisationnels ». Seul un Parquet fort, sûr de lui, peut assurer l'efficacité et l'indépendance de la justice, engager le travail d'enquête dans de bonnes conditions, et protéger les droits des citoyens. Fortifier le ministère public, ce n'est pas accroître l'influence du gouvernement sur l'action publique. Tout au contraire, c'est donner une véritable autonomie aux procureurs par rapport aux policiers, aux autorités locales, aux influences des puissants et en dernier ressort accroître leur indépendance.

Nous mettrions ainsi en œuvre la définition de l'action publique proposée en 1930 par le garde des Sceaux Henri Chéron dans une circulaire aux procureurs : « Il m'a été donné de constater que les Parquets, dans les affaires délicates, ont une trop grande tendance à abriter leurs réquisitions derrière l'avis de la Chancellerie.

« Que le ministère de la Justice soit consulté sur des questions de droit, sur l'application des lois nouvelles, sur des mesures d'administration générale et tenu exactement au courant des faits importants qui se produisent dans un ressort, rien de plus normal et de plus nécessaire.

« Mais j'entends, en matière de poursuite pénale, quelles que soient les personnes en cause, que les chefs des Parquets se décident d'après les seules inspirations de leur conscience, dans le cadre des prescriptions de la loi.

« Dans ma pensée, cette mesure est destinée, en développant le sentiment de la responsabilité chez les représentants du ministère public, à élever encore leur conscience professionnelle et à fortifier l'indépendance de la magistrature, garantie essentielle de notre droit public. »

Je n'ai rien à ajouter.

XI

LES AVOCATS, LE MARCHÉ ET L'ÉTAT

Mon premier contact avec les représentants des avocats m'a laissé un sentiment partagé. Ils sont très nombreux, beaucoup trop nombreux pour faire du bon travail. Il y a là le Barreau de Paris, la Fédération des unions de jeunes avocats, le Syndicat des avocats de France, la Conférence des bâtonniers, la Confédération syndicale des avocats. Et chaque organisation doit comporter des tendances, comme au parti socialiste, ou contenir des ambitions contraires, car ils sont plusieurs pour représenter chacune d'elles, différents d'une réunion à l'autre. De plus, ils sont accompagnés à l'époque par les organisations professionnelles de conseils juridiques, car la fusion des deux professions n'est pas accomplie. Au total chaque réunion comporte au moins une quarantaine de personnes. Parmi elles, quelques fortes personnalités, exercées à l'art oratoire. On a réuni ce monde dans la plus grande salle du premier étage, dite galerie Peyronnet, du nom d'un garde des Sceaux du XIXe siècle qui avait fait aménager cette immense salle à manger d'apparat à l'architecture chargée, dans le goût du temps. Incommode, triste et sombre, elle est le seul endroit où, dans la Chancellerie, plus de vingt personnes peuvent se tenir assises en même temps :

– Mesdames, messieurs, je suis heureux de vous accueillir dans cette maison, quelque temps après ma prise de fonctions. Je souhaite en effet faire avec vous le tour des questions qui se posent à votre profession, examiner avec vous les moyens techniques de les résoudre avant de vous faire des propositions que nous discuterons ensemble. Je suis donc là d'abord pour vous écouter. Qui demande la parole?

Mon introduction n'a duré que quelques instants. Ils m'observent sans retenue, pour savoir à qui ils ont affaire, mais ils sont pris de court par la brièveté du propos. Un instant de flottement de part et d'autre de la table, coups d'œil interrogateurs des uns aux autres. Je recueille une information : les différentes tribus d'avocats ne se concertent pas entre elles avant d'aller voir le ministre. Sur ma droite, un homme de petite taille, au teint coloré et à l'accent montpelliérain sans coupage prend la parole :

– En tant que président de la Conférence des bâtonniers, je tiens, Monsieur le garde des Sceaux, à vous remercier de votre aimable et rapide invitation qui augure heureusement des relations qu'il convient que nous ayons ensemble. Et il n'était que temps car la profession, je dis bien toute la profession que je suis le seul ici à représenter, est inquiète, très inquiète, Monsieur le garde des Sceaux. En effet de nombreux nuages menacent...

Je me penche vers un de mes collaborateurs qui a cessé de prendre des notes et couvre son bloc de dessins géométriques :

– Dis donc, comment s'appelle celui qui parle? (La feuille de présence ne m'est pas encore revenue car le tour de table est long.) Il se prend pour un avocat!

– Non, pour le maire de Champignac [1], laisse-t-il tomber entre ses dents.

C'était méchant car ce style oratoire est devenu chez les avocats peu fréquent. Mais ils sont restés bavards. A peine le président Bedel de Buzareingues avait-il enfin terminé son premier récit des malheurs qui frappaient la profession (il se réservait de revenir par la suite sur tel ou tel point), que les autres prenaient la suite en rang serré. Le S.A.F. plaide avec véhémence pour l'aide légale, la F.N.U.J.A. pour la nouvelle profession. La C.S.A. introduit

1. Personnage créé par Franquin à la grande époque de *Spirou et Fantasio*. Ce maire, imbu de son pouvoir, prononce à chaque occasion des discours aussi emphatiques que compliqués.

par la voix de son président le terrible problème de la répétibilité et de l'article 700 [1], mais ses collègues ont l'air de s'en désintéresser et redemandent déjà la parole pour se distinguer les uns des autres, car ils ne sont pas d'accord entre eux, et ils l'expriment bruyamment. Seul le Barreau de Paris intervient avec une remarquable économie. Mais il est vrai que son bâtonnier d'alors, maître Ader, est aussi réservé que courtois et qu'il a d'autres moyens de se faire entendre lorsqu'il le juge nécessaire.

Lors de ce premier contact, ils tiennent à me dire tout le mal qu'ils pensent du gouvernement : la réforme des professions juridiques qui doit permettre la fusion des professions d'avocat et de conseil juridique et la création de sociétés d'exercice libéral est en panne devant le Sénat (mais ils se gardent d'évoquer leur comportement désordonné auprès des députés lors de l'examen en première lecture de cette loi et qui a abouti à son rejet au regret de Pierre Arpaillange) ; la réforme de l'aide légale, dont les crédits actuels sont jugés insuffisants, a donné lieu à un rapport rédigé par le Conseiller d'État, Paul Bouchet, lui-même ancien avocat, mais qui n'a connu jusqu'ici aucune suite. Certains exigent qu'un projet de loi inspiré du rapport Delmas-Marty réalise une profonde réforme de la procédure pénale. Bref, le gouvernement n'a rien fait pour eux. Ils sont au bout de leur patience, ce qui a conduit certaines organisations, dont le S.A.F. et la F.N.U.J.A., à adhérer à l'« intersyndicale justice », et les plus activistes d'entre eux ont appelé à la grève de l'aide légale qui touche les plus faibles de nos concitoyens.

Au-delà des excès verbaux et des effets de séance auxquels plusieurs d'entre eux ne savent jamais résister, je comprends qu'ils sont frustrés de dialogue régulier avec leur ministre de tutelle. Encore faut-il savoir avec précision sur quoi il convient de négocier à partir d'une analyse rationnelle d'une profession qui m'apparaît divisée.

Après ce premier contact, je reçois longuement et sépa-

1. Il s'agit de l'article 700 du nouveau Code de procédure civile. La question est de savoir si et selon quelles modalités le bénéficiaire d'un jugement peut récupérer sur son adversaire les frais, notamment d'avocat, qu'il a exposés.

rément les différentes organisations d'avocats, qui me racontent une histoire classique, celle d'une profession jusque-là bien protégée et prise de vertige devant les conséquences qu'elle imagine ravageuses de la concurrence externe et interne d'autres professionnels. C'est l'histoire de toute corporation contrainte à s'ouvrir sur le monde extérieur.

Leur première crainte se nourrit du grand marché unique et de la liberté d'établissement des autres juristes européens sur leur propre marché :

– Les cabinets d'avocats anglais, souvent liés aux grandes entreprises de *lawyers* américaines, vont venir faire des ravages et les avocats français, insuffisamment rompus à la pratique juridique des affaires ne résisteront pas à cette concurrence. Et puis les avocats allemands, soutenus par leur système bancaire et industriel, viendront eux aussi en France nous prendre le peu qui nous reste, m'expliquent-ils.

– Mais vous pourrez vous aussi, au titre de la réciprocité, aller travailler en Allemagne ou au Royaume-Uni, leur expliquai-je, en Européen convaincu. Je suis prêt à mettre à votre disposition les moyens de votre défense : il faut reprendre ce projet de loi qui vous permettra d'intégrer dans vos cabinets les conseils juridiques, qui connaissent bien les entreprises. Il faut que vous ayez des moyens juridiques adaptés pour être présents sur ce formidable marché du droit européen.

– Justement, Monsieur le ministre, on voulait vous dire que nous avons accepté cette fusion avocats-conseils juridiques parce qu'il le fallait bien. Mais vous devez maintenant nous protéger et bien préciser que la nouvelle profession sera la seule à pouvoir rédiger les actes juridiques car nous craignons la concurrence des experts-comptables. Ils se sont arrangés avec le ministère des Finances pour préparer une réforme de l'ordonnance de 1945 [1] qui nous serait fatale...

Bref, défense d'un monopole traditionnel qui déplaît souverainement aux libéraux des Finances et que la Chancellerie a défendu du bout des lèvres car, pour les

1. Texte qui organise la profession d'expert-comptable.

magistrats qui la composent, la profession d'avocat est trop exigeante.

A cela s'ajoute, pour les plus lucides de ses dirigeants, l'effet de l'éclatement progressif du Barreau français en deux formes distinctes de défense et donc, à terme, en deux types de métiers. En simplifiant, cette évolution peut être résumée ainsi : à Paris et dans quelques grands Barreaux de province, se constituent de véritables sociétés de type anglo-saxon où des avocats quasi salariés (parés du titre de « collaborateurs », plus conforme à leur dignité) se spécialisent dans des matières précises et nécessaires à la vie des entreprises internationales. Ces cabinets reçoivent la clientèle des grands groupes et sont capables de leur servir de conseillers juridiques non seulement à l'occasion d'un incident mais au cours de la vie normale de l'entreprise (opérations boursières, achat ou vente d'une filiale, négociations avec des partenaires). Ils deviennent les auxiliaires indispensables de nos grandes entreprises. Et leurs honoraires suivent cette évolution : l'intervention d'une de ces équipes dans une grosse affaire commerciale, qui a duré quelques semaines, a coûté plusieurs millions de francs au client.

A côté de ces usines d'avocats concentrées à Paris et qui ont déjà des succursales à l'étranger, la grande masse des 17 000 avocats [1] travaille sur un modèle traditionnel : soit individuellement avec un collaborateur ou une collaboratrice, une secrétaire et un répondeur téléphonique, soit à quatre ou cinq pour les plus modernes, avec un pool de secrétaires, mais en conservant la polyvalence de la défense. Certains d'entre eux réussissent parce qu'ils disposent d'une clientèle locale composée de P.M.E. et de familles bourgeoises, mais ils travaillent dur. Quant aux autres, les plus jeunes, les femmes, les inconnus qui viennent apposer leur plaque au hasard de la vie, il leur reste les divorces, les vols de voitures, les retards de loyer, l'aide juridique... les accidentés de la vie dont la défense fait, comme ils le proclament dans leurs congrès, « la beauté et la grandeur de ce métier unique », mais se révèle incapable d'assurer à ceux qui l'exercent une

1. Devenus 22 000 environ à la suite de la fusion avec les conseils juridiques.

rémunération correcte. J'ai vu dans les Barreaux de la périphérie parisienne et dans certains Barreaux de province des avocats, plus très jeunes, qui disposent d'un revenu net de l'ordre du S.M.I.C.

Il se produit aujourd'hui dans cette profession libérale autrefois prestigieuse et florissante le même phénomène de division et de paupérisation qui s'est produit naguère dans la médecine : seuls survivent ceux qui se spécialisent au risque d'accepter un statut de quasi-salarié.

Cette évolution, que je crois irréversible, n'est pas acceptée comme telle par les dirigeants de la profession, du moins pas publiquement. Dans mon bureau, par contre, tous en conviennent même si certains le déplorent. Pour l'instant, ils en restent à la phase protectionniste et corporatiste de la prise de conscience : les plus prospères, qui ont déjà accompli l'évolution et sont hors de danger, mettent en avant, au nom de la sacro-sainte unité de la profession, les mal lotis pour exiger des pouvoirs publics le renforcement de tous les aspects du monopole et de la protection. Et les « petits » dont certains ne désespèrent pas de devenir « gros » à leur tour, acceptent ce jeu de dupes car ils ne pensent qu'à gagner du temps par rapport au choc de la concurrence et prolonger leur survie.

Une stratégie corporatiste de ce type a besoin, pour durer, du soutien de l'État. Lui seul, en effet, peut édicter les règles de protection, décréter le monopole, déléguer les pouvoirs d'organisation et de contrôle à la profession organisée (synonyme plus présentable de la corporation) et, finalement, assurer le financement de l'ensemble puisque, par construction, le marché ne peut pas assurer la rémunération de tous ! C'est ce qu'attendent les avocats en cet automne 1990 : obtenir à l'occasion de la loi sur la nouvelle profession une confirmation solennelle de leur monopole sur la rédaction de tout acte juridique, ce qui ferme la profession, et profiter du débat sur l'aide légale pour faire de l'État un client de substitution pour les avocats qui se consacrent, faute de mieux, à la défense des pauvres gens.

La première partie de ce programme est accomplie avec le vote de la loi organisant la fusion des professions de conseils juridiques et d'avocats.

Il reste à réformer l'aide légale, sujet plus difficile qui touche à la définition même du métier d'avocat et dont les implications budgétaires sont considérables. Très longtemps, la défense en justice des indigents a reposé sur la seule charité organisée des avocats, qui en ont fait une tradition encore vivace dans le Barreau français. La complexité croissante des mécanismes sociaux et une paupérisation de la profession d'avocat ont peu à peu marqué les limites de cette solidarité. En 1974, la loi a institué un mécanisme d'aide judiciaire pour les litiges civils les plus courants. Lorsque le revenu du client est en dessous d'un certain seuil (environ 3 500 F par mois en 1991), l'État indemnise, selon un barème forfaitaire approximatif, les avocats qui assurent gratuitement la défense. Cette aide est partielle et dégressive jusqu'à un autre seuil de revenu (environ 5 000 F par mois en 1991), c'est-à-dire qu'une part de la défense reste alors à la charge du client. La défense pénale des personnes les plus démunies est restée à la charge des avocats « commis d'office » jusqu'à ce qu'une loi de 1982 instaure une indemnisation de ces « commissions d'office », dérisoire et identique pour toutes les affaires (115 F par dossier en 1991). On retrouve là une vision moralisatrice attachée à la notion de justice pénale. Avoir affaire à la justice pénale est déjà en soi une forme de manquement social...

Ce système a mal vieilli. Les seuils de prise en charge, érodés par l'inflation, laissent une bonne part de nos concitoyens les plus modestes sans aide judiciaire. Ces indemnisations insuffisantes découragent les avocats les plus sérieux de consacrer une partie de leur temps à l'aide judiciaire, sauf dans les quelques Barreaux qui se sont dotés d'une organisation collective contraignant tous les avocats à pratiquer, à tour de rôle, l'aide judiciaire pour éviter que ne se crée une « justice de pauvres » au rabais. D'autre part, certains contentieux « modernes », tels que ceux des mineurs légaux, ne font l'objet d'aucune prise en charge. La gestion de ce système repose sur les greffes des tribunaux qui, souvent débordés et contraints à une paperasserie tatillonne, accumulent les retards de paiement, aggravant par là même les aspects dissuasifs du système.

Enfin, rien n'est prévu pour satisfaire à la forme la plus moderne de la demande judiciaire : le besoin de conseil précontentieux pour faire face aux difficultés de la vie quotidienne. La réponse à ce besoin n'est apportée que par les permanences gratuites organisées par les Barreaux les plus puissants ou les plus dynamiques.

La décrépitude de ce système d'aide met la France à la traîne des pays ayant un développement économique comparable, et constitue un défi pour un pouvoir politique soucieux de justice sociale. Alors que l'ensemble de la société se judiciarise sans cesse davantage, la discrimination par l'argent devant les tribunaux tend à devenir une des formes les plus insidieuses et les plus choquantes de l'exclusion sociale.

Mon prédécesseur, Pierre Arpaillange, a mesuré cet enjeu, et sur sa sollicitation le Premier ministre a demandé un rapport de propositions à la section des études du Conseil d'État. Je trouve ce rapport, devenu entre-temps le rapport Bouchet, du nom de son rédacteur, sur ma table à mon arrivée place Vendôme.

Il s'agit d'un travail considérable, qui analyse les insuffisances du système en vigueur, met en évidence le retard de la France dans ce domaine, et fixe les principes d'une réforme, que je n'aurai aucune difficulté à faire miens : nécessité d'un relèvement des seuils d'accès en référence au S.M.I.C., garantie d'une défense de qualité par une rémunération correcte du travail des avocats, barème de prestations assurant une égalité de traitement entre le civil et le pénal, prise en compte de la demande de conseil précontentieux, garantie de l'ensemble du dispositif vis-à-vis de l'érosion monétaire. Bref, une simple et bonne réforme « de gauche ». J'engage sans tarder un travail d'approfondissement et de mise en forme de ces propositions avec Paul Bouchet.

Ce travail va donner lieu à une série de malentendus. A peine a-t-il été lu, et avant que je ne m'en saisisse, les professions de justice surchargent le rapport d'un certain nombre de leurs fantasmes et en font un texte intouchable. On attend de moi que je traduise le rapport Bouchet en texte de loi, avec une fidélité scrupuleuse. Or ce rapport est tout sauf un projet de réforme construit : il fixe des principes mais ne définit pas leur mise en œuvre pratique. Qu'importe! A en croire mes interlocuteurs, puisque le rapport est bien accueilli par les avocats, il ne me reste qu'à le faire adopter. Par la suite, je serai confronté à plusieurs reprises à ce talent particulier du monde judiciaire pour sublimer les rapports d'étude, les charger d'interprétations parfois contradictoires, et les transformer en recueils d'instructions pour l'exécutif. Celui-ci, sauf à trahir le mythique vade-mecum, n'a plus dès lors qu'à faire ce qu'*on* attend de lui. Il en sera de même pour la réforme de la procédure pénale (rapport Delmas-Marty), le statut des greffiers (rapport Le Vert), encore que, dans ce dernier cas, la conclusion n'étant pas conforme à ce qui était attendu, sa valeur de référence s'estompera rapidement à compter de sa publication.

Le rapport Bouchet donne naissance à un malentendu de taille : le concept de rémunération du travail des avocats. Une lecture rapide du texte a fait vibrer d'enthousiasme l'ensemble de l'avocature : les prestations d'aide judiciaire ne doivent plus être « indemnisées », mais « rémunérées » à leur juste valeur. C'est là d'abord une question de dignité, et de façon accessoire une question de survie pour les avocats les plus modestes, ceux qui n'ont pas accès à la manne du droit des affaires. L'État va se substituer aux clients mauvais payeurs faute de ressources, et la profession va se trouver libérée d'une part de ses inquiétudes face à un avenir incertain. Voilà le marché contourné et le métier sauvé. La force de cette idée simple et irréelle est telle qu'elle va dominer tout le débat. Le rapport Bouchet parle de « rémunération » de l'heure d'avocat, mais il se garde d'en fixer le montant, et le barème d'application (nombre d'heures affectées à chaque type de procédure). Comment le faire au demeurant, s'agissant d'une profession dont les prestations varient du simple au décuple, et qui, libéralisme oblige, se refuse à toute forme d'harmonisation de ses barèmes [1], voire même à toute codification de ses prestations? Le rapport Bouchet tend bien à instaurer une tarification, puisqu'il propose de rendre obligatoire le barème des

1. Ce que l'on appelle la taxation, considérée par les avocats comme une intolérable atteinte à leur indépendance.

prestations d'avocat, même lorsque le remboursement n'est que partiel, mais cela, personne n'a voulu le voir. Je vais courir pendant de nombreuses semaines à la recherche d'une impossible valeur de l'heure d'avocat que personne n'est capable de chiffrer, mais qui ne pourra être, par définition, qu'insuffisante.

Je mobilise toutes les directions de la Chancellerie pour mettre au point les grandes lignes de la réforme : relèvement des seuils d'accès en référence au S.M.I.C., définition des procédures donnant droit à l'aide juridique, mise au point d'un système de gestion décentralisée et s'appuyant sur les Barreaux eux-mêmes, définition des barèmes horaires affectés à chaque procédure. Au cours des premières discussions avec la profession, je suis amené à renoncer à toute idée de tarification, et à rendre libres les honoraires lorsque l'aide de l'État n'est que partielle. Cette « trahison » du rapport Bouchet, la seule en réalité, me sera pardonnée dans l'enthousiasme. Je fais effectuer un calcul du coût de la réforme sur la base d'une estimation de l'heure d'avocat qui se réfère aux éléments du rapport Bouchet. Ce travail difficile et hasardeux, faute d'éléments statistiques fiables, conduit à un chiffre considérable : il va falloir trouver entre 1,5 et 2 milliards de francs par an, soit 10 % du budget de la Justice pour mettre la réforme en œuvre. Je me refuse à la lancer sans avoir l'assurance de disposer des moyens nécessaires. On va donc à nouveau vers un arbitrage budgétaire, nouvelle bataille, nouvelle tension.

Par chance, le Premier ministre et son équipe ont compris l'enjeu social d'une telle réforme. La bagarre sera rude, mais j'obtiendrai le milliard et demi nécessaire avec une « montée en charge » progressive en trois ans, dont 1 milliard dès 1992, première année d'application de la réforme à venir. Je n'obtiendrai pas satisfaction, en revanche, sur la création d'un fonds spécifique, alimenté par des ressources affectées de façon que l'aide judiciaire ne pèse pas directement sur le budget du ministère de la Justice. Fort de cet « arbitrage » que je considère aujourd'hui encore comme inespéré, j'ai désormais tous les éléments techniques et financiers pour réaliser la réforme. Je vais donc pouvoir, concertation oblige, présenter un avant-projet aux organisations professionnelles et à l'intersyndicale.

Je choisis délibérément la forme du « marathon agricole », c'est-à-dire de la négociation ininterrompue et qui ne s'achève que lorsque chaque partie est allée jusqu'au bout de ses possibilités de concession. J'en ai l'habitude, je sais m'y comporter, et le sujet me paraît s'y prêter : quelque chose me dit que nous allons surtout parler de gros sous et que cela va prendre du temps.

La séance s'ouvrira à seize heures et se terminera le lendemain à quatre heures du matin. La profession se trouve représentée par les deux organisations ordinales, les trois organisations syndicales d'avocats, les deux organisations de conseils juridiques. Plusieurs représentants de l'intersyndicale, qui a mis beaucoup de pression sur la réforme de l'aide judiciaire, notamment la C.F.D.T. et le Syndicat de la magistrature, se sont placés en bout de table, en position d'observateurs. Je suis assisté d'une vingtaine de mes collaborateurs du cabinet et des services de la Chancellerie. Au total, près d'une centaine de personnes s'observent, prêtes à en découdre, et intriguées par le caractère inhabituel de la rencontre. Après que j'ai fixé la règle du jeu et proposé d'enregistrer nos positions sur les grandes lignes de la réforme que je propose, le débat s'instaure de façon classique. Chacun présente de longues déclarations de principe. Pour créer une dynamique de négociation, j'ai inscrit à l'ordre du jour les différents aspects de la réforme par ordre de difficulté croissante, en réservant le plus difficile pour la fin. A coups d'amendements, nous parvenons à nous entendre sur la plupart des points qui ne soulèvent pas de réelles difficultés.

Le ton change lorsque j'aborde les derniers sujets : le coût horaire et le barème des prestations d'avocat. Les déclarations de principe sont oubliées et nous discutons, pied à pied, de l'ampleur et des modalités du transfert de l'État au bénéfice des avocats. Mes interlocuteurs jouent leur rôle : ils essaient de négocier l'enveloppe financière de la réforme, puis s'attaquent à tous les éléments de la rémunération horaire et du barème d'heures consacrées à chaque type d'affaire. On ira jusqu'à me proposer de restreindre le nombre des bénéficiaires de l'aide judiciaire de façon à améliorer la rémunération des avocats... Mon équipe « agricole », qui n'a pas perdu la main, multiplie les abcès de fixation et exploite « au canon » chaque faiblesse ou hésitation de l'argumentation adverse. Le ton monte. Je peux m'en tenir à mon rôle de président et multiplier les propositions de compromis. Il y aura ainsi trois « compromis » successifs, distribués en bonne et due forme après les interruptions de séance d'usage. Un peu effacés, les représentants de l'intersyndicale comptent les points avec le sourire du connaisseur et se demandent où est passé le souci de l'intérêt du justiciable dans tout cela... mais ne le disent pas, unité syndicale oblige! A quatre heures du matin, la cause est entendue : il n'y aura pas d'accord car la profession d'avocat préfère garder sa liberté de critique plutôt que de se lier par des contre-propositions qui m'auraient pourtant aidé dans mes négociations avec le ministère des Finances. Je n'en suis pas surpris, tant la méthode que j'ai proposée est éloignée des habitudes de travail et de négociation du monde judiciaire. Et parce que, cette nuit-là, nous nous sommes dit nos quatre vérités, nous avons rompu sur une question d'argent et non sur un principe ou un symbole.

Cet échec, prévisible, va laisser des traces durables. La Chancellerie restera marquée par la durée de la discussion et le fait qu'elle a brutalement abordé des intérêts pécuniaires au-delà des habituelles positions de principe. Il s'ensuivra durant quelques mois une vogue amusante des marathons nocturnes. Les organisations d'avocats se partagent en deux camps: celles qui estiment avoir enterré une réforme somme toute dérangeante, et d'autres, plus naïves, qui pensent que leur fermeté est le gage de succès futurs. J'ai cru comprendre que seuls les Conseils juridiques et l'intersyndicale étaient restés choqués de l'absence d'un accord qui paraissait à portée de main dans des conditions honorables. Manque de culture syndicale?

Cette incapacité à conclure un accord me donne les mains libres. Je peux aller défendre *mon* projet tel que je l'ai conçu, sans être tenu par la moindre concession aux avocats. Je vais d'abord chercher à sensibiliser les « justiciables » à la dimension sociale de la réforme en allant la défendre devant le Conseil supérieur de la consommation, puis devant le Conseil économique et social. Ce dernier va rendre, fait unique pour un texte juridique, un avis favorable à l'unanimité, ce qui constituera un précieux soutien lors du débat parlementaire.

Je rends visite à plusieurs Barreaux pour essayer de convaincre les avocats de base des aspects positifs de ma réforme que les organisations professionnelles n'ont pas voulu soutenir pour des motifs financiers. Je suis partout bien reçu, et partout le débat, parfois vigoureux, tourne autour de l'indemnisation de l'avocat qui prend en charge le dossier d'une personne relevant de l'aide juridique. Non pas que les avocats aimeraient l'argent plus que d'autres professions, mais parce que ce système de sécurité sociale judiciaire assure désormais l'emploi et la survie de nombreux cabinets d'avocats. La dotation budgétaire qui finance l'aide juridique est en fait une masse salariale répartie entre les avocats et indispensable à certains d'entre eux.

La réforme ira jusqu'à son terme, c'est-à-dire le Parlement. Elle y sera bien votée après un débat sans surprise où le « lobby des avocats » fera encore une fois la démonstration de son efficacité : de nombreux députés, de droite ou de gauche, m'exposeront les arguments que m'ont déjà présentés les organisations d'avocats. Le Barreau de Paris parviendra à faire disparaître du texte toute référence à un coût horaire de la prestation d'avocat, au bénéfice d'un système de coefficient à la fois plus opaque et plus propice à la liberté des transactions. Elle y sera également bien votée en ce que le texte sera considérablement amélioré sur des aspects substantiels comme le chapitre du conseil précontentieux dit « aide socio-juridique ».

Après un travail minutieux de la Chancellerie sur les décrets d'application, la réforme entre actuellement en vigueur. Tout le monde m'en dit du bien car elle semble devoir atteindre ses objectifs sociaux avec un système de gestion novateur. Elle comporte une dimension dynamique, en ce sens qu'elle ne se veut pas un texte juridique définitif, mais met en place un mécanisme susceptible de se perfectionner et de s'adapter lui-même. C'est en un sens plus une machine animée qu'une simple loi.

XII

LES DÉSARROIS DES MAGISTRATS : L'INDÉPENDANCE EST-ELLE DANS LE STATUT?

Le corps des magistrats éprouve des doutes sur sa fonction institutionnelle parce que la demande sociale à son égard est de plus en plus forte, de plus en plus diversifiée dans la mesure où les autres systèmes de régulation sociale sont entrés en crise ou même, pour certains d'entre eux, ont disparu.

Un exemple illustre cette situation : celui des jeunes en difficulté. Des familles éclatées, privées de charpente religieuse, morale, intellectuelle, réduites au côte à côte de parents silencieux devant le poste de télévision, s'en sont d'abord remises aux enseignants pour la formation et l'éducation de leurs enfants. Mais, les enseignants des collèges et des lycées, sollicités de transmettre autre chose qu'un savoir technique, c'est-à-dire le minimum nécessaire à une vie sociale intégrée dans une société en train de perdre les repères qui avaient fait la force intégratrice de la société française jusqu'à la Seconde Guerre mondiale, ont depuis longtemps cessé de jouer les « hussards de la République ». Non par démission individuelle ou régression collective, mais parce que le contenu de cette éducation-intégration simple mais puissante autour des valeurs de la République, n'est plus accepté par la majorité de la population comme la condition de la reproduction sociale. Les jeunes en difficulté n'ont pas eu l'occasion de rencontrer des barrières ou des adultes capables de leur parler des choses de la vie. De glissements en solitude, ils se retrouvent donc un jour devant un juge pour enfants qui va dans un premier temps constater l'ampleur des dégâts. J'ai rencontré dans des Centres d'hébergement de la protection judiciaire de la jeunesse de nombreux jeunes, parfois voleurs, violeurs, fugueurs, qui n'avaient même pas le sentiment d'avoir enfreint une règle! Aux juges de se substituer par magie à l'ensemble des défaillances familiales, scolaires, sociales qui ont conduit devant eux le gamin entre deux gendarmes. A eux de trouver un placement, un éducateur, une école, un travail; à eux de suivre les progrès ou la rechute, de convoquer la famille, d'assumer la récidive. Et ils le font, et très bien pour la plupart d'entre eux, avec intelligence et dévouement. Leur compréhension des mécanismes sociaux m'a étonné. Je tiens les magistrats spécialisés dans le traitement des mineurs, qu'ils soient procureurs ou juges, pour la partie la plus inventive de la magistrature [1].

Ce rôle de superassistante sociale fait-il encore partie du métier de juge? Pour beaucoup de magistrats, plutôt masculins, plutôt âgés, plutôt élevés dans la hiérarchie, il s'agit d'une dérive de l'institution judiciaire qui doit se cantonner dans l'édiction du droit, dans la résolution purement juridique des conflits. Et ils n'ont pas tort : on attend du juge qu'il dise clairement dans une situation où s'opposent des intérêts, le droit et la solution que celui-ci commande. Mais cette opposition, entre le juge qui rédige son jugement dans le calme de son cabinet en ayant recours à ses seuls codes, et le juge qui discute sur le terrain avec les loubards de banlieue, va plus loin! Lorsqu'elle est théorisée, systématisée, elle oppose deux conceptions de la justice. L'une qui fait de l'institution judiciaire le lieu de l'application exclusive de la loi voulue par la société ou, pour certains, l'instrument du droit externe à la société, l'autre qui, au contraire veut impliquer, voire dissoudre la justice dans le social [2]. Ce débat, porté avec force par le Syndicat de la magistrature des années soixante, n'est ni clos ni tranché. On peut dire qu'il connaît aujourd'hui une nouvelle vigueur car il

1. Cf. Françoise Grimaldi-Fouquet, *Du côté des enfants*, Paris, Calmann-Lévy, 1991.
2. François Ost caractérise cette opposition par les figures de Jupiter et d'Hercule in *La Force du droit*, Paris, Éditions Esprit, 1991.

nourrit en profondeur le malaise d'un corps qui s'interroge sur son identité. D'où la demande récurrente de la partie la plus ouverte et la plus dynamique de la magistrature pour un débat sur « Quelle justice dans quelle société ? ».

Poser la question en des termes et en des lieux tels qu'elle puisse enfin échapper aux spécialistes, permettrait peut-être de réintégrer le personnage du justiciable, absent de mes premiers échanges sur la crise avec les magistrats.

Cette absence des justiciables et la prééminence des préoccupations corporatistes se retrouvaient dans les discours des autres corps de métiers composant l'intersyndicale. Les greffiers, par exemple, exprimaient leur perception de la crise de la justice dans la relation conflictuelle qu'ils entretiennent avec les magistrats : ces fonctionnaires compétents mais peu payés [1] auraient souhaité que des attributions réservées aux magistrats puissent leur être déléguées dans la perspective d'une revalorisation technique et financière de leur métier. Ils demandaient de se voir confier par le Code de l'organisation judiciaire la responsabilité exclusive de la gestion financière et matérielle des tribunaux qu'ils sont en effet aussi bien capables de maîtriser qu'un magistrat. Ils réclamaient une négociation de leur statut permettant une définition plus ambitieuse de leur métier.

Conscient du rôle essentiel que jouent les greffiers dans la marche quotidienne des tribunaux et dans la relation de la justice avec les justiciables, j'estimais leur revendication plutôt raisonnable. Mais je m'aperçus qu'elle posait aux magistrats membres de l'intersyndicale de redoutables difficultés : ne risquait-on pas de confier aux greffiers des tâches de juridiction qui relèvent des seuls magistrats et de retirer à ces derniers une part de leurs responsabilités, marques extérieures de leur indépendance ? Le message me fut vite passé en sous-main : « Ne lâchez rien aux greffiers ! »

Quant aux fonctionnaires de la Protection judiciaire de la jeunesse, à qui le juge confie la prise en charge de

1. Un greffier débutant sortant de l'école gagne environ 7 000 F net par mois.

mineurs en difficulté ou en situation de prédélinquance, ils participent à l'« intersyndicale justice » avec des objectifs précis et circonscrits par leurs organisations syndicales majoritaires, F.E.N. et C.F.D.T., entraînées à la négociation sociale. Cette catégorie d'éducateurs, d'un dévouement remarquable, avait été maltraitée sous le ministère d'Albin Chalandon : diminution des postes, restriction des crédits car cette manière d'aborder la délinquance qu'incarne la Protection judiciaire de la jeunesse ne convenait pas au ministre et à ses conseillers qui préféraient consacrer l'essentiel de leur énergie à la mise en œuvre d'un programme de prisons. Pierre Arpaillange avait renoué avec la politique de soutien à cette institution originale, la P.J.J., qui permet à notre pays de proposer autre chose que l'enfermement carcéral aux jeunes en difficulté. En 1990, pour ces personnels, « la crise de la justice » concernait l'amélioration de leur situation statutaire, catégorie par catégorie. Et ils ne souhaitaient pas qu'elle soit mêlée au reste des débats et qu'en particulier les magistrats cherchent à accroître leur contrôle sur leur travail.

Et quand j'en arrivais au personnel pénitentiaire, je pouvais constater que les organisations syndicales ne participaient pas à l'intersyndicale. La plus importante d'entre elles, F.O. pénitentiaire, dirigée de main de fer par Jacques Vialettes, qui quelques mois plus tard se suicida après que son organisation eut perdu les élections professionnelles, avait refusé de participer à l'intersyndicale pour ne pas se trouver à la même table que les magistrats et les avocats dont les objectifs ne recouvraient pas, selon lui, les soucis des personnels pénitentiaires.

Prises dans leurs relations réciproques, lues comme la manifestation d'anciens conflits, ces divergences entre mes interlocuteurs dévoilaient un autre aspect, moins connu, de la crise de la justice : les tensions internes à l'institution et la critique de son mode de fonctionnement.

Les personnels qui concourent à l'œuvre de justice éprouvent des difficultés croissantes à travailler ensemble. Ils mettent en cause la place et l'autorité des magistrats qui sont les seuls à conférer une légitimité à leur travail : les greffiers supportent mal leur tutelle permanente, les avocats entretiennent leur distance critique et rêvent d'un autre type de juge, les personnels de la Protection judiciaire de la jeunesse travaillent dans leur coin et les surveillants de prison se méfient. La crise est aussi interne : elle met en cause l'autorité même du juge comme fondement de l'institution, elle manifeste le refus d'un fonctionnement hiérarchique désuet de type clérical. Dans le ressort d'un tribunal, toute décision procède d'un juge non parce qu'il est le plus compétent, ou le meilleur, ou qu'il a été choisi par ses supérieurs pour remplir cette mission, mais parce qu'un jour, à la sortie de l'École de la magistrature, revêtu des insignes de sa fonction, il a prêté un serment qui le fait juge à jamais. Dans ses actes ultérieurs, cette consécration le dispense de toute explication, de tout dialogue social, de tout commandement de type participatif. L'acte doit être appliqué parce que le juge en a décidé ainsi. Point.

En 1990, une organisation hiérarchique de ce type ne peut plus fonctionner. Même l'Église catholique y a renoncé. Mais pas la justice française. Et si une grande partie de la crise venait de là? Les seules organisations qui osent exprimer ce point de vue sont la C.F.D.T., d'une part, qui, regroupant les personnels de l'institution, se bat pour l'instauration du dialogue social à chaque échelon de l'institution et, d'autre part, le Syndicat de la magistrature, de manière plus brouillonne, mais par fidélité à ses origines.

Une autre question aussi récurrente et aussi difficile à aborder occupe les esprits de mes interlocuteurs en cette fin 1990 : c'est celle de la relation de l'institution judiciaire avec le pouvoir exécutif, autrement dit la question de l'indépendance des magistrats.

Cher et vieux problème du débat politique français! Il peut se résumer ainsi : dans une démocratie qui pose l'égalité des citoyens devant la loi comme principe fondateur, l'indépendance des magistrats à l'égard de tous les pouvoirs, de tous les partis, de tous les syndicats, de tous les groupes, de toutes les idéologies, etc., est indispensable pour assurer l'impartialité des magistrats du Siège :

pour permettre leur impartialité, la République, dès ses débuts, les a rendus inamovibles. Jusque-là, tout va bien. Mais qui confère à certains d'entre nous ce pouvoir exorbitant, terrible, de juger ses semblables? Qui va juger des aptitudes et des capacités des candidats à cette fonction? L'État, au nom du peuple français, est chargé de désigner ceux qui tiendront cette fonction sociale et c'est le chef de l'État qui procède à cette distinction en nommant les magistrats à l'issue de leur formation professionnelle. Ainsi chaque magistrat tire sa légitimité à juger au nom du peuple et en application de la loi de sa nomination par le chef de l'État, élu par le peuple. Légitimité déléguée et non pas directe comme celle dont bénéficient les élus au suffrage universel directement choisis, et éventuellement révoqués, par le peuple souverain. Cette puissance déléguée fait que la justice n'est pas dans l'État un pouvoir indépendant au même titre que le pouvoir législatif ou le pouvoir exécutif, mais qu'elle n'est qu'une autorité de la puissance publique. Cette situation juridique et constitutionnelle fait que les magistrats sont aussi des agents de l'État, même s'ils jouissent de garanties que ne connaissent pas les autres fonctionnaires, soumis comme eux à la grille de la fonction publique et payés par l'État.

Cela devient compliqué, mais on peut admettre qu'à partir du moment où les juges ne sont pas élus par leurs concitoyens, il faut bien qu'ils soient désignés par le représentant le plus qualifié et le plus prestigieux de l'ensemble des citoyens. C'est ce qu'affirme et précise notre Constitution. Et pourtant, c'est à partir de là que tout commence à se gâter! Car ces magistrats munis de leur « permis de juger », il va bien falloir que quelqu'un s'occupe d'eux, détermine qui, parmi eux, sera juge d'instruction aux Sables-d'Olonne et procureur général à Lyon. Le président de la République ou par délégation le garde des Sceaux, se voit confier la charge de pourvoir les différents postes nécessaires au bon fonctionnement de la justice. Si le chef de l'exécutif, par définition expression d'un choix politique des Français, peut intervenir dans le cheminement de la carrière des magistrats, pouvant ainsi préférer Pierre ou Paul pour des motifs autres que professionnels, qu'en est-il de l'indépendance nécessaire à l'impartialité? Derrière le paravent constitutionnel de l'inamovibilité, ne se retrouverait-on pas face à des fonctionnaires ordinaires, dans les mains des pouvoirs exécutifs? Pour tenter de résoudre cette apparente contradiction, une course sans fin commence entre les « garanties de l'indépendance des magistrats », qu'il faut accroître et le soupçon renouvelé, ressuscité à chaque génération de magistrats, que, malgré les déclarations d'intention et les garanties nouvelles, le « pouvoir » a le dernier mot.

Ainsi furent créés le Conseil supérieur de la magistrature, assemblée de neuf sages qui proposent au président de la République les nominations aux postes importants du siège, la Commission d'avancement composée de magistrats élus et présidée par le premier président de la Cour de cassation, chargée de dresser le tableau des magistrats pouvant bénéficier d'une promotion, la procédure de la transparence qui permet à chaque magistrat de contester les propositions de nomination avant qu'elles ne soient soumises au Conseil supérieur de la magistrature qui devra se prononcer sur chacune desdites contestations. Mais rien n'y fait. Il se trouve toujours quelques irréductibles – qui peuvent devenir, dans les moments de tension, une majorité [1], pour penser, sinon dire : « Tant que le cordon ombilical avec l'exécutif ne sera pas coupé, la justice ne sera pas indépendante. »

Cette position extrême est intenable : que serait une institution judiciaire détachée du corps social dont elle doit assurer la régulation? Comment concevoir une institution autogérée, autoformée, maîtresse de son budget, se reproduisant en quelque sorte elle-même? Bien peu osent aller jusqu'au bout de leur raisonnement, même si certains en rêvent, mais personne n'ose proposer la seule solution logique et radicale au problème de l'autonomie absolue des magistrats qui serait leur élection par le peuple soumise à renouvellement régulier. Parce que l'on sait que cela ne donne pas une bonne justice. Mais le problème demeure, même si nombre de magistrats

1. En 1991, 62 % des magistrats ne sont pas satisfaits de l'indépendance de la magistrature par rapport au pouvoir politique. In Haenel et Arthuis, *op. cit.*

reconnaissent son caractère fantasmatique : ainsi, dans le sondage précité, si la majorité affirme que la justice n'est pas suffisamment indépendante, une majorité de plus grande ampleur reconnaît n'avoir jamais fait l'objet de la moindre pression. Cependant, comme le rappelle Jim Harrison : « Même les maladies imaginaires exigent des traitements spécifiques. »

Cette question, sans solution satisfaisante dans notre tradition juridique et institutionnelle, est aussi ancienne que la République et empoisonne les relations de l'État et de l'institution judiciaire. Comme une longue maladie, elle connaît des périodes de rémission, et, sans que l'on sache pourquoi, des rechutes brutales, parfois douloureuses. On pourrait retracer l'histoire récente de ces tensions, qui se focalisent tantôt sur un texte, un homme, une affaire. La dernière grande crise remonte au projet de loi Peyrefitte intitulée « Sécurité et Liberté » : il a heurté les convictions d'une partie des magistrats qui, à l'initiative du Syndicat de la magistrature, ont proclamé leur volonté de ne pas appliquer le texte s'il était voté. Ils souhaitaient faire reculer le gouvernement et le Parlement. Depuis 1981, il n'y a pas eu de crise majeure même si l'on a reproché à Robert Badinter de favoriser la carrière des magistrats de gauche et à Albin Chalandon celle des magistrats de droite. La nomination de Pierre Arpaillange en 1988 a fait naître des espoirs chez ceux des magistrats qui repèrent partout les sombres menées du pouvoir : le procureur général près la Cour de cassation est monté à plusieurs reprises en première ligne sur la question de l'indépendance de la justice, mais en déplaçant le débat habituel : il a réclamé de ses collègues plus de courage dans l'affirmation de leur mission et de leur autonomie et, lors d'une audience de la Cour de cassation statuant en 1987 sur une requête de Michel Droit tendant à dessaisir le juge Grellier, il a demandé, dans une apostrophe devenue célèbre, que les juges ne soient pas « les bouffons de la République ».

Malgré cette présence rassurante à la tête de la Chancellerie, le débat sur l'indépendance de la justice s'est rallumé au cours des années 1989 et 1990 à l'occasion soit de jugements, soit du traitement par les procureurs de la

République et la Chancellerie d'affaires touchant à la vie politique. Le soupçon que l'exécutif, par l'intermédiaire du garde des Sceaux, intervient dans la marche de la justice, s'est trouvé ravivé par l'affaire du Carrefour du Développement où l'ancien ministre Christian Nucci a bénéficié de l'amnistie pour les faits qui lui étaient reprochés, et par le traitement de l'affaire Luchaire qui n'a pas connu de suite judiciaire. Une fracture entre le pouvoir et l'institution judiciaire s'est opérée en janvier 1990 lorsque l'Assemblée nationale a adopté une disposition amnistiante dans le cadre de la loi réglementant le financement des partis politiques et des campagnes électorales. Une partie de la magistrature, et sans doute la plus jeune, a eu alors le sentiment que les responsables politiques entendaient échapper à l'action de la justice et a trouvé mieux fondées les revendications d'indépendance absolue de l'institution formulée par certains.

Lorsque je succède à Pierre Arpaillange, l'institution est, sur cette question, en période de crise aiguë depuis plusieurs mois. Les syndicats réclament une « plus grande indépendance de la justice » et mettent en avant, en tant que revendication, mais aussi comme un test de la bonne volonté du gouvernement, une réforme du Conseil supérieur de la magistrature et du statut des magistrats. Le Syndicat de la magistrature est le plus virulent sur ce point : non seulement il réclame une révision constitutionnelle du Conseil supérieur dont les membres ne devraient plus être nommés par le président de la République, mais il exige que la carrière d'un magistrat (changement de groupe, de grade, c'est-à-dire d'indice, c'est-à-dire de traitement...) puisse se réaliser sur place, dans le lieu ou la fonction choisis par le seul magistrat. C'est ce qu'il appelle « la dissociation du grade et de l'emploi ». Cette exigence me laisse perplexe : comment une organisation syndicale, réputée naguère progressiste, peut-elle soutenir une revendication qui aboutit à confier la promotion d'un individu au sein d'un corps à sa seule ancienneté ? J'obtiendrai la réponse à cette question quelques mois plus tard, de manière publique, sur un plateau de télévision. Le débat réunit des hommes politiques, des journalistes et le représentant du Syndicat de la magistrature. Il s'agit en l'occurrence de Béatrice Patrie, élégante jeune femme, juge à Paris après avoir été en poste à la Chancellerie. Au cours de l'émission, j'explique ma récente expérience de ministre de la Justice et soutiens que les magistrats français qui le veulent sont indépendants du ministre de la Justice et du gouvernement. Comme nous sommes à l'époque du dessaisissement du juge Jean-Pierre, je précise, pour illustrer mon propos, que je n'ai rien demandé au procureur du Mans, encore moins à la présidente du tribunal. Ce sont eux, de leur propre mouvement, qui ont souhaité que le juge d'instruction du Mans soit dessaisi de son dossier.

C'est alors que Béatrice Patrie m'interrompt. C'est sa première intervention dans l'émission. Elle a incliné la tête sur le côté, légèrement en arrière, et me fusille du regard. Sur l'écran de contrôle, je vois son visage plein cadre qui doit retenir l'œil des téléspectateurs. Et ce qu'elle dit d'une voix calme, qui adoucit son regard, doit toucher plus encore : « Mais, Monsieur le ministre, vous n'avez pas besoin de leur demander quoi que ce soit : les magistrats sont tellement habitués à s'incliner devant le pouvoir, ils ont tellement intégré au fond d'eux-mêmes que leur carrière dépend de l'appréciation de leur hiérarchie, et donc finalement du ministre, qu'ils deviennent d'eux-mêmes les zélés serviteurs du pouvoir, qu'ils s'efforcent de précéder vos souhaits. Vous n'avez pas besoin de demander, ils obéissent par avance. »

Formidable! Cette femme a dû en un instant emporter l'adhésion des téléspectateurs : une juge, de bonne figure, qui déclare que ses collègues sont de pauvres types! Ceux qui ont eu affaire à la justice, et ceux qui risquent d'y être un jour confrontés, ce qui n'exclut donc personne, doivent approuver. Et parmi eux, ceux qui ont de la mémoire doivent évoquer Vichy, cette fracture présente dans l'histoire des relations de la magistrature avec le reste de notre société. On se rappelle qu'alors, tous les magistrats, à l'exception d'un seul, avaient prêté serment au Maréchal qui venait de congédier la République. L'accusation terrible, qui vient d'être portée contre l'ensemble du corps des juges par l'un de ses membres correspond à une image partagée par l'inconscient collectif : « On ne peut pas faire confiance à la justice, d'ailleurs c'est un juge qui me l'a dit... »

Ce soir-là, en quelques mots, Béatrice Patrie a crevé l'écran. Ce qui lui vaudra, quelque temps plus tard, de devenir le porte-parole, désormais recherché, du Syndicat de la magistrature.

Une réplique-spectacle me vient immédiatement à l'esprit et me brûle les lèvres :

– Madame, si toute la magistrature est, comme vous le dites, composée d'êtres si peu courageux, si serviles et si veules, qu'y fait une personne aussi exigeante que vous? Pourquoi y êtes-vous?

Mais je me retiens, car ce ne serait qu'une pirouette dans un débat où je suis venu dire ce que je crois être vrai : les magistrats disposent aujourd'hui des conditions de leur indépendance et celle-ci dépend d'abord d'eux-mêmes. Mais qui le croit?

Incertains de leur mission, persuadés de la volonté du pouvoir de les tenir en laisse, les magistrats que je rencontre lors de mes premiers contacts à la Chancellerie se considèrent humiliés par l'État. Humiliés d'abord par la pauvreté matérielle dans laquelle ils sont maintenus. Leurs traitements sont ceux de la fonction publique, mais leurs primes sont inférieures à celles que perçoivent les membres du Conseil d'État et de la Cour des comptes. De plus, ils comparent leurs traitements aux revenus des avocats d'affaires qui plaident devant eux et l'éthique du désintéressement, longtemps en vigueur dans l'ensemble du corps des magistrats, prend alors un coup sévère [1]! Ils n'ont pas de frais de représentation et quand leur fonction leur donne droit à une voiture de service, elle est plus petite et moins puissante que celle dont bénéficient les autres fonctionnaires de niveau hiérarchique comparable. Quant à leurs logements de fonction, lorsqu'ils en ont, ils sont dans un état de vétusté qui ne leur permet pas de rendre les invitations qu'ils ont reçues. La République ne leur accorde pas les moyens de tenir leur rang.

1. Un jeune auditeur de justice perçoit 8 500 F par mois, un président de tribunal de grande instance à trois chambres, 27 000 F, un procureur général de cour d'appel, 33 000 F et un président de chambre à la Cour de cassation, 40 000 F.

Ce qui est ressenti par eux comme une attitude méprisante à leur endroit a été officialisé par le décret du 13 septembre 1989 qui réorganise les règles du protocole républicain à la suite de la décentralisation. Il a fallu fixer la place dévolue dans les cérémonies officielles aux nouvelles autorités issues de la réforme de Gaston Defferre. Et, à cette occasion, les magistrats ont reculé dans l'ordre hiérarchique : désormais, les président et procureur du tribunal de grande instance ne viennent qu'en vingt-deuxième position, derrière les représentants de la préfecture, y compris le directeur de cabinet du préfet. Cela est lourd de sens : dans un monde où, par fonction, le maniement des symboles est permanent et essentiel, où la hiérarchie est autant respectée que critiquée, où les signes extérieurs de la position de chacun (place à l'audience, robes, décorations) se manifestent dans le travail quotidien, le décret sur le protocole a été ressenti dans la magistrature comme le signe visible de sa régression sociale.

Paranoïa d'un corps pratiquant un métier psychologiquement dangereux? On voit poindre chez certains commentateurs cette explication [1]. Je préfère m'en tenir à ce que j'entends et qui se confirmera jour après jour, au long des dix-huit mois de ma responsabilité : une lassitude amère, un désenchantement professionnel, un manque de cohésion philosophique et déontologique sur la nature du métier allant jusqu'à l'affrontement, constituent les traits dominant du discours des magistrats sur eux-mêmes, tel du moins qu'ils l'expriment [2]. Et cela du haut en bas de la hiérarchie.

Comme le veut la tradition, j'ai reçu, quelques heures après mon installation, le premier président de la Cour de cassation, M. Pierre Drai, et le procureur général près ladite Cour, M. Pierre Bézio, les deux plus hauts magistrats de France. Ils sont venus me voir ensemble, comme le veut le principe de la dyarchie, caractéristique de l'organisation judiciaire française et qui mérite explica-

1. Daniel Soulez-Larivière dans *Justice pour la Justice*, Paris, Le Seuil, 1990, tente une lecture psychanalytique de la justice.

2. Ce désarroi et ce clivage interne peuvent prendre la forme caricaturale d'un discours d'autoflagellation comme chez Didier Gallot, *Les Fossoyeurs de la justice*, Albin Michel, 1991.

tion. Dans toute entreprise humaine, si démocratique soit-elle, il faut, pour qu'elle fonctionne, un chef, quelqu'un qui a le pouvoir de trancher en dernier ressort : cela se vérifie dans la famille, à l'école, dans l'entreprise, sur un bateau de course, une cordée d'alpinistes ou la confédération helvétique. Partout, sauf dans un tribunal français. Bizarre ? Non, simple : le procureur de la République requiert devant le tribunal au nom de la loi et du peuple français. Il n'a de comptes à rendre qu'à sa seule conscience et éventuellement au procureur placé au-dessus de lui, ce qui conduit de proche en proche jusqu'au ministre de la Justice. On comprend qu'il ne peut dépendre en rien du président du tribunal qui dirige les audiences où les juges donneront souverainement tort ou raison au procureur. Quant au président du tribunal, il ne peut dépendre en rien du procureur de la République, car cela constituerait une atteinte inadmissible à son indépendance. Voilà pourquoi il y a dans chaque tribunal français deux chefs dotés de pouvoirs comparables, toujours ensemble, inséparables et concurrents, veillant à ce que l'un n'empiète pas sur les attributions de l'autre, capables du meilleur lorsqu'ils s'entendent bien, comme du pire lorsqu'ils ne se comprennent pas. Cela s'appelle donc la dyarchie, et explique que le premier président et le procureur général de la Cour de cassation aient franchi en même temps la porte de mon bureau.

Pierre Drai est un grand magistrat. Savant juriste, il expose et rédige remarquablement. De contact chaleureux, son autorité est servie par une prestance qui ne rayonne jamais autant que lorsqu'il revêt sa magnifique robe pourpre abondamment bordée d'hermine. Je l'ai vu souvent par la suite. Je crois qu'il est l'une des grandes voix dont notre magistrature et notre société ont besoin. Quant à Pierre Bézio, en apparence plus effacé que son collègue, il n'en a pas moins beaucoup à dire. Avec son éternel nœud papillon et un fort reste d'accent tarnais, il promène sur la magistrature un regard sage et désabusé. Peut-être parce qu'il est resté « paysan-magistrat », Pierre Bézio cultive lui-même avec autant d'acharnement que de fierté une exploitation viticole familiale dans son pays natal. Et dans les moments les plus difficiles, cet homme, qui fut le conseiller d'Alain Peyrefitte, a su me dire pudiquement les mots qui aident à mettre les choses en perspective.

Au cours de notre premier entretien, après les politesses d'usage, qui me paraissent assez longues, les deux hommes décrivent, à ma demande, la situation de l'institution. A l'extrême sommet de la hiérarchie judiciaire, ils n'ont plus rien à attendre ou à craindre de quiconque. Et comme je les y encourage, ils vont, en près de deux heures, me proposer un tableau construit, balancé, impitoyable et assez désespérant de l'institution dont j'ai la charge. Je suis convaincu que les deux hommes qui sont assis auprès de moi, d'abord curieux de ce nouveau garde des Sceaux, puis surpris de ma volonté de les écouter, m'ont dit, ce soir-là, beaucoup d'eux-mêmes : ils aiment leur métier puisqu'ils s'y sont accomplis au-delà de ce qu'ils espéraient lorsqu'ils l'ont choisi mais, au terme de leur carrière, ils le croient menacé jusque dans ses fondements éthiques. Malgré les signes encourageants, les raisons d'espérer qu'ils notent avec scrupule, ils pensent que l'institution judiciaire fonctionne de plus en plus mal, qu'elle est travaillée par des tentations centrifuges qui peuvent la conduire aux pires errements, aux déchirures, aux aventures individuelles, qu'elle souffre d'une crise du sens au-delà de sa misère matérielle, et que de cela, personne, les politiques en particulier, ne s'en soucie. Vers la fin de l'entretien, Pierre Bézio n'y tient plus :

– Tenez, Monsieur le garde, je vais vous donner un exemple de ce que les magistrats ressentent, à tort ou à raison, comme le signe de leur déchéance sociale et du désintérêt que leur manifeste l'État. Cela va vous paraître ridicule à vous qui venez... de la « société civile », mais je vais vous expliquer; il s'agit du décret sur le protocole...

Ai-je souri, ou manifesté ma surprise? Pierre Drai me paraît gêné de la sortie du procureur général. Il m'observe, m'adresse un sourire crispé puis, constatant que j'écoute sans broncher l'explication que Pierre Bézio me propose de cette avanie protocolaire, finit par approuver son collègue.

Ainsi, dans mon premier entretien avec les deux plus

hauts magistrats de France, j'ai eu droit au protocole, ce qui m'a aidé à comprendre l'état des relations entre la justice et le reste du corps social au moment où elles me sont confiées.

J'avais le sentiment qu'on ne pouvait pas en rester là et qu'il fallait résister au découragement qui s'emparait de beaucoup lorsque l'on abordait le problème des magistrats. Le 30 novembre, lors du bicentenaire de la Cour de cassation, le président de la République avait ouvert la voie. Constatant qu'une réforme constitutionnelle du Conseil supérieur de la magistrature paraissait difficile puisqu'on ne trouvait pas de majorité au Parlement pour modifier la loi fondamentale, il avait fait appel à l'imagination des uns et des autres. Il avait souhaité que le statut des magistrats soit modernisé et simplifié et il appelait au dialogue pour approfondir les différents points de la réforme. Fort de cette initiative présidentielle, je pus annoncer dès les premiers jours de décembre 1990 aux organisations professionnelles, que nous mettions la réforme du C.S.M. et la réforme du statut des magistrats en chantier. C'est-à-dire que nous donnions une suite positive à deux de leurs principales revendications.

Une première phase de consultations approfondies, destinée à recueillir les propositions des syndicats, de la hiérarchie, des spécialistes est organisée sans plus attendre. Elle me conduit à définir les grandes lignes d'un projet, destiné non pas à résoudre « définitivement » la question de l'indépendance mais à renforcer les garanties pratiques de cette indépendance en les rendant compatibles avec des perspectives de carrière attrayantes pour les jeunes magistrats.

Je m'oriente ainsi vers deux textes de lois organiques [1]. Le premier, concernant le Conseil supérieur de la magistrature, visera à donner plus de représentativité aux magistrats y siégeant sans revenir sur les conditions de leur désignation puisqu'elles sont prévues par la Constitution et qu'il n'est pas question de la réformer. Le second,

1. Une loi organique a pour objet de préciser ou de compléter le texte constitutionnel qui la prévoit. C'est le cas du statut des magistrats (art. 64 de la Constitution) et du Conseil supérieur de la magistrature (art. 65 de la Constitution).

plus substantiel, cherchera à instaurer plus d'autonomie et de transparence dans les mécanismes de gestion de la carrière des magistrats : recrutements « latéraux » de magistrats, composition de la Commission d'avancement, dissociation du grade et de la fonction au sein du grade de base, suppression de la notation chiffrée... Je proposerai aussi la création d'une commission consultative du Parquet, inspirée du modèle des commissions mixtes paritaires, de façon que ce corps, organisé hiérarchiquement, bénéficie d'un minimum de protection contre les tentations d'arbitraire.

Dès la présentation de ces premières orientations, la discussion avec les organisations syndicales de magistrats va tourner court au nom du tout ou rien. Puisque ma « réformette » ne résout pas tout d'un coup, elle ne résoudra rien et, dans ces conditions, il vaut mieux remettre cela à des temps meilleurs permettant une réforme constitutionnelle. Ce point de vue maximaliste est présenté avec des nuances.

Pour l'Association professionnelle des magistrats, qui exècre la gauche et ses gouvernements sur un ton qui rappelle les années trente, la cause est entendue. Comme il ne faut rien attendre de bon de ce gouvernement, s'il s'intéresse à la magistrature, ce ne peut être que dans un dessein caché inavouable. L'A.P.M. trouve le démon dans les dispositions organisant le détachement judiciaire, c'est-à-dire la possibilité pour les magistrats de travailler temporairement dans la fonction publique et, en sens inverse, pour certains fonctionnaires d'effectuer un passage dans la magistrature. Il ne peut s'agir que d'un plan délibéré destiné à truffer une magistrature indocile de fonctionnaires à la botte du pouvoir. Ni les conditions limitatives d'entrée (10 % des effectifs de chaque grade), ni les conditions de choix, de statut, d'inamovibilité, de réintégration dans le corps d'origine, contrôlées par les mêmes organismes que pour l'ensemble de la magistrature ne parviendront à ébranler cette conviction simpliste d'une machination. Car, pour l'Association professionnelle des magistrats, le monde de la fonction publique se divise en fonctionnaires soumis au pouvoir exécutif, et magistrats touchés par la grâce de l'indépendance lors de leur passage à l'École nationale de la magistrature. L'A.P.M. vit dans un monde simple.

Le Syndicat de la magistrature a quant à lui développé au fil des ans une conception de l'indépendance individuelle du magistrat qui refuse ce qui peut ressembler à un assujettissement à la Chancellerie ou à la hiérarchie judiciaire. Il s'interroge sur le couple « indépendance et responsabilité du juge », dont la deuxième composante reste à écrire. Pour lui, la cause est vite entendue : une réforme qui ne coupe pas le cordon ombilical avec l'exécutif, qui n'accorde ni l'indépendance du Parquet ni la révision constitutionnelle relative au Conseil supérieur de la magistrature ne peut être qu'un piège dans lequel nos anciens gauchistes sont trop avertis pour tomber.

Seule l'Union syndicale des magistrats, dans un premier temps, abordera la réforme de façon pragmatique, considérant que toute avancée dans la direction d'une meilleure gestion des carrières est bonne à prendre. C'est donc avec un seul syndicat, et sous le regard courroucé des deux autres, que sera discuté et amélioré le texte. Puis un changement de secrétaire général ramènera l'U.S.M. dans une expectative plus prudente.

Assurés que je conduirai cette réforme jusqu'au bout, car je n'ai pas fait mystère de ma détermination, les syndicats de magistrats m'en laisseront toute la responsabilité. Les mesures qui leur conviennent seront empochées sans pour autant avoir manifesté le moindre signe d'assentiment au projet gouvernemental. Les avocats s'étaient conduits de la même manière à propos de l'aide légale. Inexpérience du monde judiciaire en matière de négociation sociale ou hostilité radicale à ce gouvernement ? Les deux à la fois ? Malgré leurs déclarations glaciales, ils espèrent que mes textes seront adoptés. Lorsque l'annonce d'une réforme constitutionnelle par le président de la République me conduira à retirer le texte sur le Conseil supérieur de la magistrature, les syndicats de magistrats sortiront de leur réserve pour manifester leur inquiétude et réclamer le maintien du texte portant réforme de leur statut !

A l'automne 1991, je défends devant le Parlement ce texte ambitieux, mais sur lequel personne dans la magistrature ne veut prendre position. Le débat parlementaire restera marqué par ce contraste entre un sujet qui suscite un fort intérêt chez les élus, et une quasi-absence de débat social qui les laissera désorientés.

Tout s'est passé comme si, pour une fois que les politiques abordaient une question judiciaire fondamentale, les magistrats s'étaient retirés sous leur tente. Après un travail en commission des lois sérieux et approfondi, la discussion en séance publique fut dépassionnée et de bonne qualité. Des clivages apparurent dans les groupes politiques, à l'exception du P.C. Ceux de l'opposition se divisèrent entre cyniques pour lesquels la magistrature se caresse dans le sens du poil lorsqu'on n'est pas au pouvoir, et réalistes plus soucieux de préserver l'avenir au cas où il leur appartiendrait. On entendit quelques solitaires, comme Jacques Toubon, s'interroger sur les conditions d'une séparation absolue de la justice des autres pouvoirs de l'État. Il y eut à l'Assemblée nationale et au Sénat suffisamment d'interventions de qualité pour démontrer qu'un débat sur la justice est possible.

Le texte fut voté à l'unanimité, avec l'abstention d'une partie de l'opposition. Joli succès parlementaire d'autant plus que c'est la première fois depuis 1958 que l'on était parvenu à modifier le statut de la magistrature. Satisfaction discrète de l'intersyndicale et de l'Union syndicale des magistrats qui voyaient l'une de leurs revendications principales entendue.

Cette réforme tant exigée assurait-elle par sa propre vertu l'indépendance complète des magistrats? Elle améliorait sur plusieurs points l'autonomie des magistrats tout au long de leur carrière, réduisait la part de l'exécutif, c'est-à-dire des services du ministère de la Justice et du garde des Sceaux, dans les nominations, renforçait la transparence des procédures de promotion, améliorait les garanties de l'indépendance des magistrats. Cette loi allait dans le sens souhaité par tous.

Mais cela ne suffit pas pour assurer les justiciables que le magistrat qui se trouve en face d'eux, doté de ce nouveau statut, est plus impartial, plus juste, plus... indépendant. L'exécutif et le législatif ont fait leur devoir en perfectionnant les conditions de cette indépendance, elle dépend aussi du magistrat lui-même et de ce qu'il fera des facteurs d'autonomie entre ses mains. L'indépendance de la magistrature dépend de la magistrature elle-même. Un exemple : l'inamovibilité des magistrats a pour but d'empêcher l'exécutif de peser sur un magistrat qui ne lui plairait pas. Ce principe sacré, condition fondamentale de l'indépendance, ne se discute pas. Il n'est pas interdit d'examiner son fonctionnement pratique et ses conséquences. Donnant en quelque sorte au juge la propriété de sa fonction pour le temps qui lui plaît, le principe protège le juge de ses supérieurs sans le mettre à l'abri des connivences locales qui peuvent porter atteinte à son indépendance tout autant que les visées de sa hiérarchie. Pour parer à ce danger, j'ai proposé d'introduire dans le statut la notion de mobilité qui peut s'organiser sans que l'exécutif s'en mêle, mais les parlementaires n'ont pas laissé subsister grand-chose de ces propositions.

Les efforts entrepris depuis longtemps et complétés par la loi que j'ai fait voter pour mettre à l'abri de l'exécutif le déroulement des carrières des magistrats, aboutissent logiquement à confier de plus en plus la gestion du corps à lui-même ou à des organismes paritaires comme la Commission d'avancement qui sont l'émanation du corps lui-même. Ces instances produisent progressivement leurs règles, leurs jurisprudences, leurs habitudes auxquelles les membres du corps doivent se conformer. Pour éliminer toutes les influences extérieures ou subjectives, ces règles se raffinent et se compliquent au point de rendre souvent le déroulement des carrières incompréhensible ou... désespérant. Les magistrats consacrent beaucoup de temps à la gestion de leur propre carrière et élaborent des stratégies d'une complexité confondante pour se conformer au code élaboré par eux-mêmes. On voit que le renforcement des pouvoirs des mécanismes collectifs destinés à réduire la mainmise de l'exécutif et accroître l'indépendance des magistrats – objectif souhaitable – peut aboutir à créer des instruments de soumission des individus à un pouvoir corporatif qui n'est peut-être pas le meilleur garant de l'indépendance et de la liberté.

Le statut protecteur de la magistrature, condition

nécessaire mais pas suffisante d'une indépendance reste à conquérir. Depuis que le statut a été réformé, on n'en parle plus, mais on continue à évoquer l'indépendance de la justice. Le problème est donc ailleurs.

A l'époque où je préparais la réforme du statut des magistrats, j'aurais dû me souvenir de Charles Bukowski et de ses sagesses d'ivrogne : « J'ai un dicton : " Le plus difficile n'est jamais derrière ". » L'affaire du juge Jean-Pierre vint, en effet, relancer le débat politique et médiatique et souligner un autre aspect de la crise de l'institution : le mauvais fonctionnement de notre procédure pénale.

XIII

FAUT-IL SUPPRIMER LE JUGE D'INSTRUCTION?

C'est après les aventures parisiennes du juge Jean-Pierre que j'ai relancé l'idée d'une réforme de l'instruction et de la procédure pénale. Contre-feu tactique pour faire face aux accusations et critiques qui s'abattaient sur le gouvernement après le dessaisissement du juge d'instruction du Mans et qui incitèrent l'opposition à aller jusqu'à déposer une motion de censure contre le gouvernement? Pourquoi pas?

Quelque temps après notre nomination, Georges Kiejman, en vieux routier des choses judiciaires, avait déclaré, sans me consulter, qu'il croyait peu aux chances d'une profonde réforme de la procédure pénale. Je n'avais rien dit, solidarité oblige, mais je n'en pensais pas moins. La lecture du rapport « Justice pénale et droits de l'homme » qu'avait demandé Pierre Arpaillange m'avait confirmé dans la conviction que notre système était archaïque et mes discussions avec le professeur Delmas-Marty, l'avocat Daniel Soulez-Larivière, mon directeur de cabinet, Jean-Pierre Dintilhac, m'incitaient à faire preuve de plus de détermination. Mais Georges Kiejman avait la responsabilité du dossier et il n'était pas question pour moi de l'en... dessaisir.

Le soir de l'expédition parisienne de Thierry Jean-Pierre nous eûmes une longue conversation sur ce sujet. Je soutenais qu'on ne pouvait pas admettre une perquisition à la sauvette un dimanche après-midi, qu'on ne devait pas accepter la détention d'un individu dans n'importe quelle condition et que nous devions essayer de porter remède à ce qui allait contre les libertés individuelles et les progrès de l'État de droit. Georges Kiejman m'approuvait, en rajoutait même, en évoquant son expérience, les erreurs de magistrats instructeurs qu'il avait combattues, les effets de la détention provisoire sur ceux qu'il avait défendus, mais il refrénait mes ardeurs réformatrices en faisant valoir les échecs de mes prédécesseurs, le corporatisme des juges d'instruction et l'esprit de système des auteurs du rapport dit Delmas-Marty. Malgré ces remarques qui s'avérèrent par la suite bien fondées, je fis savoir ma volonté d'annoncer une réforme de la procédure pénale au président de la République qui acquiesça sur-le-champ et me précisa l'intérêt qu'il avait porté au travail de Robert Badinter dans ce domaine et que son successeur Albin Chalandon avait abandonné. J'annonçai mes intentions réformatrices et Georges Kiejman se mit au travail.

Entreprendre la réforme de l'instruction, c'est aller au-devant des plus grandes difficultés car elle touche au cœur de notre système pénal, met en jeu les symboles de notre institution judiciaire et pose la question de la place de la justice dans notre société. Y renoncer, c'est abdiquer toute volonté de réforme.

Celui qui s'y engage, quelque précaution qu'il prenne, donne le sentiment à l'opinion qui l'observe de vouloir s'attaquer à un personnage devenu mythique : le « petit juge ». Cet homme seul, n'écoutant que son courage et son intégrité, parvient à faire éclater une vérité que les puissants cherchaient à cacher. Il y a du Tintin et du Lucky Luke dans cet homme-là, et le secret de l'instruction n'étant plus respecté par personne, chacun peut suivre quotidiennement ses aventures, savourer la « vérité » qu'il révèle, constater la mine déconfite de ceux qu'il confond, se divertir des astuces par lesquelles il triomphe des obstacles que tentent de lui opposer les puissants de ce monde.

En même temps, ce héros positif fait peur. On sait qu'il n'a de « petit » que l'apparence. Balzac, à une autre époque, en faisait déjà « l'homme le plus puissant de France » : « Aucune puissance humaine, ni le roi, ni le garde des Sceaux, ni le Premier ministre ne peuvent empiéter sur le pouvoir d'un juge d'instruction, rien ne l'arrête, rien ne lui commande. » Ce « rien ne l'arrête » est abusif, car le juge d'instruction reste soumis à la loi et à l'appréciation du juge du fond. Mais il n'empêche : ce « petit » homme a le pouvoir de vous jeter en prison quel que soit l'avis de ceux qu'il doit consulter, procureur et avocat. Il est chargé de l'enquête, c'est-à-dire dans le système français d'obtenir des aveux, chargé de veiller à ce qu'elle se déroule conformément à la loi et dans le respect des droits fondamentaux de la personne. Il est « juge et partie » de son action. De là provient l'ambiguïté de sa fonction et l'extrême difficulté de sa tâche : être Maigret et Salomon à la fois, disait Robert Badinter.

Lorsque le juge Jean-Pierre accepta par le canal du quotidien *Libération* de répondre sur un serveur minitel « 3615 Jean-Pierre » à toutes les questions qui lui seraient posées, un service de la Chancellerie eut l'idée de brancher un ordinateur sur ce serveur et de relever ainsi l'intégralité des dialogues. Ce zèle était censé aller au-devant de ma curiosité supposée. Lorsque l'on me remit les questions qui lui avaient été posées, j'eus la surprise de découvrir que la très grande majorité des intervenants se montrait critique, voire hostile aux pratiques de l'instruction, et je me souviens d'une question ainsi libellée : « Pourquoi n'oblige-t-on pas à la prison les juges d'instruction qui ont mis en prison de façon injustifiée ? » Le pouvoir de décider solitairement et avant tout jugement, de priver quelqu'un de liberté, pose un problème.

C'est l'aspect le plus visible de notre système et le personnage du juge d'instruction, si symbolique qu'il soit, n'épuise pas la question que nous pose aujourd'hui notre procédure pénale. Il faut d'abord justifier les raisons d'une réforme et dire en quoi elle peut faire progresser l'État de droit dans notre pays.

La procédure pénale se distingue de la procédure civile en ce que celui qui accuse n'est pas un particulier, mais la société par la voix du procureur de la République. Un crime ou un délit, même s'il fait des victimes, est d'abord une violation de la loi qui doit être poursuivie et sanctionnée pour restaurer le pacte social, rompu par l'un des membres de la communauté. La procédure pénale regroupe les mécanismes juridiques par lesquels une société assure le respect des lois qu'elle s'est données et s'efforce de retrouver la paix. Dans tous les pays, le ministère public porte l'accusation au nom du corps social. Les victimes peuvent demander réparation et se constituer « partie civile », mais, c'est le ministère public qui mène le jeu.

On touche là à une question majeure de la vie en société, à l'un des aspects cruciaux du pacte fondateur : comment faire respecter la loi commune, qui doit en être chargé, et selon quelle méthode? Chaque peuple y répond selon son caractère, sa tradition, et l'époque. La procédure pénale ne peut pas être l'affaire d'un juge, ni même des juges ou des spécialistes, c'est par excellence l'affaire des citoyens. Ils ne s'y trompent pas et le procès pénal, qui ne concerne que le cinquième des jugements, passionne les imaginations. Parce qu'elle touche à l'histoire des peuples, la procédure pénale est la partie de notre droit la moins susceptible d'harmonisation internationale. C'est aussi celle qui doit évoluer sans cesse, au rythme des progrès de la civilisation ou de l'État de droit car on ne peut pas tolérer qu'une société soit négligente ou inéquitable dans sa manière de faire respecter la loi, ou qu'elle utilise des armes injustes pour imposer la justice.

Le rôle du ministère public comme accusateur n'est pas une originalité du droit français. En revanche, notre façon d'établir la « vérité », la réalité et la nature du manquement à la loi, et l'identification du ou des coupables est particulière. Notre procédure est dite « inquisitoriale » parce que, parmi les preuves recherchées, l'aveu y tient la place de choix. On retrouve la trace de la juridiction ecclésiastique dans laquelle l'inquisiteur était chargé d'obtenir l'aveu, puisque rien n'est caché à Dieu. Dans les pays anglo-saxons de tradition protestante, l'instruction est contradictoire, chaque partie, ministère public et accusé, présente ses arguments, ses preuves, ses témoins au juge qui se cantonne dans son rôle d'arbitre. L'aveu n'y est plus une preuve parce que « nul n'est censé témoigner contre lui-même », mais l'accusé peut choisir de plaider coupable ou non coupable.

La France est l'un des seuls pays au monde, avec la Belgique et le Luxembourg, à pratiquer le système inquisitorial. On peut légitimement se demander si cette procédure n'est pas un legs discutable des origines catholiques de notre tradition étatique et judiciaire.

Ce système, malgré les nombreuses améliorations qui lui ont été apportées, est-il suffisamment respectueux de l'équilibre entre les parties et des droits fondamentaux de la personne? Ne relève-t-il pas d'une conception archaïque des prérogatives de l'État et de l'autorité judiciaire? Assure-t-il l'indépendance de la justice à l'égard de tous les pouvoirs et des influences?

Ces questions se posaient avant même que notre système judiciaire ait achevé son unification. L'Ancien Régime ne distinguait pas entre la poursuite et l'instruction et confiait le tout au lieutenant criminel du bailliage. La libérale Constituante supprima celui-ci et instaura une procédure de type accusatoire. Le Consulat créa le juge d'instruction qui acquit la plénitude de ses pouvoirs juridictionnels sous le Second Empire, puis qui devient indépendant du Parquet en 1958. Entre-temps, notre pays aura connu plusieurs va-et-vient partiels entre les systèmes accusatoire et inquisitoire, et plusieurs projets de réforme avortés auront proposé de s'orienter plus résolument vers l'un ou l'autre système. Deux gardes des Sceaux successifs, Robert Badinter en 1985 et Albin Chalandon en 1987, firent voter des réformes de l'instruction instaurant, sous une forme et dans un esprit différents, la collégialité de l'instruction, réformes abolies par la législature suivante avant même leur entrée en application... Notre pays est à la recherche d'un point d'équilibre, mal défini entre les droits de la défense et l'efficacité de la répression, qui paraît impossible à atteindre à l'intérieur de notre tradition et de notre système judiciaire.

Le procès de notre instruction est simple à établir. En France, de très nombreux inculpés sont placés en détention provisoire par un juge d'instruction avant tout jugement. L'atteinte à la liberté individuelle n'est plus l'exception que voudraient les lois pour des raisons qui ne sont pas toujours justifiables : la contrainte exercée sur le prévenu pour le faire craquer, lointain héritage de la « question », ou pour obtenir ses « révélations », lenteurs d'une justice débordée, négligence de quelques juges qui placent les inculpés « au frais » en attendant d'avoir le temps de s'en occuper. Le résultat est accablant et met notre pays à la traîne des pays démocratiques, immédiatement après la Turquie : sur une population carcérale de 50 000 âmes, 20 000 environ n'ont pas été jugées et attendent de l'être. Ce « stock » de prévenus incarcérés résulte d'un flux d'environ 50 000 personnes par an, qui attendront quatre mois en moyenne d'être déférées au juge, mais certaines plusieurs années.

N'insistons pas sur la honte collective que cette situation représente. Songeons aussi à quelques effets pervers moins souvent abordés de cette pratique française : on sait que les juges du fond ont tendance à prononcer une peine qui couvre *au moins* la durée de la détention provisoire. Quelqu'un, dont le délit aurait justifié normalement une détention moins longue que la détention provisoire qu'il a subie, verra donc sa peine un peu « forcée » : il n'aura pas été traité équitablement.

Quant aux prisons, encombrées de milliers d'hommes et de femmes détenus en attente de leur jugement, elles sont pleines à craquer malgré les 13 000 nouvelles places décidées par Albin Chalandon. Va-t-il falloir se lancer dans un nouveau programme de construction pour accueillir de nouveaux détenus provisoires? Et jusqu'à quand le budget de l'État devra-t-il supporter les effets d'un dysfonctionnement régulièrement dénoncé?

Un autre vice du système tient à la médiatisation croissante de la justice pénale et à la désuétude scandaleuse dans laquelle est tombé le principe du secret de l'instruction. Aujourd'hui, dans tous les médias, celui qui est inculpé est déjà coupable et il est présenté comme tel aux lecteurs et aux téléspectateurs dans un simulacre de justice-spectacle qui n'accorde aucun droit à la défense et ne répare jamais les erreurs commises. Nous sommes en train de passer sans nous en rendre compte de la présomption d'innocence à la présomption de culpabilité. Déjà Montesquieu avertissait : « Lorsque le juge présume, les jugements deviennent arbitraires; lorsque la loi présume, elle donne au juge une règle fixe. » Or la loi ne présume qu'une seule chose : l'innocence de l'inculpé. Tout se passe comme si notre société, assoiffée d'images et de sensationnel, prenait ses distances avec l'un des droits les plus fondamentaux de la personne pour lequel nos ancêtres se sont battus jusqu'à la mort.

Un exemple de cette dérive dangereuse nous a été fourni récemment avec l'aventure qui est arrivée à Bernard Tapie. On peut aimer ou ne pas aimer le président de l'Olympique de Marseille, là n'est pas la question. Il a suffi que des fuites sur le déroulement d'une instruction en cours concernant un conflit commercial parviennent à quelques médias pour assister au lynchage médiatique d'un homme devenu en un instant coupable puisqu'il était « en voie d'inculpation ». Aucun de ceux qui ont utilisé ce terme n'a été retenu par le caractère arbitraire de cet abus de langage. La mascarade, le déchaînement, la mise en scène ont atteint des sommets avec la participation du juge d'instruction chargé de l'enquête. Il suffit de relire avec quelques semaines de recul les articles consacrés au ministre de la Ville à ce moment-là pour rester pétrifié : notre pays est en train de s'accoutumer à une forme d'arbitraire.

Les vices les plus évidents de ce système, choquants dans une démocratie moderne, font l'objet d'une dénonciation régulière. Nous pratiquons « un système inquisitoire archaïque et barbare : gardes à vue sans avocat destinées à secouer le suspect; fonction judiciaire infectée par les servitudes de l'investigation; justiciables transformés en acteurs involontaires d'un spectacle de cirque, faute de bénéficier d'une présomption d'innocence impossible à préserver dans un système où la scène médiatique absorbe la scène judiciaire [1] ». Ou encore : l'infamie de l'inculpation « n'est imputable ni aux juges ni aux médias. Elle est en réalité la nôtre. Elle tient peut-être à cette vieille mentalité inquisitoriale, que nos traditions et nos lois ont entretenue, et le soupçon reste un des plaisirs de la vie moderne. Nous raffolons des ragots, des calomnies, des accusations sans preuve, cancans de village, médisances mondaines, écrits diffamatoires. Et notre droit nous ressemble. L'article 80 de notre Code de procédure

1. D. Soulez-Larivière, *Le Monde*, 5 juin 1992.

pénale fait de l'inculpation un acte souverain, arbitraire, qui n'est tenu par aucun critère et ne tolère aucun recours. L'inculpation est l'acte d'un monarque absolu, qui dispose, s'il lui plaît, du destin de chacun d'entre nous [1] ». La plupart de ces critiques ne vont pas jusqu'à remettre en cause l'institution d'un juge chargé d'instruire à charge et à décharge, neutre à l'égard des parties, ministère public et accusé. La procédure accusatoire anglo-saxonne peut séduire par l'équilibre formel qu'elle instaure entre les parties, mais son caractère inégalitaire, où le riche dispose des meilleurs avocats et des meilleurs enquêteurs, paraît inadapté à nos traditions nationales.

En revanche, le fonctionnement de notre procédure inquisitoire suscite chez la grande majorité des spécialistes les mêmes critiques :

La première vise le poids du Parquet dans la procédure. Son pouvoir de classer sans suite certains dossiers par application du principe de l'opportunité des poursuites, apparaît comme un risque de traitement inéquitable. Nous avons déjà discuté les fondements de ce principe qui me semble lié à la nécessité pour l'État de définir une politique pénale. L'opportunité des poursuites doit être encadrée par des mesures de transparence limitant les risques des traitements de faveur. De plus, l'instauration d'un Conseil supérieur de politique pénale, associant professionnels du droit et représentants des pouvoirs de l'État, donnant son avis et son appréciation publics sur les orientations et les résultats de la politique pénale, peut assurer cette nécessaire transparence.

L'autre critique majeure met l'accent sur les droits de la défense. Même si au fil des siècles ceux-ci se sont régulièrement renforcés, il subsiste des zones d'ombre dans lesquelles la défense n'est pas présente (la garde à vue par exemple, ou les investigations avant inculpation), et qui portent bien la marque de l'origine inquisitoriale de notre procédure. Les progrès sur ce point sont possibles, à portée d'une nouvelle réforme.

Le troisième type de critique est plus fondamental : il consiste à porter le fer dans l'ambiguïté de la fonction du juge d'instruction et à mettre en cause ses pouvoirs juri-

1. J.-D. Bredin, de l'Académie française, *Libération*, 9 juillet 1992.

dictionnels. Le juge d'instruction est à la fois chargé de diriger l'enquête et de vérifier que l'enquête se déroule conformément au respect des droits fondamentaux des citoyens. Il est à la fois juge et partie, déchiré entre un désir d'efficacité pour faire éclater la vérité, et un impératif de légalité, pour s'assurer à tout moment que ses propres actes sont conformes à la loi et aux droits de la personne. Selon son tempérament et l'état des mœurs, il peut pencher d'un côté ou de l'autre. La version la plus populaire du juge d'instruction moderne, celle du « juge shérif » a basculé du côté de l'efficacité, les atteintes aux droits fondamentaux de la personne, comme l'incarcération, se justifiant par l'efficacité dans l'établissement de la culpabilité.

Ces critiques sont développées avec une remarquable hauteur de vues dans un rapport sur « la mise en état des affaires pénales », que j'ai trouvé sur mon bureau en arrivant place Vendôme. Commandé par Pierre Arpaillange et préparé par une Commission regroupant les meilleurs spécialistes du droit pénal, ce texte est devenu depuis, le document de référence indispensable sous la dénomination de Rapport Delmas-Marty, du nom de la présidente de la commission. Il a servi de point de départ au travail que nous avons accompli, d'abord avec Georges Kiejman, ensuite avec Michel Sapin qui, à l'issue d'une longue concertation, a présenté un projet de loi réformant l'instruction devant le Conseil des ministres en février 1992.

Ce texte prévoit la suppression du terme « inculpation » qui serait remplacé par « la mise en examen » et « la mise en cause ». Ce travail sémantique a pour but de restaurer la présomption d'innocence. Il organise le renforcement des droits de la défense et instaure, à nouveau, une collégialité des juges d'instruction pour les décisions les plus importantes, comme la mise en détention. Cette réforme constituait le point d'équilibre entre les différents acteurs collectifs : avocats, policiers, juges d'instruction et professeurs de droit pénal. Ce texte est déposé sur le bureau de l'Assemblée nationale, et tout me porte à croire qu'il sera examiné au cours de la session parlementaire de l'automne 1992. En effet, alors que l'examen de ce projet de loi paraissait au point mort, le président de la République lui a donné une nouvelle impulsion au cours de son entretien télévisé du 14 juillet dernier. Il ne s'agit pas chez lui d'un intérêt de circonstance : c'est avec son appui décisif que j'ai relancé le projet de réforme de la procédure pénale en 1991 et lorsque nous avons, avec Michel Sapin, présenté les orientations de la réforme au Conseil des ministres, en novembre 1991, le président de la République avait tenu à marquer solennellement l'intérêt qu'il portait à ce projet. On peut donc compter sur un débat parlementaire et rien ne s'oppose à ce que je puisse, moi aussi, redevenu simple citoyen, participer à ce débat qui concerne chacun d'entre nous.

Dans la période actuelle, toute discussion sur la procédure pénale et l'instruction ne peut se dérouler que par rapport aux thèses soutenues par le Rapport Delmas-Marty. Il constitue la meilleure introduction à ces questions d'apparence technique qui concernent la liberté de chacun. C'est pour cela que j'en ai autorisé immédiatement la publication, interloqué de voir considérer comme sulfureux et confidentiel un rapport que les professionnels avaient lu. Quand j'aurai dit que j'en conseille la lecture à ceux qui portent intérêt à ces questions, que j'en reprends la quasi-totalité des analyses et une partie des propositions, j'aurai exprimé le bien que j'en pense.

J'en retiens la nécessité de faire figurer explicitement dans le Code de procédure pénale les droits fondamentaux de l'accusé « afin que nul n'en ignore », ainsi que la plupart des modifications de procédure que le rapport propose pour les mettre en œuvre.

Ce travail considérable, écrit en une belle langue, ce qui n'est pas la vertu première de ce genre de texte, souffre de deux péchés capitaux :

Le premier est un péché d'orgueil : les rédacteurs n'ont pas résisté à la tentation de s'approprier toute réforme à venir et en quels termes! « La Commission a choisi, en toute connaissance de cause, de ne pas se borner à un " toilettage " du Code de procédure pénale ou un recensement d'aménagements pratiques parmi lesquels les instances politiques pourraient puiser à leur gré. Elle est de ce fait pleinement consciente du caractère novateur de la réforme d'ensemble qu'elle propose.

« Toutefois, prête à faire preuve d'audace, elle refuse tout aventurisme. Ses membres ont donc été unanimes pour affirmer que les propositions qui viennent d'être exposées étaient étroitement subordonnées au respect des conditions dont elles sont assorties.

« Si l'ensemble des conditions n'était pas rempli, la Commission, à une forte majorité, préférerait le maintien des structures actuelles à une réforme risquant d'aboutir à une situation encore moins satisfaisante que la situation présente. »

Ce n'est plus « tout ou rien », mais bien « plutôt rien que moins que tout »! Je suppose que ce solennel avertissement aux « auteurs de la réforme à venir » concerne aussi bien le gouvernement chargé de la mettre en forme que le Parlement appelé à la voter. Quel raccourci de la vie démocratique! Voilà quinze professionnels du droit qui, « à une forte majorité » ont décidé sans appel possible de ce qui est bon pour le pays, sur un sujet aussi « technique » que la manière dont une société organise l'application de ses lois. Le principe de la séparation des pouvoirs est difficilement respecté.

Sur un point essentiel du système proposé, le rapport tombe sous le coup d'une critique plus grave : le manque de cohérence. Le texte rappelle que la « mise en état » d'une affaire pénale fait intervenir trois fonctions bien distinctes :

– une fonction d'accusation : le corps social accuse l'un des siens d'avoir plus ou moins gravement manqué au respect de la loi. C'est le rôle du ministère public, auquel se joignent éventuellement les « parties civiles » victimes de l'infraction;

– une fonction d'enquête destinée à établir la matérialité des faits et les circonstances de leur déroulement. Il est clair que les enquêteurs doivent être indépendants des deux parties précédentes;

– une fonction de contrôle de légalité destinée à s'assurer en permanence que la procédure de « mise en état » est respectueuse de la loi et des droits fondamentaux des citoyens. Cette fonction ressort naturellement du juge.

Toute confusion entre ces trois fonctions, bien sûr distinctes de la fonction de jugement, porte atteinte à l'état de droit et le rapport soutient que le vice majeur de notre système actuel est de concentrer les missions d'enquête et de contrôle de légalité entre les mains d'une même personne : le juge d'instruction.

A partir de cette réflexion bien établie et partagée par la majorité des pénalistes, les auteurs du rapport passent sans transition à une solution surprenante : ils proposent que le Parquet mène à la fois l'accusation et l'enquête, et pour s'assurer qu'il est un enquêteur impartial, il faut lui donner des garanties statutaires d'indépendance. L'équité de la « mise en état » se trouverait garantie par le fait qu'une des deux parties, l'accusation, aurait le monopole de l'enquête.

Cet échafaudage de juges indépendants chargés de se contrôler mutuellement au nom de leur « âme et conscience » paraît difficile à mettre en œuvre.

Les rédacteurs, qui témoignent d'un rare souci de rigueur et de cohérence, n'ont pas pu se retenir d'apporter leur pierre au thème de l'indépendance de la justice. Ils ont pris une position généreuse et hâtive en proposant d'élargir le droit aux associations de se porter partie civile, afin que l'intérêt collectif soit mieux défendu. Non que je me méfie des associations : je les considère au contraire comme l'un des fondements originaux de notre démocratie. Mais je ne crois pas que l'intérêt général naisse de la mise en avant des intérêts particuliers. Il me semble que cette volonté de confier aux associations un rôle de défense de l'intérêt général peut s'expliquer par une méfiance traditionnelle à l'égard du Parquet, originellement coupable de son lien avec l'exécutif.

Si l'on surmonte cette réticence, je crois qu'une réforme de l'instruction devrait permettre de mieux encadrer et de limiter les constitutions de partie civile. Elles sont en train de se transformer en instruments de vengeance ou en moyens d'attaquer des personnalités en vue sur des bases très ténues, transformant la scène judiciaire en espace contentieux de type américain. Je ne suis pas sûr que notre société et l'État de droit y gagnent.

Ces remarques sur les conclusions de la Commission Delmas-Marty seront débattues au cours de la discussion parlementaire. Il faut souhaiter qu'elle aboutisse vite à une réforme de notre procédure pénale peut-être plus radicale que celle que nous avions envisagée avec Michel Sapin. Si les conditions parlementaires étaient remplies – à savoir une majorité – les temps seraient peut-être mûrs pour la grande réforme que le président de la République a souhaitée. En s'appuyant sur le Rapport Delmas-Marty et le projet de loi de février 1992, on peut proposer quatre grands principes à cette réforme :

1) L'accusateur ne peut être indépendant de la société au nom de laquelle il parle et agit. Il convient de réaffirmer l'organisation française du Parquet en la modernisant.

L'appréciation que porte le ministère public sur la nature et la gravité du manquement à la loi ne peut être autonome des objectifs énoncés par l'exécutif dans la défense de l'ordre public (l'Ancien Régime parlait plus joliment du « repos public »), et par le législateur qui fait la loi et la modifie pour l'adapter à l'évolution de la société.

Dans cette matière qui touche au respect du pacte social, les pouvoirs et les autorités dans l'État ne peuvent pas manifester d'appréciations divergentes de la volonté du corps social. Cela ne signifie pas qu'un des pouvoirs doive s'imposer aux autres. C'est plus affaire de coordination et, pour se coordonner, il faut se parler... Le Conseil supérieur de la politique pénale aurait cette fonction.

Pour le reste, la liberté de parole à l'audience me paraît une garantie contre toute tentation d'instrumentalisation du Parquet. Elle existe, il suffit de s'en servir.

2) L'enquête doit être menée de façon indépendante, car c'est la première garantie du respect des droits de l'accusé et de l'équité du procès.

Le problème est que la police judiciaire est subordonnée aux pouvoirs publics et qu'on voit mal comment il pourrait en être autrement. Serait-elle indépendante parce que rattachée au garde des Sceaux, et non au ministre de l'Intérieur? On ne voit pas pourquoi. Faut-il lui donner des garanties d'indépendance? Ce serait créer une confusion institutionnelle. L'état de droit ne suppose pas la prolifération de corps constitués indépendants, multipliant à l'infini les conflits de compétences aboutissant à la paralysie des institutions.

C'est bien la fonction du juge, qui bénéficie de garanties statutaires d'indépendance, de diriger l'enquête. Il faut garder un juge d'instruction. Le Parquet ne peut pas cumuler cette tâche avec celle de l'accusation.

3) Le contrôle de légalité, la vérification que l'enquête respecte les droits individuels doit être le fait d'une autorité indépendante. Ce ne peut pas être le Parquet, qui est hiérarchisé et qui est l'une des parties. Ce ne doit plus être le juge d'instruction qui ne peut pas se contrôler lui-même.

L'évolution de notre société, la progression de l'État de droit nous conduisent à accorder une attention sans cesse plus exigeante au respect des droits fondamentaux de l'homme. Il n'est pas de pire atteinte à ceux-ci que la privation de liberté sans jugement. Si l'efficacité de la procédure criminelle justifie des dérogations à ce principe, celles-ci doivent demeurer aussi exceptionnelles que possible, et être étroitement contrôlées. Il manque dans nos institutions un « juge des libertés », seul habilité à décider de ces dérogations, qu'il s'agisse de l'incarcération, des mesures de contrôle judiciaire, des perquisitions ou des écoutes.

Ce juge doit avoir une réelle autorité, et être d'un niveau hiérarchique élevé. Ce pourrait être le président du tribunal de grande instance. Il faut enfin inscrire les droits fondamentaux de l'accusé dans le texte même du Code de procédure pénale. Il n'est rien de plus inquiétant pour le citoyen que le manque de clarté des droits qu'il peut invoquer et que le fatalisme auquel conduit leur méconnaissance.

La création de ce juge des libertés est la pierre angulaire d'une réforme en profondeur : plus que la collégialité de l'instruction, il pourrait limiter la détention provisoire aux cas strictement nécessaires et en les motivant, et permettre à chacun de retrouver son rôle sur la scène judiciaire avec des chances plus équilibrées.

4) Il n'y a qu'une justice, et seul le juge peut condamner. Je veux poser ainsi le problème du secret de l'instruction. Nous voyons se développer une justice médiatique parallèle qui rend souvent des arrêts autrement expéditifs et cruels que la justice « judiciaire ». Cette

justice-là n'est ni codifiée ni indépendante : elle invente et modifie ses règles à sa convenance, qui est souvent celle de l'audimat et du tirage, et se montre sensible aux intérêts des puissances d'argent et des réseaux de relation.

Il n'y a rien d'original à poser le problème, plus facile à exposer qu'à résoudre. Mais il devient urgent que le débat ait lieu entre les parties concernées, et que chacun cesse de s'autojustifier. On doit le mener de façon solennelle et publique, et aboutir à des conclusions sur ce qui peut être toléré et ce qui ne peut l'être. Les règles correspondantes ne relèvent pas toutes du domaine de la loi. Celles qui ressortissent à la morale doivent trouver une application déontologique.

Il existe deux voies complémentaires pour assurer le respect des règles : l'une est l'interdiction légale, dont il ne faut pas abuser sauf à la déconsidérer. L'autre serait une plus grande rigueur et une plus grande célérité dans la réparation des torts causés. Peu de nos concitoyens auraient à perdre si la destruction injustifiée d'une réputation devenait dissuasive. Ceux qui y perdraient sont peu nombreux, et en jouent trop facilement.

Quant à la partie législative des interdictions, on devrait se demander si le principe du secret de l'instruction ne devrait pas être supérieur à tout autre principe, notamment au secret professionnel des avocats et journalistes. Choquant ? Mais... il faut savoir ce que l'on veut. Je crois que le reste n'est qu'hypocrisie et tintements de tiroir-caisse.

Montesquieu affirmait que « les lois ne doivent point être subtiles, elles sont faites pour des gens de médiocre entendement : elles ne sont point un art de logique mais la raison simple d'un père de famille »... surtout en matière pénale, oserai-je ajouter. Je sais que nos sociétés sont complexes et qu'on ne saurait rendre leurs règles compréhensibles à un enfant de cinq ans. Nous pourrions faire de grands progrès de simplification en « déjudiciarisant » rapidement les « contentieux de masse » du type chèques sans provisions, infractions simples au code de la route. La notion de contentieux de masse est antinomique avec celle de procédure pénale.

L'objet de cette dernière est de faire respecter la loi. Cela n'a plus de sens lorsque tout le monde ou presque en vient à violer la loi : il faut dès lors trouver d'autres formes pour la faire respecter. La réponse doit devenir plus administrative que judiciaire, tout en restant soumise au contrôle du juge auprès duquel on peut en appeler s'il y a abus. Ce qui a été fait pour les chèques sans provisions mériterait de l'être pour le contentieux routier ou le surendettement des ménages, exemple paradoxal et heureusement unique d'un contentieux de masse judiciarisé en tant que tel.

Enfin, nous devrions demander au Parlement, lorsqu'il examinera le projet de réforme de la procédure pénale, qu'il ait l'obsession de simplifier, plutôt que de tout prévoir dans la loi. La recette pour cela est simple : il faut faire confiance au juge. Elle serait d'autant plus facile à lui accorder que les principes auxquels il doit se référer seraient établis clairement dans la loi.

XIV

L'UNIVERS CACHÉ DE LA PRISON

Pour tout garde des Sceaux, le secteur pénitentiaire est source d'inquiétude et d'angoisse permanente. La révolte des prisons, c'est toujours le « pépin » majeur.

Magistrats, avocats ou professeurs de droit, les ministres de la Justice avouent peu connaître la réalité du monde carcéral.

C'est dire combien ceux qui, comme moi, n'ont aucun motif professionnel d'avoir été en relation avec cette institution peuvent s'interroger sur la politique à conduire dans ce domaine.

Pourtant, j'avais déjà été en contact avec ce monde étrange et inquiétant de la prison : la construction, à Joux-la-Ville près de Tonnerre, d'une des vingt-cinq prisons du programme « Chalandon », m'avait incité, à plusieurs reprises, à la visiter.

J'avais été frappé par la compétence et le dynamisme du jeune directeur, Patrick Mounaud, qui y exerçait son premier commandement. Il avait réussi à impliquer tous les fonctionnaires, très jeunes pour la plupart, autour d'un projet, conciliant la rigueur et l'humanisation sans laquelle l'objectif de réinsertion inscrit dans nos lois serait vide de sens. Sa connaissance des problèmes pénitentiaires m'avait permis de beaucoup apprendre et j'avais travaillé avec les élus locaux et le préfet de l'Yonne à une bonne intégration de ce nouveau centre de détention dans son environnement.

Le ministre de la Justice est aussi le ministre des prisons, car le travail de l'institution judiciaire ne s'achève pas à la sortie du tribunal.

Les hommes et les femmes qui ont été jugés et privés de liberté doivent être pris en charge par la société qui les a punis, sans faiblesse, mais aussi sans inhumanité, pour laisser à chacun, s'il le désire, une occasion de se reprendre, de payer ce qu'il doit, et de tenter son retour dans la société avec quelques chances de réussite. Cette attitude à la fois ferme et généreuse, qui repose sur l'idée que tout homme est amendable parce qu'il est libre, suppose que la prison ne soit pas l'arrière-salle honteuse de notre société, mais un système de sanction connu de tous et débattu publiquement. Or, notre société ne veut pas parler de son système carcéral, de ceux qui y sont retenus, et de ceux qui en assurent le bon fonctionnement quotidien. Elle se débarrasse de ceux qui ont mérité la privation de leur liberté et ne veut plus en entendre parler. Et la plupart des magistrats, qui ignorent la réalité concrète du monde carcéral, raisonnent à peu près de la même façon.

Ce rejet, cet oubli volontaire, expliquent en grande partie le malaise permanent de l'administration pénitentiaire. Comment oublier en effet les graves crises qui ont secoué cette administration depuis vingt ans?

Les mouvements collectifs de détenus de 1971 à 1974 puis les revendications des personnels au cours de l'été 1974 avaient précédé la réforme de 1975.

Plus récemment ont eu lieu trois conflits sociaux très graves avec les personnels de surveillance : septembre, octobre 1988 et février 1989, après la publication du rapport de Gilbert Bonnemaison sur la prévention, puis à nouveau en septembre-octobre 1989.

Le problème des prisons tel qu'il était posé par les sociétés philanthropiques du XIXe siècle existait toujours, mais avec une différence essentielle : la crise actuelle des prisons n'est plus seulement celle de la population pénale mais également celle du personnel de surveillance.

J'ai ressenti, grâce à mes contacts avec les personnels pénitentiaires que je rencontrais fréquemment ou à l'occasion de mes visites en prison, combien demeurait forte l'amertume liée aux trois derniers conflits sociaux achevés sans accord. Elle est toujours présente et nourrit la rancœur du personnel qui pourrait s'exprimer à tout moment.

Je pense que la crise non résolue de l'institution a une triple cause :

1) Une crise de croissance. Alors que la population pénale ne cesse de progresser depuis vingt ans. Robert Badinter avait engagé en 1981 l'institution pénitentiaire sur la voie de la modernisation conduite par Myriam Ezratty, femme énergique et de grande valeur, qui a dirigé pendant plus de quatre ans cette lourde administration, et préside aujourd'hui la Cour d'appel de Paris.

Albin Chalandon, préoccupé d'adapter la capacité des locaux à l'évolution de la population pénale, lançait ensuite un programme ambitieux portant sur 15 000 places, réduites à 13 000 pour des raisons budgétaires par Pierre Arpaillange.

Pour ces « nouvelles prisons », seule la partie hôtelière serait confiée à des entreprises privées, le dangereux projet de prisons privées ayant été abandonné.

Ce programme, dont j'ai suivi avec attention l'achèvement, a conduit à un recrutement massif de surveillants. Mais, faute d'encadrement suffisant et de places à l'École nationale d'administration pénitentiaire, la formation de ces agents, dont chacun convenait qu'elle devait être au moins de huit mois, avait été maintenue à quatre mois, ce qui est insuffisant pour un métier aussi difficile.

2) Une crise d'autorité : les détenus, surtout les plus jeunes, n'acceptent pas d'obéir à ces personnels insuffisamment formés.

Et, lorsque la contestation de l'autorité est le fait d'une partie des personnels et qu'elle s'exprime à l'égard des cadres, par des attitudes syndicales outrancières, elle rend la situation explosive.

Certains surveillants, qui se plaignent du laxisme qui règne dans les prisons, oublient les règles élémentaires du métier concernant leur propre sécurité : j'ai pu constater, à l'occasion d'agressions ou d'évasions, que la routine l'avait emporté sur la vigilance.

Face à cette situation, les nombreux syndicats, préoccupés surtout par leurs rivalités, refusent de s'engager dans une concertation sur les problèmes de fond et prennent une attitude revendicative limitée aux problèmes des effectifs.

Les prisons françaises n'ont pas un effectif de surveillants pléthorique. Il n'empêche que plus de 7 000 emplois ont été créés au cours des dix dernières années, que le ratio détenus/surveillants n'a cessé de s'améliorer. Les incidents ne se produisent pas toujours dans les établissements où le personnel est le moins nombreux.

3) Enfin, une crise de confiance. La société n'a pas confiance dans ses prisons : alors que la justice française est l'une des plus sévères d'Europe, beaucoup de citoyens se plaignent du laxisme des magistrats. Alors que le système pénitentiaire français est un des plus rustiques, beaucoup considèrent que l'amélioration des conditions de vie des détenus est un luxe inacceptable.

Si nos prisons connaissent un taux d'incidents et d'évasions beaucoup plus faible que celui de nos voisins, on crie cependant au scandale dès qu'un incident grave s'y produit.

S'il faut améliorer la sécurité des prisons et des personnels, prévenir les mutineries, lutter contre les suicides, il n'existe pourtant, dans aucun pays au monde, des institutions pénitentiaires où ne se produisent, ni évasions, ni agressions, ni suicides.

La prison est un milieu instable, explosif par nature. Ceux qui y vivent sous la contrainte n'acceptent, en général, ni leur peine, ni les exigences qui s'imposent à toute vie collective.

Le manque de confiance du public dans la qualité du système carcéral, alors qu'il présente un niveau très honorable au regard de beaucoup de systèmes étrangers, agit sur le moral du personnel pénitentiaire, qui ressent les griefs formulés par l'opinion comme une mise en cause de son professionnalisme.

L'action, dans le domaine pénitentiaire, doit d'abord viser cet objectif : tout faire pour limiter l'inflation carcérale. Mais le garde des Sceaux n'alimente pas les prisons : ce sont les magistrats et les jurés des cours d'assises qui prononcent les peines.

L'un de mes soucis en proposant avec Michel Sapin la

réforme du Code de procédure pénale, était de voir diminuer et le nombre et la durée des incarcérations avant jugement.

Pour ce qui est des condamnations, faute de pouvoir imposer aux juges et aux jurés un principe simple posé par Beccaria dans son célèbre *Traité des délits et des peines* [1] : « Ce qui compte le plus, c'est la certitude et la rapidité de la peine et non sa sévérité », j'ai demandé au président de la République d'user de son droit de grâce afin de réduire la durée de la peine de chaque condamné ; c'était à mon sens la seule manière équitable d'appliquer le principe du numerus clausus préconisé par Gilbert Bonnemaison. Ne faut-il pas systématiser cette politique, tout au moins pour les courtes peines ?

Avant de prendre ces dispositions, je me suis préoccupé, dès ma prise de fonctions, d'augmenter de 175 le nombre des créations d'emplois déjà prévu dans le projet de loi de finance par mon prédécesseur. J'engageais un an plus tard une nouvelle bataille budgétaire afin d'obtenir 400 nouveaux emplois pour l'administration pénitentiaire. Réduire la surpopulation, augmenter les effectifs constituent une double nécessité, si l'on veut que les prisons garantissent l'exécution de la sanction et favorisent la réinsertion. Apprendre à lire à un détenu, lui apprendre un métier, n'a rien à voir avec le laxisme : il s'agit non seulement d'un droit élémentaire mais d'un devoir qui s'impose à tout condamné.

Quant à la télévision, non seulement les détenus achètent ou louent les postes à leurs frais, mais elle contribue, de l'aveu même des surveillants, à la diminution du nombre des incidents.

En quittant mes fonctions, j'avais conscience que le chemin parcouru dans ce secteur demeurait insuffisant.

En janvier 1991, m'adressant aux élèves surveillants de la 125e promotion, je rappelai à ces jeunes fonctionnaires que l'administration pénitentiaire qu'ils allaient servir était une grande administration de la République, et qu'elle faisait partie intégrante de l'État. A ce titre, cette fonction mérite le respect et la considération de tous nos concitoyens. Elle impose aussi des devoirs à ceux qui s'y

1. GF Flammarion, préface de Robert Badinter, 1991.

engagent et, bien sûr, le premier d'entre eux est de respecter la loi et les règles fixées par leur statut, y compris lorsqu'ils sont confrontés aux dangers et aux agressions. Ce qui est inévitable lorsque l'on exerce une profession au sein d'un service de sécurité publique.

Pour cette raison essentielle, il faut inclure la question de la prison dans le débat général sur la justice : la réforme de l'institution, et la diminution du nombre des détentions provisoires, la généralisation de peines alternatives, en particulier la réparation, ont des conséquences directes sur le nombre des détenus. Mais cette « gestion sociale » de la prison suppose que les procureurs, les juges, les surveillants, les éducateurs et la police se rencontrent et parlent ensemble de leur commune responsabilité : le Conseil national de politique pénale serait un lieu approprié, capable de faire des propositions au Parlement et au gouvernement. Il pourrait même être « déconcentré » dans chaque département afin que l'incarcération soit l'un des éléments d'une politique de prévention et de répression définie consciemment et près du terrain. L'urgence du débat est évidente : aurons-nous le courage d'aborder la question du nombre des détenus dans les prisons françaises, à l'origine de toutes les difficultés de l'administration pénitentiaire et qui explique ses explosions régulières?

XV

MODERNISER POUR SORTIR DE LA MISÈRE

Tout concorde et tout le monde s'accorde : la demande de justice croît et continuera à croître même si on s'efforce de l'alléger en trouvant des solutions autres que judiciaires à certains contentieux de masse, comme nous l'avons fait avec Georges Kiejman, puis Michel Sapin, avec la loi sur les chèques sans provisions.

La question qui se pose à notre société et à ses responsables est de savoir si la justice dispose de l'ensemble des moyens humains et matériels nécessaires pour satisfaire cette demande et si ces moyens ont été combinés de telle sorte qu'ils assurent le meilleur fonctionnement possible de l'institution. A cette question, la réponse est non. Les personnels de justice, les organisations professionnelles se retrouvent pour dénoncer en fin 1990 la pénurie des moyens, la grande misère de la justice, et descendent dans la rue pour le crier avec force. Or, que m'apprend le premier examen auquel je procède en écoutant les doléances des syndicalistes et les analyses des fonctionnaires de l'Administration centrale?

En matière d'effectifs, l'institution judiciaire connaît une situation particulière : il y a moins de magistrats et de fonctionnaires au travail que de postes budgétaires. Cela veut dire que l'argent est disponible pour recruter davantage de juges et de greffiers. Pourquoi ces trous dans l'effectif? Pour deux raisons qui se cumulent : les magistrats et les fonctionnaires peuvent quitter leur travail pour de multiples raisons : grossesse, formation, mutation, détachement, disponibilité pour « convenance personnelle », etc. Mais ils ne sont pas remplacés dans leurs postes car il faut une ou plusieurs années pour former un greffier ou un magistrat et la coïncidence n'est pas souvent assurée entre départs et arrivées. Des trous se créent dans les effectifs par des vacances invisibles : la maladie, les stages de formation, la grossesse ou la mise à disposition d'une administration ou d'un cabinet ministériel, aboutissent à ce qu'un emploi cesse d'être occupé sans pour autant devenir vacant, ce qui complique le remplacement. On ne peut résoudre cet écart qu'en constituant quelques réserves permettant d'affecter du personnel là où existent des postes vacants ou en pratiquant le recrutement latéral qui permet en quelques mois de transformer un avocat en magistrat et de pourvoir ainsi un emploi vacant. Cette technique de recrutement déplaît à la majorité des magistrats qui y voient de la concurrence pour leur propre carrière. Quoi qu'il en soit, la machine ne tourne pas à plein de ses capacités humaines théoriques [1].

A-t-elle amélioré sa productivité par l'introduction de machines modernes permettant à un nombre équivalent, voire inférieur de personnes de fournir une quantité plus grande de travail ? C'est une question que se pose tout chef d'entreprise, tout responsable d'organisation et même beaucoup de chefs de services administratifs. A la Chancellerie, ou dans certaines cours d'appel, il faut prendre de sérieuses précautions avant de prononcer le mot « productivité ». Car la productivité d'un magistrat, par exemple le nombre d'affaires traitées et renvoyées par un juge d'instruction dans une année, ne peut pas et ne doit pas se mesurer. Ce serait s'immiscer dans le travail juridictionnel du magistrat, exercer une pression sur celui-ci par l'établissement de comparaisons avec ses collègues et donc porter atteinte à son indépendance. Ainsi, il n'existe pas de statistiques fiables sur le nombre d'affaires traitées par chaque magistrat et les greffiers qui dépendent de lui. Il n'existe, et encore pas dans toutes les juridictions, que des statistiques globales sur le nombre

1. Cette situation est en voie d'amélioration après le concours de recrutement exceptionnel organisé en 1991.

d'affaires qui sont évacuées (c'est-à-dire jugées) au cours de la même année et le stock en attente, qui peut être très supérieur au nombre d'affaires évacuées, ce qui signifie que le retard s'accumule.

Impossible donc, en principe, de savoir qui travaille et qui en fait moins. Même dans le dossier individuel de chaque magistrat établi au fil des années par ses supérieurs hiérarchiques ne figure aucune indication sur la capacité dudit magistrat à faire face à son travail. Au fil des ans, un code s'est peu à peu constitué, connu des seuls initiés, c'est-à-dire des notateurs et qui permet lorsqu'on en a la clé de lire au-delà de l'hyperbole des jugements plus réalistes qu'il n'y paraît. Ainsi, j'ai appris qu'un juge dont le supérieur, après avoir fait l'éloge de ses capacités juridiques, susurre qu'il « devra néanmoins veiller à ne pas se laisser déborder », veut dire que l'intéressé ne fait rien et que les dossiers s'accumulent sur son bureau sans qu'il les traite! La notation judiciaire est comme une langue étrangère : il suffit d'avoir un dictionnaire.

S'il n'existe aucun moyen de contraindre un magistrat à « produire » davantage, les statistiques nous montrent que certains tribunaux marchent mieux que d'autres, que la lenteur de la justice n'est pas une fatalité.

Cela tient à la volonté, à l'énergie des chefs de juridictions qui peuvent entraîner la collectivité qu'ils animent dans un comportement dynamique et à la bonne volonté de la Chancellerie pour mettre à la disposition de ces juridictions les moyens matériels minimaux en machines bureautiques et informatiques nécessaires à un travail rapide. Et cela donne des résultats, peu nombreux mais très encourageants, qui témoignent que notre justice telle qu'elle est aujourd'hui peut, sous des conditions à préciser, répondre à la demande. Quelques exemples qu'on montre aux visiteurs étrangers (Créteil, Nanterre) sont vus avec réserve de la part de la Chancellerie, car la modernisation autonome qui s'est réalisée dans ces tribunaux phares leur permet d'échapper au contrôle de l'Administration centrale qui s'échine, elle, à concevoir une modernisation par informatisation sur un modèle centralisé, destiné à permettre à tous les tribunaux de marcher du même pas dans la voie de l'informatisation assurant l'égalité du citoyen devant la loi. Depuis plusieurs années à la Chancellerie, un groupe de magistrats devenus informaticiens par stages, conçoit, met au point, valide la « grande chaîne pénale » et la « grande chaîne civile » qui devraient (bientôt) équiper tous les tribunaux français et les relier les uns aux autres. Hélas, la mise au point n'en finit pas, les raffinements s'ajoutent aux raffinements, les matériels prévus à l'origine deviennent obsolètes ; et pendant ce temps-là, l'addition s'alourdit pour atteindre des sommes vertigineuses (plus de 400 millions de francs dans le budget de 1992) sans le moindre effet de productivité.

Mais à côté de ces sommes considérables destinées à mettre en œuvre un projet très risqué lancé et confirmé par mes prédécesseurs, beaucoup de tribunaux manquent de matériel moderne : machines à traitement de textes, télécopie, micro-informatique, système de classement des informations, banques de données. Ce qui est nécessaire pour le fonctionnement performant d'un service produisant des biens immatériels fait encore défaut ou n'est présent qu'en partie, ce qui limite son efficacité.

Et dans quels locaux ! Les lois de décentralisation de 1982 ont organisé de vastes transferts de compétences en faveur des collectivités locales. Elles ont confié à l'État, ou concentré entre ses mains l'ensemble des fonctions régaliennes auxquelles participaient, dans certains cas, les collectivités publiques décentralisées. Les palais de justice dont beaucoup étaient la propriété des départements ont été dévolus en 1987 à la Chancellerie qui s'est retrouvée d'un coup propriétaire d'à peu près 1 700 000 m^2 de bureaux et salles d'audience, pour la plupart en mauvais état. En 1990, l'Administration n'en avait pas encore fini l'inventaire et elle ignorait l'ordre dans lequel il convenait d'en entreprendre la rénovation. L'aurait-on su que nous n'aurions guère été plus avancés tant les crédits affectés à l'amélioration des locaux est faible une fois que les rares projets de cités judiciaires ont épuisé l'essentiel de la dotation budgétaire (340 millions de francs en moyenne de 1987 à 1990). Alors, chacun fait comme il peut : ici on bricole, là on décide de refaire le toit de tel tribunal parce que le maire, qui est aussi parlementaire, a beaucoup insisté. Les services promettent puis temporisent. Pendant ce temps, les juges n'ont pas de secrétaires (beaucoup calligraphient leurs jugements), pas de bureau. Ils travaillent chez eux en transportant leurs dossiers, etc. On peut prolonger la complainte.

La conclusion s'impose : l'institution judiciaire est sous-équipée, dramatiquement sous-équipée. Et la responsabilité de cet état n'est pas le fait des seuls politiques, même si elle est évidente : une justice faible et pauvre, c'est la garantie (en partie illusoire...) d'avoir une justice lente et peu gênante. Il faut avoir le courage de dire que ce sous-équipement misérable arrangeait aussi beaucoup de gens au sein de l'institution : ne pas avoir de bureau individuel au tribunal justifie de travailler chez soi, loin du contrôle de ses collègues. Ne pas posséder de machines à traitement de texte justifie que l'on s'en tienne à un minimum de corrections. Ne pas disposer de système de communication instantané avec les officiers de police judiciaire dont il assure en principe le contrôle, évite au procureur de la République d'être contraint de se rendre sur le terrain en pleine nuit, etc. La pauvreté peut dissimuler bien des faiblesses humaines !

Si je suis très rapidement convaincu fin 1990 du bien-fondé de la revendication principale des personnels de justice, je ne suis pas persuadé que sa solution relève d'abord et uniquement d'une augmentation des crédits, comme on me le rabâche. Je sais qu'on ne me les accordera pas facilement et je suis, moi aussi, convaincu de la nécessité de contenir le déficit budgétaire. Ensuite, parce que chaque jour qui passe accroît mon inquiétude quant à l'efficacité de l'organisation du ministère de la Justice. A quoi bon demander des crédits supplémentaires s'ils ne sont pas utilisés efficacement, s'ils sont gaspillés ou s'ils doivent être annulés en fin d'exercice, faute d'avoir été dépensés ? Je demande à trois de mes collaborateurs qui ont l'expérience de trois administrations différentes : l'Agriculture, l'Intérieur et les Finances, de m'accompagner dans chacune des directions du ministère où je vérifie avec les fonctionnaires, dans leurs bureaux, comment fonctionne la maison. Je complète ce travail de terrain par quelques brèves visites de juridictions. Quelques jours nous suffisent pour accomplir cet audit sauvage. Le résultat est accablant : l'administration de la justice est restée à l'écart du mouvement de modernisation que l'administration française a connu depuis trente ans. Chaque direction du ministère est un monde clos qui vise à l'autonomie, avec pour chacune une fonction « budgétaire », une fonction « personnel », une fonction de contrôle, et l'absence de toute programmation humaine et matérielle. La seule tentative de coordination qui a été entreprise en 1964 par la création de la direction de l'Administration générale et de l'Équipement est aujourd'hui encore incomplète, mal acceptée et menacée.

Je vais plus loin : il n'y a pas en France de véritable administration de la justice. Administration au sens le plus simple et le plus courant du mot, c'est-à-dire la gestion, de préférence rationnelle et prévisionnelle, des moyens matériels et humains nécessaires au bon fonctionnement du service public de la justice. Pour cela, il faudrait des services extérieurs assurant une déconcentration de la gestion des crédits, une programmation locale puis centrale faisant apparaître des priorités identifiées et acceptées par tous, une carte judiciaire rénovée tenant compte de l'évolution de la population et de la demande de justice... Bref, une vraie administration de service public, ce qui ne porterait aucun ombrage à l'indépendance des magistrats qui continueraient à juger comme ils l'entendent.

Au lieu de quoi, je découvre un paysage pulvérisé : chacun se veut maître chez soi, jaloux de ses prérogatives, soupçonneux à l'égard de ce qui peut ressembler à un empiétement, pratiquant des méthodes de travail archaïques, individualistes, sans partage des tâches. Là encore, la conception que beaucoup de magistrats se font de leur travail comme l'accomplissement solitaire d'une mission sans contrôle se trouve mise en cause. Je faisais remarquer à un président de tribunal de grande instance de taille moyenne l'irrationalité de la carte judiciaire et la difficulté de gestion que représentait, dans un même département, l'autonomie absolue de chaque tribunal de grande instance. Il me répondit avec conviction :

– Nous tirons notre force et notre indépendance de notre pauvreté et de notre spécificité. Ne touchez à rien de ce qui s'est bâti contre tous les pouvoirs.

Bon nombre de magistrats ne sont pas loin de concevoir leur activité en termes de guérilla judiciaire. Cette conception se retrouve au sommet de l'administration de la justice : chaque grande direction gère jalousement son domaine d'intervention. A l'intérieur de chaque direction, chaque bureau défend son territoire. Au total, la machine marche mal et désespère le justiciable.

La pauvreté matérielle de la justice est réelle. Mais elle manifeste aussi un autre aspect, non dit, de la crise, l'incroyable archaïsme de la gestion de cette fonction essentielle de l'État. Je me convaincs qu'il faudra procéder contractuellement : chaque franc supplémentaire demandé à l'État devra donner lieu dans l'institution à un effort de modernisation mesurable en termes de productivité. Mais ce n'est qu'un projet, et la question qui me hante est la suivante : comment a-t-on pu en arriver là? Comment a-t-on pu laisser se dégrader à ce point une institution essentielle à la bonne marche de la société? Des hommes considérables, de grande autorité personnelle ou politique ont occupé cette charge avant moi. Ils ont nécessairement essayé. Alors, pourquoi ont-ils échoué? Peut-être se sont-ils bornés à demander des crédits alors que c'est l'organisation même du ministère de la Justice qu'il faut transformer?

En poursuivant mes investigations sur les modes de fonctionnement de l'institution judiciaire, j'ai dû me rendre à cette évidence que notre justice n'est pas administrée, car l'organisation minimale fait défaut. Si organisation signifie définition hiérarchisée de responsabilités fonctionnelles, elle existe sur le plan de la juridiction : les jugements de première instance peuvent être soumis aux cours d'appel. Il existe également une hiérarchie plus confuse entre les attributions juridictionnelles des tribunaux d'instance et des tribunaux de grande instance. Il s'agit là d'une hiérarchie fonctionnelle des seuls jugements, qui ne définit aucun mode de relation entre les juridictions : il serait erroné d'en déduire qu'un premier président de cour d'appel a autorité sur les présidents de tribunaux de grande instance de son ressort, et que ceux-ci disposeraient d'une autorité analogue sur les présidents de tribunaux d'instance. Seul le Parquet est hiérarchisé, les procureurs généraux ayant en principe autorité sur les procureurs de la République. Au cours de l'une de mes visites, un premier président de cour d'appel déclinera mon invitation à participer à la visite du tribunal de grande instance du lieu, en invoquant une règle de non-ingérence lui interdisant toute visite de ce tribunal de grande instance... pourtant situé dans le même immeuble, deux étages plus haut.

La répartition de ces juridictions autonomes sur le territoire, la « carte judiciaire », résulte d'un héritage qui a combiné les subdivisions de l'Ancien Régime, les particularismes locaux, quelques tentatives de redécoupages pour essayer de suivre l'évolution de la carte administrative, et les effets de la seule grande réforme de la carte judiciaire, celle de 1958. Si l'on ajoute aux juridictions de l'ordre judiciaire les tribunaux de commerce et les conseils de prud'hommes, dont les jugements sont susceptibles d'appel devant les cours d'appel, les quelque deux mille juridictions que compte notre pays sont réparties selon une carte d'autant plus complexe et rigide que les intérêts locaux veillent jalousement sur *leur* tribunal. Le résultat est illisible. Il ne répond à aucune cohérence : le département du Nord compte sept tribunaux de grande instance, avec chacun leur Parquet, alors que celui de la Seine-Saint-Denis n'en compte qu'un seul. Les différences de politiques pénales des Parquets, et les traditions de jurisprudence des différents tribunaux aboutissent ainsi, qu'à quelques kilomètres de distance, et dans les mêmes agglomérations, le « tarif » des délits mineurs peut varier dans des proportions considérables.

En tant qu'élu local, je suis profondément attaché à la « justice de proximité ». Je ne remets pas en cause la multiplicité des implantations locales de la justice : 2 000 juridictions pour un pays comme la France, c'est insuffisant pour que la justice soit présente partout où elle doit l'être. En revanche, l'extrême rigidité de la répartition des contentieux entre elles, jointe à l'absence de coordination des politiques judiciaires, rend le service public de la justice incompréhensible pour l'usager et, au moins en apparence, inéquitable.

Pour rendre l'écheveau plus compliqué, à l'éparpillement des juridictions s'ajoute l'éclatement des pouvoirs au sein d'une même juridiction. Il n'existe pas de réponse simple à la question : « Qui est responsable de l'organisation et de la gestion d'un tribunal ? » L'organisation judiciaire est fondée sur le principe de la dyarchie qui veut que le procureur et le président du tribunal soient deux entités autonomes dont aucune des deux ne saurait de quelque façon que ce soit prendre le pas sur l'autre. Toute décision concernant la vie d'un tribunal suppose un accord entre le président (ou le premier président) et le procureur (ou le procureur général). Cet accord se manifeste par une double signature et certaines décisions concernant l'ensemble des juridictions d'une cour d'appel ressemblent à des pétitions tant les signatures sont nombreuses. Dans la plupart des cas, la bonne entente entre Siège et Parquet permet une gestion normale des tribunaux mais, lorsque apparaissent des conflits de personnes, qui dans les petites juridictions peuvent prendre des proportions inattendues, la vie du tribunal peut se trouver bloquée. Sauf intervention d'un troisième larron, le greffier en chef, qui considère souvent que la responsabilité de la gestion du tribunal lui revient et conçoit l'organisation judiciaire sur le mode de la « triarchie ». Un représentant syndical notable des greffiers réclamera pour ceux-ci un statut en forme de loi organique, garantissant leur indépendance à l'égard des magistrats. Lors d'une visite de tribunal, j'aurai la surprise de voir le président, engagé dans la description des améliorations modestes et raisonnables qu'il projetait pour son bureau, brusquement interrompu par le greffier en chef, une dynamique jeune femme, qui lui signifia, ainsi qu'à moi-même, que les crédits correspondants ayant été utilisés à d'autres usages, le bureau du président resterait en l'état. Cette jeune femme, par tempérament et par désir de bien faire, s'était emparée de la totalité d'un pouvoir qui lui apparaissait vacant.

Le modèle de la dyarchie, voire même de la triarchie, se complique dans les grandes juridictions où la diversification des fonctions de gestion a désigné des magistrats chargés de missions particulières : magistrats délégués à l'équipement, à l'informatique, à la formation professionnelle... Ces désignations, qui ne correspondent à aucun schéma d'ensemble, tentent d'apporter des réponses au coup par coup à des problèmes concrets. De nombreux magistrats se trouvent déchargés totalement ou partiellement de leurs fonctions juridictionnelles pour s'occuper de tâches de gestion, avec dévouement, souvent avec compétence. Parfois, l'individualisme de ces magistrats crée des situations extravagantes.

J'ai un jour reçu un courrier d'un premier président m'enjoignant de rappeler à son magistrat délégué à l'équipement l'autorité hiérarchique dudit président, pour lui permettre de résoudre un grave litige portant sur l'édification d'une cloison de quelques milliers de francs dans un bureau. L'affaire faillit tourner à la catastrophe. Un de mes collaborateurs ayant décidé d'appliquer à ce projet de cloison un traitement d'une orthodoxie administrative exemplaire « pour voir jusqu'où pouvaient aller les choses », je dus lui demander de mettre un terme à son expérimentation lorsqu'il m'avoua en être arrivé au stade de l'envoi d'une mission d'inspection générale... avec l'accord des parties en cause.

Ces mauvais fonctionnements, dont certains prêtent à sourire, constituent l'une des causes majeures de la misère de l'institution judiciaire, autant que l'indifférence supposée des gouvernements, ou la parcimonie du budget. L'absence de définition des responsabilités de gestion rend l'institution incapable de formuler ses besoins, et d'utiliser au mieux ses crédits et ses effectifs budgétaires. Le corollaire de cette situation est une centralisation extrême, les problèmes les plus minimes remontant à la Chancellerie, faute de structures de gestion hiérarchisées. La Direction des services judiciaires se prononce sur les demandes de travail à temps partiel dans toutes les juridictions et, faute d'éléments d'appréciation, les accorde très libéralement, au point de placer certains tribunaux au bord de l'asphyxie et de contribuer à dévaloriser les métiers de justice en acceptant d'en faire des occupations d'appoint.

J'en ai pris conscience le jour où je reçus une lettre d'un magistrat se plaignant de ne pouvoir être partiellement déchargé de ses fonctions « pour remplir la haute mission de défense nationale personnellement confiée par le Premier ministre ». L'instruction diligente de ce dossier délicat me révéla que ce magistrat, après avoir été nommé sur ma proposition auditeur à l'Institut des hautes études de la Défense nationale, par un décret signé du Premier ministre, en compagnie d'une trentaine d'autres magistrats et fonctionnaires, sollicitait une décharge partielle de travail...

La mauvaise organisation de l'institution judiciaire s'avère décourageante pour le justiciable, et dangereuse pour la justice qui se présente divisée et affaiblie devant ses interlocuteurs institutionnels : Conseils généraux, préfets, police judiciaire, voire même Administration pénitentiaire et Protection judiciaire de la jeunesse, qui ont tendance à contester le droit des juges de se mêler de leur travail.

Ces considérations m'ont conduit, à partir du deuxième trimestre 1991, à préparer une réforme profonde de l'organisation judiciaire. La publication du rapport des sénateurs Haenel et Arthuis sur le fonctionnement de l'institution judiciaire m'a bien aidé. Nous convergions pour constater les faiblesses de l'organisation et pour proposer une réforme « administrative » sur une base départementale. Les sénateurs Haenel et Arthuis concevaient une départementalisation « externe », consistant à doubler l'organisation des cours et tribunaux d'une administration départementale de la justice responsable de la gestion de l'ensemble des moyens déconcentrés. En instituant ainsi la gestion en pouvoir extérieur aux cours et tribunaux, on pouvait craindre de voir ceux-ci progressivement mis sous la coupe des « préfets de justice » dépendant de l'exécutif. Je choisis une autre voie consistant à départementaliser l'organisation judiciaire elle-même pour qu'elle conserve la maîtrise de l'ensemble de ses fonctions.

Pour mettre au point cette réforme, j'entrepris une

concertation approfondie avec les magistrats, fonctionnaires et auxiliaires de justice, puisque le sujet touche à la vie quotidienne de l'institution. Ce travail en commun ne fut achevé qu'à la fin 1991, c'est-à-dire à quelques mois des élections locales de mars 1992. Je sais par expérience la complexité et l'ambiguïté des relations entre élus locaux et tribunaux. Le principe de la séparation des pouvoirs prend sur le terrain des formes plus riches et plus variées que dans l'anonymat de la capitale. Entre magistrats et élus locaux, on s'observe et on se fréquente. Et on respecte à ce point l'indépendance de la justice qu'on adopte sans discussion ses revendications locales. Un abondant courrier parlementaire redouble systématiquement les demandes administratives des juridictions aux services judiciaires, ou les inquiétudes des Barreaux. Beaucoup d'élus se conduisent sur les questions judiciaires comme ils le font pour les autres activités de leur circonscription : ils défendent les juridictions telles qu'elles sont, reprennent sans broncher les arguments de *leurs* magistrats, de *leurs* avocats qu'ils préfèrent à ceux du voisin. Questions de principe mises à part, cette attitude bien humaine contribue à une justice apaisante. Puisque mon projet de réforme allait inquiéter les responsables judiciaires, les Barreaux, et les élus locaux, je m'attendais à une impressionnante levée de boucliers du corporatisme local.

Une première étape se passera sans encombre, sans que personne n'y prête attention. Au début de 1991, j'ai créé des schémas départementaux d'équipement.

En 1987, alors que l'ensemble de la France administrative se déconcentrait ou se décentralisait, le ministère de la Justice a hérité de l'ensemble du patrimoine immobilier des cours et tribunaux dont une partie était jusqu'alors à la charge des collectivités locales. L'opération avait eu lieu dans la plus grande confusion, sans qu'aient été établis un état des lieux ni même un inventaire.

Sans expérience ni structures adaptées, le ministère se trouvait chargé de la rénovation et de l'entretien d'immeubles de statuts et d'états variables, le pire dominant le meilleur. Il héritait par la même occasion de projets architecturaux mirifiques dont le financement n'avait pas été prévu, et dont le contenu technique s'avérait, dans de nombreux cas, irréalisable.

Je retins alors le principe de schémas départementaux d'équipement dont la définition devait donner lieu à une large concertation associant les autorités judiciaires, la préfecture, et les collectivités territoriales. Quinze départements étaient concernés par cette expérience destinée à se généraliser en 1992. J'obtins un accord pour une première tranche d'investissement représentant près de 7 milliards sur cinq ans, dont la première annuité fut inscrite au budget 1991. Pour que le ministère dispose enfin de la capacité technique nécessaire au contrôle de ces travaux, je créai une Délégation générale aux programmes pluriannuels d'équipement que l'ingénieur Eladari, ancien responsable du « programme 13 000 » d'équipements pénitentiaires qu'il avait conduit dans des conditions techniques irréprochables, accepta de diriger. Ce technicien de très haut niveau, pénétré du sens du service public, et portant un intérêt au monde de la justice, se mit au travail avec efficacité. Curieusement, cette départementalisation de la gestion immobilière, qui posait des problèmes de relations et de susceptibilités identiques à la départementalisation de la gestion, ne souleva aucune objection majeure et ne fit l'objet d'aucune polémique. L'importance de l'enjeu technique et financier a joué un rôle dissuasif.

Fort de ce premier succès, je présentai en mai 1991 les grandes lignes de mon projet de départementalisation, calibré pour effaroucher le moins possible et se glisser dans la marge de manœuvre politique que je sais étroite.

Le tribunal départemental n'est pas un vrai tribunal, en ce sens qu'il n'interfère pas sur l'activité juridictionnelle des tribunaux du département. Il a pour rôle de fédérer la gestion de ceux-ci, sous l'autorité du président du plus important d'entre eux. J'étais en mesure d'assurer que ce projet n'induisait aucune modification de carte judiciaire, ni en termes d'implantations, ni en terme de compétences. J'y renonçai en pensant que le cadre de travail départemental permettrait à ces idées de mûrir dans un contexte moins passionnel.

Cette fédération de tribunaux au sein du département

n'était pas applicable au Parquet, puisque celui-ci est hiérarchisé. Le Parquet doit assurer la direction de la police judiciaire. La police judiciaire, celle qui enquête sur les infractions sous le contrôle du juge, n'est pas indépendante. Les mêmes unités de police et de gendarmerie assument les fonctions de police administrative, sous la direction du préfet, et de police judiciaire, sous la direction du procureur de la République. Or ces corps de police et de gendarmerie se départementalisaient selon un mouvement destiné à couvrir l'ensemble du territoire dès 1992.

Le directeur départemental des polices, s'il se trouvait confronté à plusieurs procureurs compétents dans une partie du département, échapperait à leur autorité à tous. C'est pourquoi la solution d'un procureur départemental ayant autorité sur les Parquets de son département m'est apparue la seule capable de permettre le contrôle de la police par la justice.

Pour la gestion des questions financières et matérielles, je proposai une unification dans le cadre du département. La dilution des responsabilités entre les différents tribunaux incitait à l'irresponsabilité, l'une des causes premières de la misère matérielle de la justice. Le président du tribunal le plus important du département aurait la responsabilité de cette gestion départementale. Pour respecter les rapports complexes entre corps judiciaires, j'introduisais une distinction entre gestion courante et actes essentiels de gestion, pour lesquels le président devra rechercher l'accord des présidents, procureurs et chefs de greffes des juridictions du département. Enfin, je suggérai la création de conseils de juridiction et de conseils départementaux associant aux décisions des représentants élus des différentes catégories de personnel à la place des assemblées générales dont la lourdeur entraîne un formalisme stérile.

Les grandes lignes de cette réforme modifiaient profondément les habitudes de travail du monde judiciaire.

Je proposai qu'après l'avis d'un comité national d'experts, une concertation avec les syndicats, et une expérimentation dans dix « départements pilotes » ait lieu.

Les premiers à réagir furent les présidents de cour d'appel à qui j'avais réservé la primeur de mes orientations. Ils exprimèrent une opposition radicale à la réforme, car elle contenait pour eux la perte d'un pouvoir de gestion qu'ils n'exerçaient pas. Ils cherchèrent à me convaincre que la déconcentration de la gestion n'était concevable qu' « au niveau régional », c'est-à-dire à celui des cours d'appel. Comment assimiler les cours d'appel à un niveau régional car, à vingt-deux régions correspondent trente-trois cours d'appel dont la définition échappe à toute forme de rationalité : Auxerre est rattaché à Paris, Chartres à Versailles ! Quant à la cour d'appel de Metz, elle couvre le seul département de Meurthe-et-Moselle ! Les présidents de tribunaux de grande instance, inquiets pour leur avenir, s'empressèrent de transmettre leurs inquiétudes aux Barreaux et aux élus locaux, en insistant sur les risques de fermeture qu'entraînerait ma réforme.

Le Parquet lui, était plutôt favorable à la départementalisation. L'institution des procureurs départementaux n'enthousiasmait pas les procureurs généraux, mais un grand nombre de « parquetiers » voyaient dans la réforme le moyen d'assurer un meilleur contrôle de la police judiciaire.

Les trois syndicats de magistrats critiquaient d'emblée cette réforme. L'Association professionnelle des magistrats, fidèle à sa conception très particulière de l'indépendance, voyait dans le projet un mauvais coup du pouvoir socialiste, et m'accusait de vouloir « mettre la justice à la botte des préfets ». L'Union syndicale des magistrats se cantonnait dans une prudente expectative, en attendant un projet définitif. Le Syndicat de la magistrature hésita entre la thèse de la soumission aux préfets, et l'adhésion aux objectifs de la réforme... avant de me reprocher de les dénaturer par trop de prudence.

Les syndicats des greffiers furent satisfaits de voir la Chancellerie s'intéresser enfin à la gestion des tribunaux, mais entendaient qu'elle leur fût confiée.

Le Barreau, sensible aux craintes de certains quant à l'autonomie des différents tribunaux de grande instance décida de considérer le pire comme certain et entra en guerre contre la réforme. Mon projet de réforme méritait plus qu'un simple frémissement. Le Barreau français prit feu instantanément. Dès la présentation de mon projet, le président de la conférence des bâtonniers envoya une circulaire à tous les Barreaux appelant à la constitution de comités de défense et à la mobilisation des autorités judiciaires et des élus locaux. Mon courrier connut une crue soudaine d'interrogations inquiètes dont l'argumentaire monotone trahissait la campagne concertée. Je rappelai vigoureusement au président des bâtonniers, M. Bedel de Buzareingues, que j'avais toujours déclaré, écrit, et publié que la départementalisation n'aurait aucune incidence sur la carte judiciaire, que tous les tribunaux seraient maintenus dans la plénitude de leurs attributions juridictionnelles. Ses inquiétudes étaient sans fondement. Trois semaines plus tard, M. Bedel de Buzareingues eut l'amabilité de considérer que c'étaient là les apaisements qu'il attendait. Ce n'était pas la première fois que cet homme affable, vif, constructif dans l'entretien, m'éberluait par sa faculté de se muer en un redoutable émeutier sitôt franchie la porte de mon bureau. J'étais depuis longtemps initié à ces subtilités de langage différencié grâce à la fréquentation des élus politiques et des responsables agricoles. Ces derniers m'avaient accoutumé à un mode de conduite plus « coulé »!

Ayant pris à cœur avec Michel Sapin de visiter les « juridictions pilotes » où nous rencontrâmes en de vastes assemblées les personnels de justice de ces tribunaux, nous avons pu mesurer à quel point ce projet suscitait de profonds échos. Nous y mesurâmes un mélange d'espoir de vrai changement, et de crainte face aux conséquences de celui-ci. Ces gens de justice réunis ensemble, ce qui n'est pas fréquent, pour débattre d'un sujet concernant leur activité quotidienne, exprimaient leur intérêt, leur inventivité dans le travail et, contrairement à une idée reçue, leur enthousiasme et une réelle passion pour leur métier. Ils exprimaient aussi leur désarroi matériel et, plus grave, une forme de désespérance face à l'inertie et à la rigidité de leurs relations internes. Le métier judiciaire produit la solitude, et l'individualisme forcené auquel il conduit souvent tourne au découragement des qualités individuelles et à un échec collectif. Jamais autant qu'en ces assemblées vivantes et cordiales, je n'ai pu mesurer l'accumulation des malentendus avec le pouvoir exécutif, la sclérose des traditions, le fatalisme d'un carcan hiérarchique inadapté. C'est dans ces assemblées que je conduisais comme des réunions publiques, dans un dialogue simple et direct avec tous, que j'ai perdu l'espoir de débloquer cette accumulation de crispations. Je m'interroge encore sur la combinaison qui pourrait permettre d'ouvrir ce coffre-fort de rhumatismes!

Malgré les efforts d'explication de Michel Sapin et de moi-même, je sais que l'institution reste profondément divisée sur l'opportunité et les modalités de la départementalisation et qu'il entre beaucoup de calculs dans la façon dont elle a accepté de se couler dans les premières étapes de la réforme, parce qu'elles n'étaient pas irréversibles. Et pourtant il y a là une chance à saisir pour la justice : se doter enfin des moyens administratifs et humains de sortir de sa misère.

XVI

LE BIG BANG DE L'ÉTAT DE DROIT DANS LA RÉPUBLIQUE

Cette crise de la justice ne lui est pas particulière, elle forme un aspect de la crise générale du pouvoir dans les sociétés occidentales.

La crise de la justice présente un caractère paradoxal. L'opinion, par l'intermédiaire des médias ou des sondages, exprime une appréciation détestable, tant de la justice comme institution réputée coûteuse, lente, inefficace et compliquée, que des magistrats eux-mêmes, considérés comme soumis au pouvoir politique et favorables aux riches et aux puissants. Mais, à l'inverse la demande de justice de la part de nos concitoyens augmente à un rythme rapide. En matière civile, le nombre des affaires a doublé au cours des quinze dernières années.

Bref, on recourt de plus en plus fréquemment à un système judiciaire que l'on estime détraqué.

Beaucoup pensent qu'il faut rattacher ce phénomène à la décadence d'autres régulations sociales : la famille, l'école, le voisinage, mais aussi celles qui étaient assurées par les partis et les hommes politiques, les syndicats et l'appareil d'État lui-même en vertu de son pouvoir réglementaire. Cette décadence est souvent rapprochée du développement récent des théories libérales de l'organisation sociale, centrées idéalement autour du seul marché. Serions-nous à la veille d'un changement culturel majeur, les Français renonçant à leur tradition colbertiste de recours universel à l'État pour adhérer à une culture proche de la tradition anglo-saxonne, où les intérêts s'affronteraient librement entre individus ou vis-à-vis des institutions, État compris, sous l'arbitrage universel du juge [1]? Dans ces théories, il est difficile de démêler ce qui relève de la légende dorée, et d'une réalité moins angélique. Dans le système américain, les juges, élus ou nommés par les exécutifs – fédéral ou des États – sont en effet beaucoup plus liés au système politique qu'on ne veut bien le dire. Et les pays de tradition anglo-saxonne eux-mêmes considèrent que leur système judiciaire vit la crise la plus grave de son histoire. Lors d'une visite de travail à Londres, le Lord Chancellor m'a longuement interrogé sur notre système de l'instruction et a décidé l'envoi d'une délégation de spécialistes britanniques pour étudier de près notre système pénal.

Et que sait-on des mobiles de nos justiciables lors de leurs recours accrus à la justice? L'une des découvertes qui surprend le plus tout élu local – et a fortiori s'il devient garde des Sceaux – est la conception archaïque et a-démocratique que se fait des pouvoirs publics une bonne partie de nos concitoyens. J'ai reçu des suppliques de gens persuadés que le garde des Sceaux peut à sa discrétion annuler, voire inverser une décision de justice qu'ils tiennent pour contraire à leur « bon droit ». Que dire des pouvoirs que l'on attribue au président de la République!

Cette soumission supposée des juges au politique paraît naturelle et chacun compte bien en tirer avantage. La séparation des pouvoirs est inconcevable à beaucoup de nos concitoyens.

Pourtant la demande massive de justice reflète de profondes modifications de l'esprit public. Fin des utopies. Capitalisme triomphant. *No future*. Plus de lendemains qui chantent. Quant au reste... Bref! Ce serait le règne du « tribalisme visqueux » cher au sociologue Maffesoli [2].

L'effondrement du « communisme » des pays de l'Est a provoqué un profond désarroi en France. Pour nos contemporains, la nécessité économique a triomphé. La loi du marché, l'intérêt des entreprises, la rigueur de la

1. Laurent Cohen-Tanugi, *Le Droit sans l'État*, Paris, P.U.F., 1991.
2. Michel Maffesoli, *Le Temps des tribus*, Paris, Livre de Poche, 1988.

gestion l'emportent sur la volonté politique. La politique, comme principe de transformation de la société, sort grande vaincue de cet affrontement historique qui vient de se conclure. L'État lui-même a perdu son prestige et la confiance des citoyens pour redresser les injustices sociales. On ne croit plus à l'action, aux pressions, aux négociations collectives : en témoigne l'affaiblissement des syndicats et de la plupart des corps intermédiaires. Et ce n'est pas l'associationnisme corporatiste qui s'y substituera. L'individualisme paraît l'avoir emporté sur tout projet collectif[1], et l'État, comme figure politique moderne de la communauté, est sommé de se désengager, de réduire ses prélèvements, et d'observer une stricte économie de ses moyens.

Dans le même temps, les politiques et l'État sont l'objet de violentes rancunes pour leurs échecs à résoudre le chômage, l'exclusion, l'insécurité au moment où nul ne songe plus à rendre le patronat responsable du chômage et des licenciements. Les rares déclarations de Martine Aubry en ce sens ont paru déplacées.

Cette agressivité à l'égard de la politique et des pouvoirs publics manifeste une véritable crise de leur représentativité. Les citoyens se disent las de ce système qui implique la délégation des pouvoirs et des responsabilités aux politiques et à l'appareil d'État. Ainsi vivons-nous un paradoxe dans lequel on reproche, ou on constate, l'impuissance du politique dans le même temps qu'on impute la sécheresse estivale au gouvernement.

C'est dans ce climat qu'explose la demande de justice. On peut y voir une évolution de nos concitoyens vers moins de résignation, moins de fatalisme, une conscience plus aiguë des droits de l'individu, un refus de devenir les hommes sans qualité que produit à la chaîne la société de masse.

Mais cette demande de justice s'accompagne de réactions plus négatives : le désengagement et le repli vers la sphère privée, le corporatisme professionnel avec un attachement obtus au statu quo, la tendance à aborder les

1. « L'individualisme est un atomisme inconséquent, qui oublie que l'enjeu de l'atome est celui d'un monde », Jean-Luc Nancy, *La Communauté désœuvrée*, Paris, Christian Bourgois, 1990.

problèmes de société par un seul côté, en s'interdisant de remonter des effets aux causes.

Les membres de l'institution judiciaire, et particulièrement les magistrats, vivent dans le trouble une évolution qui leur paraît remettre en cause leur rôle traditionnel d'arbitrage des conflits entre individus et de répression des actes de délinquance.

Face au bouleversement social, sous l'effet de la crise économique, le métier de juge apparaît lui-même bouleversé et l'institution partagée.

L'internationalisation de l'activité économique entraîne la justice et le juge vers des fonctions de régulation des échanges et de la concurrence, voire même des mouvements de capitaux. Ne dit-on pas que dans l'Europe unifiée, les firmes choisiront de s'établir dans les pays qui mettront à leur disposition un système juridique de haut niveau, assurant des transactions sûres, claires, rapides? Surgit l'image d'un juge-*lawyer*, source de droit, presque affranchi du législateur, dictant sa loi à l'État, conforme à l'imagerie anglo-saxonne.

Une deuxième perspective s'ouvre, devant la crise de l'État-providence, celle d'une justice contre-pouvoir, s'opposant à l'État, contrôlant étroitement l'exercice de ses attributions pour lui imposer le respect de la loi et des libertés du citoyen.

Une troisième perspective se dessine, moins exaltante : celle du juge tutélaire guidant les plus faibles et les plus démunis, dans un monde social opaque qui fabrique un nombre croissant d'exclus et de non-citoyens.

Devant les incertitudes de l'avenir, les magistrats éprouvent des doutes et des craintes grandissantes. Ils se partagent, voire s'opposent, sur la définition de leur métier et de leur fonction. L'unité du corps n'est maintenue qu'au prix de sa solitude face à une société qu'il comprend mal. Ainsi s'explique la tendance à se réfugier dans le corporatisme. Les juges, mettant en avant une conception quasi sacramentelle de leur fonction, en viennent à revendiquer l'autogestion de leur corps, qui tirerait de lui-même sa propre légitimité.

Comme dans la demande de justice du citoyen, on peut y lire un symptôme de la crise de l'État et de ses fonctions sociales.

Dans ce désarroi général réapparaît en force la problématique de l'État de droit, seul repère qui fasse l'unanimité.

Jusqu'à présent, dans ce domaine comme dans les autres, le mouvement de « retour aux valeurs » s'opère dans la confusion intellectuelle. La chute des régimes « socialistes » a paradoxalement entraîné l'asphyxie soudaine des sciences humaines, comme si l'effort pour comprendre les faits sociaux était lui-même suspect de marxisme. Il est devenu aujourd'hui quasi obscène de concevoir les phénomènes sociaux comme les produits de la société elle-même. L'idéologie de l'État de droit n'échappe pas à ce mouvement de balancier. A en croire certains de ses théoriciens, les valeurs sur lesquelles repose l'État de droit descendent du ciel.

Ainsi Blandine Kriegel [1] déclarait : « La philosophie des droits de l'homme est fondée sur l'idée selon laquelle il existe une nature humaine qui comporte des lois. La philosophie politique moderne est une philosophie de la loi naturelle. » Il s'agit d'une réintroduction dans le politique, de la vieille transcendance aristotélicienne, sous la forme, à peine laïcisée, d'une « nature humaine » universelle, indépendante des époques, des cultures et des climats, et de l'histoire humaine.

Blandine Kriegel ajoute que « les philosophes qui ont élaboré les droits de l'homme (Hobbes, Spinoza, Locke) n'ont nullement instauré la sûreté, la liberté de conscience, la propriété, l'égalité à partir d'un arrachement à la nature. C'est tout l'inverse : comme l'a dit Hobbes, le droit à la sûreté ne provient pas d'une liberté, mais d'une obligation, d'une loi de nature, découverte par la raison, qui pousse à ne rien faire contre sa vie ».

Selon cette conception, la transcendance de la loi naturelle n'est pas d'essence religieuse, mais de nature scientifique. La loi naturelle comme source de l'État de droit, s'impose comme les autres lois de la nature telles que la science les a mises au jour. Et pour les défenseurs de cette théorie, la discipline qui définit la loi naturelle et fonde les droits de l'homme est le droit. Blandine Kriegel propose donc de reconnaître « la nature créatrice du

1. Un entretien avec Blandine Kriegel, *Le Monde*, 16 juin 1992.

droit qui s'est émancipé de son modèle romain pour devenir un instrument de libération des peuples ». Ainsi, le droit est-il conçu comme la source et l'origine de toute liberté. Le pouvoir judiciaire est le seul conforme à la loi naturelle, par opposition à l'État tel que nous le connaissons, dont la nature administrative, fondée sur la notion de service public, n'est pas par définition d'origine naturelle mais pure création du pouvoir politique [1]. Dans cette conception, l'État de droit, seul conforme à la nature humaine, ne pourra advenir dans sa perfection que lorsque le droit aura soumis l'État, l'aura absorbé et finalement fait disparaître. On se trouve là en vérité devant une variété nouvelle d'anarchisme, où la société civile, s'exprimant sous la forme d'une « citoyenneté démocratique » affranchie de la souveraineté publique, fonctionnerait sous le seul magistère éclairé des juges.

C'est cela que certains tenants de l'État de droit mettent sous le slogan d'une « véritable indépendance de la justice ». Cela revient à récuser le principe fondateur de la République qui repose sur la souveraineté du législateur, représentant du peuple. A leurs yeux, le législateur est à tout moment susceptible de tyrannie et d'arbitraire puisqu'il peut élaborer une législation contraire à la loi naturelle.

Le seul recours de la « citoyenneté démocratique » réside dans l'indépendance du judiciaire, c'est-à-dire dans sa prééminence sur les autres pouvoirs, afin qu'il soit en mesure de les contraindre au respect de la loi naturelle dont il est l'interprète exclusif!

Dans la classe politique, un homme comme Alain Madelin fait un usage constant de cette vision du droit. Il écrit : « Nous avons déjà commencé de repenser le droit en ce sens. Ce qui est en cause, c'est de placer le pouvoir politique tant législatif qu'exécutif sous le contrôle du droit [2]. » Mais qu'est-ce que le droit? D'où vient-il? Réponse d'Alain Madelin : « Un État de droit ne consiste pas seulement en un ensemble de règles, mais en un ensemble de règles justes... La philosophie libérale ne

1. Cette conception du droit et de l'État s'exprime dans les travaux de Laurent Cohen Tanugi, *Le Droit sans État*, *op. cit.*

2. *Le Monde*, 4 mai 1991.

nous dit pas seulement comment doit être fait le droit, mais aussi ce que le droit doit être, c'est-à-dire la recherche du juste. » Tout cela est un peu court et tautologique, mais cette idéologie du droit contre l'État, dans sa forme savante ou sa forme politique, rencontre les attentes plus ou moins conscientes de nombre de magistrats, surtout parmi les plus jeunes. Les magistrats vivent dans le ressentiment à l'égard des politiques, de l'État, et de la société elle-même, se sentent mal aimés, mal considérés, en voie de déclassement et de paupérisation [1], redoutent d'être réduits à la condition de petits fonctionnaires chargés de bricoler au jour le jour les dysfonctionnements de la vie sociale, de devenir comme ils le disent avec dédain des « assistantes sociales ».

Comment n'adhéreraient-ils pas à une idéologie qui les transforme en porteurs de la morale sociale, qui veut faire d'eux un pouvoir « indépendant » ne relevant que de lui-même et capable de soumettre tout pouvoir, politique ou financier?

Quoi de plus rassurant pour des magistrats que de se voir promettre un avenir où ils deviendraient les arbitres universels de tous les aspects de la vie sociale, où ils jugeraient non seulement de la liberté ou de la prison, du statut des familles et des querelles civiles, mais aussi de la légalité des lois, de la validité des actes politiques; où ils pourraient autoriser ou interdire les mouvements du capital, les fusions d'entreprises, les grèves et conflits sociaux, les opérations d'urbanisme, les procédures de l'Administration... sans avoir de comptes à rendre à quiconque de leurs actes. La critique d'une décision de justice est d'ores et déjà un délit susceptible d'être réprimé... par la justice elle-même. Imagine-t-on ce que deviendrait notre société, soumise dans tous ses aspects à la censure de magistrats du Siège et du Parquet, qui, comme le réclament certains, ne relèveraient que d'eux-mêmes et de leur propre conscience, sans dépendre des représen-

1. Il était surprenant de voir le juge Jean-Pierre déclarer dans une interview au *Figaro* qu'il avait agi parce que les socialistes avaient déçu son « immense besoin d'éthique », et dans le même temps revendiquer, au nom de l'association « Forum pour la justice » qu'il a fondée, comme premier remède à la crise de la justice, le doublement immédiat des traitements des magistrats.

tants élus du peuple, et que les citoyens n'auraient même pas le droit de critiquer publiquement?

Ce ne serait pas un progrès pour la démocratie et l'État de droit. Nous devons être vigilants sur le discours de l'État de droit et de la « restauration des valeurs ». On voit réapparaître chez certains de ceux qui le tiennent, des idées, des rancunes, des règlements de comptes qui, soyons clairs, viennent tout droit de Vichy.

L'État de droit est un des acquis les plus précieux de notre histoire. A condition qu'on ne le dévoie pas en une idéologie conduisant vers ce « gouvernement des juges » que, depuis l'Ancien Régime, notre tradition républicaine tient à juste titre dans la plus grande méfiance.

Loin d'opposer l'État républicain au droit, comme Alain Madelin, il convient d'en étendre le champ au cœur de la République. Tenir les deux bouts de notre tradition qui vise depuis toujours à développer les droits individuels au sein de la République et à accomplir le mot d'ordre que Victor Hugo lançait à Guernesey : « Je veux la République sociale, mais avec la liberté. »

Il est temps, lorsqu'on parle de l'État de droit, de quitter la sphère transcendante de la loi naturelle et de revenir sur terre. Le droit est au cœur de l'effort historique des sociétés humaines pour mieux vivre [1].

Blandine Kriegel, pour fonder philosophiquement sa conception du droit naturel se réclame, curieusement, de Spinoza [2], lui qui a révolutionné la philosophie et ouvert la voie à la pensée moderne en la ramenant dans l'immanence de notre monde. C'est le premier philosophe moderne pour qui la source des valeurs morales et sociales, et celle d'une bonne politique ne sont pas à chercher dans un au-delà, mais dans l'effort rationnel des hommes.

Les valeurs de l'État de droit, les libertés et les droits de

1. « Si l'histoire peut éclairer la science, la science est contenue dans l'histoire. Les théories scientifiques et l'interprétation philosophique qu'on en fait sont intimement liées à telle ou telle époque historique », Claude Allègre, *Introduction à une histoire naturelle*, Paris, Fayard, 1992.

2. Voir à ce sujet les travaux du philosophe israélien Yirmiyahu Yovel, et en particulier son livre *Spinoza et autres hérétiques*, Seuil, 1992, et son entretien avec *Le Monde*, 23 juin 1992.

l'homme ne découlent pas d'une nature humaine universelle et éternelle. Chaque homme, chaque groupe humain contient tous les instincts de la vie et de la mort. La liberté, l'égalité ne sont pas plus naturelles à l'homme que l'oppression et la servitude. L'aspiration à la paix et à la sécurité des personnes et des biens n'est ni plus ni moins « naturelle » que le goût du meurtre, de la violence, de la rapine, de la destruction.

Ce sont les hommes qui créent leur propre histoire, dans l'ordinaire de leur vie, de leur travail, de leurs rapports et de leurs contradictions, sans providence et, sans avenir radieux. C'est toujours après coup, après les expériences et les échecs, que les sociétés découvrent les meilleures ou les moins mauvaises manières de vivre ensemble, celles qui favorisent la prospérité, la paix, l'équité et la solidarité.

Ce mouvement de l'esprit public assure aujourd'hui le succès de la notion d'État de droit. Ce qui fait sa force, dans notre monde privé de certitudes, c'est le fait qu'il ne s'agit pas d'une utopie parmi d'autres. L'État de droit n'est pas un idéal vers lequel nous tendons, mais la récapitulation et la systématisation d'expériences réussies, de valeurs et de conduites dont notre histoire a démontré qu'elles étaient favorables à l'épanouissement individuel et collectif.

Expérience historique en cours, incomplète et imparfaite, et dont nos concitoyens ne bénéficient pas encore tous également. Allons plus loin. Il s'agit toujours de la question de la possibilité même de la vie en commun. Nous n'en avons pas fini avec cette question qui traverse les siècles et ce n'est pas parce qu'une tentative d'y répondre a disparu, que la question quitte la scène... L'alternative politique ne se réduit pas pour moi, à la lassitude des ex-staliniens ou au cynisme des petits libéraux...

C'est le mérite historique des sociétés occidentales que d'avoir, il y a quelques siècles, introduit la problématique des droits de l'homme et de l'État de droit au cœur de leur développement politique, social, économique. Cela ne s'est pas accompli dans la paix et la douceur : qu'on se souvienne de ce que la conquête de la liberté de conscience, de la laïcité de l'État a provoqué de haine, de guerres, de martyrs par millions.

Ces droits de l'homme qui nous paraissent si naturels ont été durement disputés, durement conquis, et construits philosophiquement et politiquement au long de plusieurs siècles d'effort.

Ils ont trouvé leurs premières définitions dans le droit romain, ainsi que dans la Grande Charte anglaise.

Le droit romain était le droit d'une société esclavagiste reposant sur une structure familiale patriarcale et autoritaire. La brillante construction du sujet de droit, de la liberté et de la réciprocité des relations contractuelles ne concernait que l'élite des pater familias. Étaient exclus de son bénéfice les femmes, les enfants, les cadets, les étrangers et la masse innombrable des esclaves. De même la Grande Charte, qui définit les premières libertés anglaises a été arrachée au roi par la caste des barons, à leur profit exclusif. Ces barons auraient été les premiers choqués de voir que d'autres, marchands ou vilains, jouissent de ces mêmes franchises.

L'État de droit s'est constitué à partir du moment où la société dans son ensemble a exigé que les privilèges du petit nombre deviennent les droits de tout le monde.

Longue entreprise, pleine de reculs et d'avancées, qui a appris à nos pères et à nous-mêmes, que cette manière de vivre ensemble selon le pacte démocratique, était la seule raisonnable et propice au progrès matériel et moral de chacun, au maintien sous contrôle de la part noire de l'homme, de la violence, de la haine, et de l'instinct de mort.

Nous avons peu à peu appris à vivre en société selon la raison. La raison n'est pas une déesse comme le croyaient les hommes de 1793. C'est une faculté dont nous connaissons la puissance et la vertu, mais contrebalancée, en chacun de nous par l'incertitude, l'ambivalence, l'inavoué, la subjectivité, le désir, la volonté de puissance, et la joie de nuire.

C'est pourquoi l'État de droit est toujours un bien inachevé et précaire. Inachevé parce qu'il est loin de la perfection dont nous le croyons susceptible : combien de nos concitoyens sont encore privés de leurs droits, en raison d'exclusions économiques.

Précaire, parce qu'il est à la merci d'un retour de l'irrationnel. Il y a moins de deux générations, l'État de droit a failli disparaître de l'Europe de l'Ouest qui l'a vu naître, sous les coups du fascisme, du nazisme et de leurs émules. En ce moment même, l'ex-Yougoslavie est ravagée par une guerre interethnique. Chez nous et chez nos voisins, des mouvements politiques prêchent la haine, l'exclusion, le recours à un pouvoir autoritaire.

Ces négations contemporaines de l'État de droit doivent nous conduire à plus de détermination et à moins de dogmatisme. Le discours sur l'État de droit n'est pas une utopie de substitution mais reste un instrument majeur du désir de communauté.

Dans cette perspective, la nécessité de mettre fin à la crise de la justice ne relève plus du bricolage social mais d'une volonté de réconcilier durablement la société et sa justice.

La tâche n'est pas hors de portée.

Privilégierait-on le point de vue des justiciables, des magistrats, des fonctionnaires, des auxiliaires de justice, des observateurs et même des politiques, la conclusion serait identique : « Cela ne peut plus durer ! » Tous sont insatisfaits du fonctionnement de l'institution judiciaire. Certains pronostiquent même que la machine pourrait bien s'égarer pour le plus grand malheur de la société. Le diagnostic immédiat fait désormais l'unanimité. En revanche, on diverge toujours sur les causes de la crise. On invoque la tradition historique française, la faiblesse des moyens matériels dont dispose la justice, la formation des magistrats, et l'impéritie des politiques. Là, tout le monde s'accorde, au point que les intéressés commencent à se sentir coupables et mettent la « question judiciaire » au premier rang de leurs discours et de leurs programmes.

On peut même parier que la justice figurera en bonne place dans les débats des prochaines échéances électorales législatives et présidentielles. Ce peut être une bonne chose pour notre démocratie à condition que le débat aille jusqu'à son terme, qu'il ne soit pas aussitôt renvoyé aux techniciens du Droit, qu'il soit l'occasion enfin d'une véritable confrontation d'idées. Jamais nous n'en avons été si proches. Les politiques sont plus nombreux qu'on ne le pense à avoir compris qu'ils n'échapperont pas au problème de la justice. Si l'on admet que la crise actuelle de l'institution est l'effet d'une crise générale des pouvoirs dans notre société, c'est bien dans l'espace politique que doivent être abordées les questions qui concernent le système par excellence de toute régulation sociale. On sort là du Meccano des techniciens, pour demander aux politiques des idées et des projets.

Il y a, pour eux, d'autant moins d'échappatoires, qu'ils sont, pour certains, on l'a vu, en délicatesse avec les juges. La politique du « gros dos » ne suffira pas. On peut prolonger le raisonnement : si la classe politique veut redresser son image, elle doit prendre à bras le corps la difficile question de la justice et proposer de fortes solutions à la crise. Comment s'y prendre de manière efficace ?

Si le problème se trouve entre les mains des politiques, ils devront s'y prendre de manière politique. Ils n'ont en effet pas grand-chose à attendre des spécialistes, des techniciens de la chose judiciaire et de leurs colloques savants, pour la bonne raison que ces derniers ont déjà tout dit, tout écrit, tout répété sous mille formes. Les rapports s'entassent et les discussions tournent en rond. Il ne servirait à rien de leur confier l'affaire. Il convient maintenant de mettre de l'ordre dans leurs suggestions et de donner du sens à leurs expertises.

Il est devenu nécessaire de rompre sur cette question avec le réformisme progressif. J'ai pratiqué, par conviction et par raison, cette méthode du pas à pas qui conduit les réformes les unes après les autres, selon une vue d'ensemble qui n'apparaît, si le temps le permet, qu'au terme d'un long et difficile cheminement. Il s'agirait de construire une maison en faisant appel aux différents corps de métiers les uns après les autres. Ce procédé artisanal, qui suppose la présence patiente d'un maître d'œuvre sur le chantier, comporte de grands risques pour l'achèvement des travaux. Il vaut mieux une entreprise générale, intégrant tous les corps de métiers, sous un commandement unifié. C'est-à-dire, tout entreprendre à la fois, tout mener de front, dans le temps le plus bref et selon une cadence industrielle.

Bref, nous ne sortirons de la crise qu'en organisant ce que les astrophysiciens appellent un « big bang » [1] créateur, ou ce que les négociateurs internationaux nomment un « *package deal* », ou plus simplement un « contrat global ».

Premier argument à l'appui de cette méthode : l'ampleur et l'ancienneté du mal. Sans remonter, comme nombre d'observateurs, à la Révolution française, les difficultés de la justice sont anciennes. En 1958, lors du changement de Constitution qui autorisait un big bang judiciaire, Michel Debré s'était attelé à la tâche, mais son programme de réformes resta inachevé. Depuis lors, et malgré les nombreuses réformes partielles entreprises par les gardes des Sceaux successifs, et notamment Robert Badinter, le mal s'est enkysté et a proliféré dans l'ensemble de l'institution jusqu'à créer un véritable fossé avec la société : tout le monde se plaint du fonctionnement de la justice au point que seule une réforme d'ensemble persuadera l'opinion publique et les corps judiciaires de la volonté de ses promoteurs. Le replâtrage, même intelligent, n'est plus crédible aujourd'hui.

Deuxième argument : la force redoutable des corporatismes auxquels il faudra, un jour, imposer la nécessité de la réforme. Les revendications sont si anciennes et si contradictoires, si symboliques et si peu rationnelles que chacun, muré dans sa tranchée, ne veut plus rien entendre en provenance de l'extérieur. Certaines corporations de justice possèdent des caractères cléricaux où le sectarisme, la conviction de détenir la parole révélée l'emportent sur la traditionnelle pratique syndicale de la négociation. Le jeu dangereux du tout ou rien enferme ceux qui s'y livrent dans la délectation morose de l'incompréhension. J'ai déjà cité ce président de tribunal de grande instance qui soutenait qu'en dernière analyse l'institution judiciaire tirait sa force et son indépendance de sa bizarrerie institutionnelle et de sa pauvreté matérielle. Que dire de la grande enquête lancée par Robert Badinter sur la réforme du Conseil supérieur de la magistrature : il ne se dégageait aucune majorité sur les ques-

1. Daniel Soulez-Larivière utilise lui aussi cette expression dans *Justice pour la Justice, op. cit.*

tions posées alors qu'il s'agissait de la revendication préférée des organisations professionnelles de magistrats! Une telle dispersion, une telle atomisation rendent la négociation ordinaire quasi impossible : toute proposition de réforme partielle est critiquée par une partie du corps à qui elle s'adresse et les organisations professionnelles ou syndicales sont incapables de s'engager au nom de leurs mandants... qui ne les ont pas mandatés.

Dans un milieu où l'indépendance de chacun est la pierre angulaire du rapport avec tous, où l'irresponsabilité est le corollaire de l'action, la délégation n'existe pas. Et celui qui propose, en l'occurrence le gouvernement, ne peut s'attendre qu'à une réponse dilatoire : « On prend, mais on ne sait pas si cela nous convient. On ne peut pas vous dire. Il faut demander à tous. »

J'ai expérimenté ce dialogue cotonneux à propos de la réforme du statut de la magistrature : tous la réclamaient, mais personne ne savait ce qu'il voulait et jusqu'où il voulait aller. Chacun déplorait qu'elle n'aille pas plus loin, mais ce qu'elle contenait était tenu pour définitivement acquis. Dans ce faux dialogue, on ne conclut jamais. Malgré mon expérience et mon goût de la négociation, je n'ai jamais pu arrêter la pendule, faire signer un relevé de conclusions, et retrouver mes interlocuteurs pour dire avec eux ces mots simples : « Ça a été dur, mais on a fait du bon travail... » On dépense en vain ses efforts : ce que l'on a péniblement arraché au ministre du Budget ou au ministre de la Fonction publique, ce que l'on a obtenu du Premier ministre au terme d'arbitrages difficiles est reçu de mauvaise grâce par des interlocuteurs sans réel pouvoir. Il faut avoir connu ce sentiment de jeter du bois sec, chèrement acquis, dans un feu ronflant pour comprendre cette réflexion que me fit un jour un ancien garde des Sceaux, Maurice Faure : « Surtout, ne bouge pas, ça ne sert à rien et tu n'auras que des em... » La plupart des anciens gardes des Sceaux que j'ai rencontrés, qu'ils soient de droite ou de gauche, sont dans le même état d'esprit!

Je crois qu'ils se trompent. Comme la majorité d'entre eux, j'ai commis une erreur : l'erreur du réformisme progressif. L'institution produit un corporatisme mou, insaisissable et défensif. Il faut donc l'encercler d'un coup, le contraindre à choisir, à prendre ses responsabilités, et « toper » enfin avec un interlocuteur. Mais il faudra, pour y parvenir, remplir, à l'avance un certain nombre de conditions.

En premier lieu, faire de la justice un enjeu politique. Animer un débat public où seront proposés et discutés en détail les engagements et les mesures à venir. Cela ne peut se faire qu'à l'occasion d'une campagne électorale, législative ou présidentielle. J'entends déjà les objections concernant les risques de dérapage démagogique, de surenchère, voire d'incompétence pour aborder des questions aussi délicates et controversées. L'argument ne tient pas : on ne peut pas vouloir une chose et son contraire, sommer les responsables politiques d'assumer leurs responsabilités à l'égard de la justice et les priver d'en débattre sur leur terrain, dans leur langage, au moment du choix populaire. Car c'est là et là seul que la réforme de la justice peut être partagée par tous, en tant qu'œuvre commune.

Quand chaque Français choisira un bulletin de vote, il faut qu'il sache les conséquences de son choix sur le contenu et l'organisation de sa justice. Dans une démocratie, il n'y a pas de meilleur moyen et de meilleur moment pour donner la parole au peuple. Ainsi l'institution judiciaire sera rendue à son seul légitime propriétaire : le peuple français. Justice enfin partagée. C'est ainsi que doivent se prendre les décisions majeures. En 1981, lorsque nous mettions dans l'urne un bulletin « François Mitterrand », nous nous prononcions aussi pour l'abolition de la peine de mort. Tout le monde savait à quoi s'en tenir quant à la volonté du futur président d'aboutir sur ce point et parce qu'il l'avait annoncé. Robert Badinter put mener à bien la réforme la plus symbolique du premier septennat dès lors qu'elle reposait sur des suffrages d'opinion et non sur des sondages. Parce que la réforme judiciaire est difficile et qu'elle ne peut plus attendre, parce qu'elle est essentielle et suppose un soutien populaire, il faut que les partis et les candidats à la responsabilité suprême l'inscrivent parmi leurs engagements majeurs.

Le big bang de l'État de droit doit se préparer au vu et au su de tous pour être conduit au nom du peuple.

L'expérience nous enseigne que les grandes réformes s'accomplissent tambour battant au début d'un septennat ou d'une législature. Mais, moderniser une institution ne peut se faire sans l'adhésion d'une fraction de ceux qui en assurent la marche. Aucun homme politique ne parviendra à modifier l'institution judiciaire s'il ne s'est pas acquis un premier soutien chez les intéressés. Cela renforce la nécessité d'un « contrat global » négocié en bloc : c'est un programme d'ensemble, dont les grandes lignes seraient tracées par le chef de gouvernement ou le président de la République, qu'il faut d'entrée de jeu mettre sur la table de la négociation. C'est un vrai « compromis historique » qu'il faut négocier dans les premiers jours, avec une date butoir, un calendrier de mise en œuvre et un accord écrit engageant tous les partenaires. Tout doit être dit et annoncé avant l'élection : les partenaires doivent savoir, le suffrage universel l'ayant décidé, qu'il leur faudra accomplir une partie du chemin et s'élever au niveau des enjeux en se pliant au compromis et à la réforme à laquelle ils ont jusqu'ici répugné. On appellera ce rendez-vous qui aura associé le politique au judiciaire « les accords de Vendôme »...

La suite ne sera pas plus aisée. Il faudra soumettre immédiatement au Parlement les dispositions législatives nécessaires à la mise en œuvre du programme, en déduire les mesures réglementaires et traduire l'ensemble dans le calendrier budgétaire le plus rapproché. Il y faudra une volonté bien trempée. Et puisque nous imaginons un scénario, on peut le compléter en suggérant que ce travail soit confié à un homme politique de premier plan, ambitieux et expérimenté, pour conduire à leur terme les négociations et les débats parlementaires. Il ne me paraît pas nécessaire qu'il soit avocat ou magistrat...

Politique fiction? Pas du tout. La situation est telle que la réforme d'ensemble de notre justice est inévitable. Notre pays ne résoudra pas les problèmes que lui pose sa justice sans s'en emparer, sans y apporter une réponse globale. Pour réussir, la méthode employée est capitale, aussi importante que le contenu même des réformes dont les contours sont déjà connus. Tout dépend de la volonté politique qui animera les parties au contrat. Cette pédagogie politique a produit des effets dont la mémoire collective garde encore le souvenir comme les cent jours de Mendès France.

Quel contenu aurait ce contrat? Il faut s'attaquer aux moyens matériels de la justice, à ses relations avec le pouvoir politique, à la formation des magistrats, à la procédure pénale, et tant de choses encore... Tout y mettre alors? J'entends à nouveau les objections : il y a des mesures qui relèvent du Parlement, comme la procédure pénale, et d'autres du gouvernement, comme la dotation budgétaire. Pourquoi tout mélanger? Cette objection vise à enlever au big bang judiciaire son efficacité propre et rendre toute réforme impossible : il faut au contraire que tout y soit, dans tous les domaines de l'activité et du fonctionnement judiciaire, avec pour objectif avoué que tout le monde s'y retrouve, que chacun donne, abandonne et reçoive. Toujours le contrat.

On peut dresser une liste des chapitres qui devraient y figurer. On peut en imaginer d'autres. On peut diverger sur de nombreux points, qui pourront être réduits par la négociation. L'essentiel est de commencer à en débattre.

La discussion pourrait porter sur trois points qui sont déjà engagés : la redéfinition du ministère public, la réforme de la procédure pénale et la départementalisation de l'institution judiciaire.

Réaffirmer le rôle des procureurs de la République dans l'action de la justice et clarifier leurs relations avec le ministre sur le modèle que j'ai proposé, ne doit pas soulever de difficultés insurmontables. La majorité des magistrats le souhaite et la classe politique devrait s'y rallier. C'est une question essentielle car elle symbolise la tradition républicaine de notre organisation judiciaire. Il faut y mettre plus de transparence et préciser la responsabilité du ministre dans la conduite de la politique pénale, ce qui revient à insérer davantage de droit dans une relation aujourd'hui menacée par le vague et le non-dit.

La réforme de la procédure pénale et de l'instruction sera peut-être adoptée au cours de la session parlementaire de l'automne 1992 puisque le président de la République a réaffirmé sa volonté de voir le Parlement débattre du projet de loi préparé par Michel Sapin. Espérons que la réforme sera profonde et qu'elle verra le jour.

Pour éviter la critique que l'on voit déjà exprimée ici et là d'une « revanche » des politiques sur les juges d'instruction, la modification de notre procédure pénale doit être conduite au nom des libertés individuelles et de l'État de droit. La récente condamnation de la France par la Cour européenne de justice illustre l'urgente nécessité de réformer ce qui apparaît de plus en plus comme des zones de non-droit : la garde à vue et la détention provisoire. La Cour européenne a jugé, dans un arrêt qui pourrait faire jurisprudence, que le maintien pendant plusieurs années d'un inculpé en détention provisoire, malgré ses demandes réitérées de mise en liberté, constitue une atteinte aux droits fondamentaux de l'homme.

Mettons-nous hors de portée de ces critiques justifiées sur un terrain où notre tradition historique nous fait obligation de payer d'exemple. Introduisons les avocats lors de la garde à vue, retirons au juge d'instruction la possibilité de mettre en détention et de porter atteinte par sa seule volonté aux libertés individuelles, limitons la détention provisoire aux cas graves et pour un temps fixé à l'avance. Et recrutons sans barguigner la centaine de magistrats supplémentaires nécessaire pour mettre en œuvre cette réforme de la procédure pénale. Nous devrons faire face aux critiques de certains policiers qui n'aiment pas trop travailler en présence d'un avocat, et d'une majorité de juges d'instruction qui n'accepteront pas de voir leur pouvoir ainsi limité par une avancée de l'État de droit. Les tenants du discours sécuritaire reprocheront à la réforme de faire la part belle aux suspects et aux inculpés. Il faudra en effet distinguer nettement entre le voleur de pommes et le grand trafiquant de drogue. Mais nous devrons tenir bon ; les temps là aussi sont mûrs.

Quant à une départementalisation de la justice permettant, comme je l'ai proposé, une gestion rationnelle des moyens et des hommes, et autorisant une répartition efficace des contentieux, sans pour autant « fermer » le moindre tribunal, les résistances seront plus fortes. Une partie des magistrats du Siège, la majorité des avocats de province et tous les élus locaux se ligueront, toutes tendances confondues, pour refuser le changement au nom de leurs intérêts privés ou corporatistes qui se pareront des plus démagogiques couleurs. Sur ce point, l'État devra imposer l'intérêt général. La départementalisation est en effet la pierre angulaire du big bang. Sans elle, le Parquet restera impuissant à contrôler la police judiciaire et à imposer le respect du droit dans les enquêtes policières. Sans elle, il n'y aura pas de réforme de l'instruction qui suppose la spécialisation et le regroupement des magistrats instructeurs. Sans elle il n'y aura pas de démocratisation interne de l'institution. Cette réforme suppose l'augmentation substantielle du budget de la justice dont ne peuvent que se féliciter les gens de justice. On doit avoir le courage de poser les termes de l'échange : pas d'accroissement de la dotation budgétaire s'il n'y a pas une réorganisation du fonctionnement de l'institution. Dans l'état actuel de sous-administration, l'institution judiciaire est incapable d'employer efficacement des moyens financiers plus importants. La modernisation est donc coûteuse. L'archaïsme et l'éparpillement actuels sont encore plus onéreux pour la société. Tout le monde a intérêt à passer contrat selon les termes que je viens d'indiquer : les citoyens, les gens de justice et les finances publiques.

La modernisation de la justice, une fois la départementalisation acceptée, pourra se développer dans d'autres directions, tout aussi nécessaires.

Il en est une qui est urgente quoique difficile, c'est la rénovation de l'Administration centrale, de la partie parisienne du ministère de la Justice, en un mot de la place Vendôme. En y arrivant, j'ai eu la surprise de découvrir une administration chargée de gérer des hommes, des locaux, des moyens et des textes de loi, infiniment plus archaïque que l'administration de l'Agriculture qui ne passe pourtant pas pour un modèle de modernisme. J'ai tenté de moderniser par étapes le cœur de notre justice. Je suis parvenu à créer un Service des affaires européennes et internationales qui regroupe sous un commandement unique les magistrats et les fonctionnaires qui traitent du droit communautaire et du droit international, éparpillés jusqu'alors dans plus d'une dizaine de bureaux.

J'ai réussi à créer une sous-direction des professions judiciaires qui rassemble les bureaux chargés de suivre les problèmes des avocats, des huissiers, des notaires, etc., qui, eux aussi, étaient dispersés aux quatre coins des différentes directions. Mais j'ai échoué dans la tentative plus ambitieuse de créer une Direction générale du droit. Nous vivons depuis longtemps sur une division du travail devenue discutable : la Direction des affaires civiles et du sceau, composée d'excellents légistes, prépare les lois et les décrets qui dépendent du droit civil et du droit commercial. La Direction des affaires criminelles et des grâces prépare les lois et les décrets dépendant du droit pénal et suit au jour le jour l'action des procureurs. J'avais imaginé une répartition du travail plus transversale, qui aurait regroupé les équipes de magistrats par sujets : droit de l'entreprise, droit pénal et politique criminelle, etc., permettant à chaque secteur d'avoir une vue d'ensemble de sa responsabilité. Ceux qui préparent la loi auraient travaillé dans la même unité que ceux chargés d'en assurer l'application quotidienne. Cela revenait à fusionner les deux directions traditionnelles, et souvent concurrentes, en une seule grande Direction chargée de préparer et d'appliquer la loi. Schéma cohérent qui avait la faveur des spécialistes de l'Administration publique qui se sont penchés depuis dix ans sur le fonctionnement bizarre de la Chancellerie.

Après plusieurs mois de travail, j'ai commis l'erreur grossière de soumettre mon projet, sous forme d'organigramme, à une large consultation interne et externe. Je demandais même leur avis aux anciens gardes des Sceaux. À part des accusés de réception polis, et un soutien aimable et désabusé d'Albin Chalandon, le projet fut mis en pièces avec une ardeur et une férocité exceptionnelles. Bien sûr, les deux directeurs de la Civile et de la Criminelle qui savaient que l'un des deux au moins n'aurait pas de place dans mon projet ne furent pas mes meilleurs alliés. Les magistrats de l'Administration centrale, qui risquaient de changer de bureau, se mobilisèrent contre cette atteinte à leurs habitudes. Mais c'est de l'extérieur que les coups les plus durs furent assenés au projet : des conseillers d'État, le secrétariat général du gouvernement, certains conseillers techniques de l'Élysée et de Matignon savonnèrent la planche étroite sur laquelle je m'étais imprudemment engagé : j'allais créer un monstre administratif, le directeur général du droit aurait trop de pouvoir, ma réforme allait faire disparaître l'action publique... Tout fut bon. En fait, je dérangeais les puissances les mieux établies de notre système administratif et juridique et mon projet ne leur a pas résisté. En donnant au ministère de la Justice les moyens de devenir le grand ministère du Droit dont nous avons besoin, capable de peser d'un poids décisif sur la préparation des textes législatifs et réglementaires et d'en suivre efficacement l'application, je marchais sur les brisées de tous ceux qui, depuis quarante ans, fabriquent du droit dans leurs secteurs en échappant au contrôle et à la coordination légitimes de la Chancellerie. Les producteurs de réglementation bureaucratique, les fonctionnaires des administrations centrales qui, depuis 1958, sont devenus, plus que les parlementaires, les véritables rédacteurs des lois, ne souhaitaient pas être soumis à cet État de droit dont le ministère de la Justice devrait être le porte-parole naturel sous le contrôle du gouvernement. La mort dans l'âme, j'ai reculé sans abdiquer, pour ne pas tuer le projet, en attendant des jours meilleurs. Il faudra bien le reprendre; ce serait une façon efficace de manifester l'importance et l'indépendance de la justice que de confier au ministère de la Justice la prééminence technique et la coordination de la production des normes juridiques. Et pour donner une plus grande autonomie au ministère de la Justice, on pourrait, en même temps, le doter d'un service d'études statistiques ainsi que des moyens scientifiques d'une réflexion sur les pratiques de l'institution. Il n'existe pas en France de statistiques judiciaires fiables : l'évolution des contentieux est connue à partir de la compilation d'états administratifs dressés par les chefs de juridictions et de greffes!

Quant aux quelques unités de recherche qui travaillent

en convention avec le C.N.R.S., elles se concentrent presque exclusivement sur les questions pénales. J'ai tenté de les rapprocher de l'Institut des hautes études pour la justice. Mais l'ambition doit aller au-delà. Le ministère de la Justice doit avoir une véritable politique propre de recherche. Cet aspect n'est pas secondaire; il constitue un élément important de la solution à la crise de la justice : si l'on veut que les personnels judiciaires sortent du ressassement morose, il faut fournir à leur intelligence comme à leur réflexion des éléments de connaissance et des propositions solides qui sont les carburants éprouvés des administrations dynamiques.

Parvenus à ce point, nous pourrions alors entamer, toujours sous le regard de l'opinion publique, un autre chapitre du contrat, celui qui concerne la démocratisation de l'institution judiciaire dans son rapport avec les justiciables. Si nous voulons que la justice soit partagée par le peuple tout entier, il faut qu'elle reste proche du citoyen. Depuis quelques années, nous nous sommes lancés dans la création expérimentale de « maisons de justice » dans des quartiers périphériques des grandes agglomérations. Elles permettent – en général par l'intermédiaire des procureurs – aux populations de ces secteurs difficiles d'avoir un contact avec l'institution judiciaire et d'entendre la parole du droit qui n'est pas seulement sanction mais aussi protection. Michel Delebarre, alors ministre de la Ville, m'a aidé à donner une nouvelle impulsion à la création de ces lieux de droit.

Il faut les généraliser et donner une portée plus vaste à cette présence de la justice dans la vie quotidienne par la systématisation de la « médiation-conciliation ». Cette technique nouvelle part de l'idée que de nombreux conflits entre particuliers, mineurs et secondaires, encombrant les tribunaux, pourraient être réglés à l'amiable, par accord entre les parties, avec l'aide d'un médiateur-conciliateur dont le travail serait contrôlé par le procureur. Les premiers résultats sont encourageants, mais l'expérience dépend de la bonne volonté des procureurs de la République puisqu'ils décident de confier ou pas telle affaire au conciliateur. Créons un véritable corps de conciliateurs indemnisés pour le temps passé à raccommoder les accrocs de la vie quotidienne, comme le juge de paix d'autrefois savait si bien le faire.

Dans le même esprit, des assesseurs non professionnels, des échevins, choisis par le président du tribunal sur une liste de personnes volontaires siégeant dans les formations correctionnelles, permettraient d'associer les citoyens à l'œuvre de justice.

Pour réaliser ces réformes simples, à fort contenu symbolique, il faudra trancher entre les magistrats, très partagés à leur égard. Certains en sont les promoteurs zélés parce qu'ils refusent une justice éloignée des justiciables et ne fonctionnant qu'à la contrainte. D'autres écartent ces initiatives car elles distraient les magistrats de leur vrai métier de juge. Avec les précautions juridiques nécessaires, il faut dépasser cette ligne de clivage en engageant l'institution sur la voie de la médiation sous le contrôle d'un Conseil national de politique pénale.

En revanche, il ne sera pas facile de faire accepter aux magistrats la démocratisation interne de l'institution. Reconnaissons-le : la hiérarchie, les conventions, le souci de la carrière, le quant-à-soi... et l'indépendance étouffent, dans la plupart des tribunaux, toute tentative de démocratie. Les fonctionnaires des greffes en souffrent le plus, au point de demander à leur tour les garanties de leur indépendance. Or, il s'agit là d'un problème crucial qui peut s'énoncer simplement : les tribunaux qui marchent bien, où les magistrats et fonctionnaires se déclarent heureux de leur métier, pratiquent la démocratie dans le fonctionnement quotidien de la juridiction. La conclusion est claire : il faut rendre obligatoire la prise collective d'un certain nombre de décisions essentielles, telles que le budget. Cela n'ira pas de soi, tant l'institution y est peu habituée, mais la départementalisation, en permettant la déconcentration de la gestion et des assemblées générales plus nombreuses, devrait faciliter cette modification vitale des pratiques et des comportements. Une justice plus proche du citoyen et plus attentive à ses demandes ne peut pas vivre selon un modèle hiérarchique et autoritaire. Elle doit aussi fonctionner selon l'État de droit.

Si la négociation contractuelle est parvenue jusqu'à ce

point, il faudra en venir aux magistrats eux-mêmes, à leur carrière et à leur indépendance. Leur demander d'abord d'accepter une plus grande ouverture du corps sur l'extérieur. Le recrutement latéral qui consiste à intégrer sur épreuve des juristes d'autres professions reste très faible en France. Tout le monde gagnerait à accueillir plus largement et plus généreusement des avocats, des juristes d'entreprises, des fonctionnaires au sein de la magistrature. La justice, à l'image des tribunaux de commerce, bénéficierait de l'expérience technique, professionnelle, humaine de personnes qui décideraient en connaissance de cause de revêtir la robe de magistrat. Les justiciables apprécieraient de rencontrer dans l'institution des hommes et des femmes qui ont vécu ailleurs, qui connaissent autre chose que l'École nationale de la magistrature et les salles d'audience. Bon nombre de magistrats sont rétifs à cette perspective pour des raisons humaines de déroulement de carrière. Ils n'aiment pas que d'autres, venus de l'extérieur, retardent ou compliquent leur avancement. Cette « respiration » du corps des magistrats avec le reste de la société sera plus facilement acceptée si les traitements des magistrats sont réévalués. Faut-il, comme certains le proposent, sortir les magistrats de la grille de la fonction publique pour pouvoir les augmenter? Le mieux étant l'ennemi du bien, je ne suis pas sûr que l'État puisse prendre le risque de la contagion. Mais il reste les primes, beaucoup plus souples, qui pourraient permettre la juste compensation du travail accompli. J'avais calculé qu'une forte revalorisation entraînait pour le budget de l'État une dépense supplémentaire de 500 à 800 millions de francs par an. Cela n'est pas impossible. Comme n'est pas hors de portée l'augmentation générale du budget de la Justice.

J'en ai souvent parlé avec mes collaborateurs : « De combien faudrait-il disposer pour pouvoir faire face aux besoins normaux de la justice, y compris l'Administration pénitentiaire et la Protection judiciaire de la jeunesse? » Nous avions fini par arrêter un chiffre, qui correspond à une estimation réaliste des besoins en même temps que supportable par nos finances publiques : un milliard de francs constants supplémentaires par an pendant cinq ans, ou mieux sept ans. Nous porterions ainsi le budget de la Justice de 18 à 25 milliards de francs au terme de la période. Nombreux sont ceux qui, dans la magistrature, souhaitent un doublement du budget. Et 36 milliards de francs représenteraient à peu près l'actuel budget du ministère de l'Agriculture. Si la réconciliation de la justice avec la société est à ce prix-là, la question mérite d'être débattue, à la condition que l'on sache comment et à quoi utiliser ce surcroît de moyens. Quel que soit le chiffre retenu, le « big bang judiciaire » représentera un effort considérable de la part de l'État et de la société pendant de nombreuses années. Cet effort a un prix que les gens de justice doivent comprendre et accepter : la fin de la crise!

Il y faudra d'autres efforts encore, en particulier dans le domaine symbolique. Sans reprendre les débats sur l'indépendance de la magistrature, en partie imaginaires, en partie réels (puisque l'opinion est persuadée de la dépendance de la justice), on ne dépassera pas le climat de suspicion actuelle sans une réforme constitutionnelle du Conseil supérieur de la magistrature, comme le président de la République en a ouvert la voie. Cet organisme prévu par la Constitution de 1958, composé de neuf membres dont six magistrats choisis par le président de la République, propose au garde des Sceaux et au chef de l'État la nomination et la promotion des magistrats. On lui reproche d'être trop dépendant du président de la République. Nombreux sont ceux qui y voient la pierre d'angle d'une justice plus indépendante. Pas question bien sûr de rompre le lien avec le chef de l'État, élu du peuple et constitutionnellement chargé de nommer les magistrats. Quant aux membres du Conseil, on peut imaginer de nombreux systèmes de désignation à la condition qu'ils ne les mettent ni sous la coupe de la politique ni sous la coupe des syndicats. Nous devons confier cette responsabilité à des magistrats sages et respectés. Nous n'en sommes aujourd'hui plus tellement éloignés. L'essentiel de la réforme du Conseil supérieur de la magistrature devrait plutôt porter sur ses pouvoirs afin de lui donner les moyens de gérer le corps des magistrats avec le plus d'efficacité et d'impartialité possible. Je propose que, pour la durée de leur mandat, les membres du Conseil supérieur de la magistrature y soient détachés à plein temps, secondés par des assistants et qu'à l'issue de leur mandat, ils choisissent eux-mêmes leur affectation parmi les postes libres afin que leur indépendance soit assurée. Le Conseil supérieur de la magistrature deviendrait l'organe chargé de veiller à l'indépendance de chaque membre du corps, au bon fonctionnement des juridictions et de contrôler la gestion des services judiciaires. Ce travail de surveillance prendrait une forme publique par la présentation annuelle d'un rapport au président de la République sur « l'état de justice » du type de celui de la Cour des comptes. Et quitte à débattre sur le mode de désignation de ses membres, on veillerait d'abord à lui donner pouvoir et autorité autonome confirmés dans la Constitution elle-même.

Le Conseil supérieur de la magistrature ainsi réformé, il resterait à accomplir un autre pas pour doter notre pays de juges plus indépendants, plus impartiaux, plus libres : la réforme de leur formation. L'indépendance du juge n'est pas un privilège relevant de l'éthique et des valeurs, mais une nécessité fonctionnelle : nous avons besoin d'un juge indépendant, libre de toute influence, pour pouvoir lui accorder notre confiance. L'indépendance ne sera jamais assurée par la vertu d'un statut juridique ou l'existence d'une autorité supérieure. Elle dépend aussi de la compétence, de la sûreté psychologique, de la sérénité et de l'expérience de celui qui doit restaurer la paix civile. Les magistrats solides, bons techniciens et respectés dans leur juridiction n'ont pas d'états d'âme, en ce qui concerne leur indépendance. Nous devons assurer à chacun les conditions nécessaires à cette liberté. L'amélioration des moyens matériels en fait partie, mais aussi une formation axée sur la déontologie, l'obligation de la mobilité, seule source d'une connaissance du monde social, ainsi qu'une présence plus durable dans le premier poste... Tout cela peut être discuté, dès qu'on s'accorde sur la relation entre l'indépendance du juge et sa compétence, jamais acquise par sa seule inscription dans la Constitution.

Le contrat entre la société et sa justice pourrait se clore

sur ce chapitre. On peut en imaginer d'autres, portant par exemple sur l'univers carcéral et l'administration pénitentiaire... Mais l'essentiel s'y trouve : plus de liberté, plus d'efficacité, plus de démocratie, plus de moyens, plus d'indépendance. Le plus dur reste à faire : s'engager solennellement et réciproquement à la mise en œuvre de ce contrat entre la société et sa justice, signer sous le regard du peuple et de ses représentants cette justice enfin partagée.

Est-ce impossible ? Prenons le temps de nous y préparer, avec la volonté commune d'aboutir. Car nous avons besoin d'aimer notre justice pour que vive la République des droits de l'Homme.

ANNEXES

ANNEXE 1

AUDITION DE HENRI NALLET DEVANT LA COMMISSION D'ENQUÊTE SUR LE FINANCEMENT DES PARTIS POLITIQUES ET DES CAMPAGNES ÉLECTORALES (18 septembre 1991)

I. Rappel du droit en vigueur lors de la campagne présidentielle de 1988

Aux termes de la loi qu'a fait voter en mars 1988 le gouvernement de M. Chirac, les trésoriers de campagne se sont vus pour la première fois contraints d'établir un compte de dépenses et de recettes, et ce à dater de l'entrée en vigueur de la loi, c'est-à-dire du 13 mars. François Mitterrand n'ayant déclaré sa candidature que le 22 mars, je me suis trouvé dans une situation un peu particulière par rapport à mes collègues. Je n'ai occupé la fonction de trésorier que 52 jours, du 23 mars au 8 mai 1988, et *j'ai été le seul à pouvoir rendre compte de la totalité des dépenses engagées par le candidat* pour lequel je travaillais, tous les autres s'étant déclarés avant le 13 mars. Ma situation est donc un peu particulière, mais plus claire que celle des autres.

II. La loi Chirac obligeait à distinguer les dépenses des candidats des dépenses des partis qui les soutenaient

La loi de 1988 faisait une distinction très nette entre comptes de campagne du candidat et comptes des partis ou groupements le soutenant. M'étant plié, bien sûr, à cette exigence de la loi, j'ai pris en compte strictement les *dépenses et recettes de la campagne de François Mitterrand, engagées entre le 23 mars et le 8 mai 1988.*

Bien sûr, le parti socialiste a commencé sa campagne avant cette date. Il savait qu'il aurait un candidat à l'élection présidentielle, même si le doute était permis quant à l'identité de ce candidat. En attendant que la question soit tranchée, le parti a donc fait une pré-campagne, qui s'est traduite à la fois par l'expression de ce qui était peut-être son souhait et par le rappel de ce qui était à ses yeux l'acquis du premier septennat. C'est ce que l'on a appelé la pré-campagne « Génération Mitterrand ». Je n'étais pas, et n'ai jamais été le trésorier du parti socialiste, mais j'ai entendu André Laignel expliquer, à plusieurs reprises, que les deux vagues d'affichage de cette pré-campagne avaient coûté 30 millions de francs.

III. Les grands chapitres de dépenses de la campagne

Pendant cette cinquantaine de jours, j'ai engagé pour 99 millions de francs de dépenses, réparties en trois grands chapitres.

• D'abord *les frais de communication*, c'est-à-dire les affiches, différents documents comme le journal de campagne, la petite brochure connue sous le nom de *Lettre aux Français*, ainsi que le coût des panneaux d'affichage, de la location d'espaces dans les journaux, de la conception et de la fabrication des affiches. Pour ce poste, indiscutablement le plus important, *j'ai annoncé au Conseil constitutionnel 60 millions de francs de dépenses.*

Incontestablement, ce qui coûte le plus cher, ce sont les dépenses relatives *à l'affichage commercial* et aux panneaux 4 × 3 m. J'ai utilisé en deux vagues 16 000 panneaux 4 × 3 m, qui ont coûté *22 millions de francs.* A cela s'ajoutent 2 millions pour ce qu'on appelle les panneaux ruraux, plus petits et en dehors des grands axes.

D'autre part, la question de *la publicité dans les journaux* m'a beaucoup préoccupé pendant la campagne, car nous constations que les autres candidats en usaient beaucoup, dans les hebdomadaires notamment. Nous nous sommes contentés quant à nous de louer des espaces dans les journaux pour diffuser des extraits de *la Lettre aux Français* : dans trois quotidiens nationaux – *Libération, Le Monde,* et *Le Parisien libéré,* ce qui nous a d'ailleurs valu des coups de fil aigres des autres journaux – et dans 19 quotidiens régionaux dont je tiens la liste à votre disposition. Cela nous a coûté pour quelques jours *11 millions de francs,* ce qui est une dépense considérable.

• Le second chapitre concerne *les meetings et déplacements.* François Mitterrand n'a fait que sept meetings, plus un déplacement aux Antilles fin avril, mais il s'agit d'opérations coûteuses : il faut beaucoup d'argent pour assurer une bonne sonorisation, un bon éclairage, etc. D'où une dépense de près de *25 millions.*

• Restent *15 millions* consacrés aux frais de campagnes sectorielles, par exemple en direction des jeunes, et aux frais de structures, comme la location d'un local, le téléphone, les timbres et l'emploi de quelques salariés au siège de l'avenue Franco-Russe.

IV. Les recettes de la campagne

Comment ai-je pu financer ces dépenses?

• D'abord, la loi de 1988 – c'était là une innovation – permettait aux candidats de recevoir en toute transparence les *dons d'entreprises et de particuliers.* J'ai exploité cette possibilité autant que je l'ai pu, puisqu'elle correspondait à une volonté de transparence exprimée aussi bien par le président de la République que par le Premier ministre de l'époque. J'ai ainsi reçu par chèques *16 millions de francs,* dont 9 des entreprises et 7 des particuliers, qui ont tous donné lieu à la *délivrance d'un reçu,* puisque ces sommes étaient déductibles fiscalement.

• Viennent ensuite *les dons en espèces* recueillis grâce aux souscriptions. Environ 400 000 bons de 25 F ont été diffusés nationalement par les comités de soutien, les élus et lors des grands meetings. Le total de ces souscriptions a atteint *11 millions.*

• Troisième source de financement, *les contributions des partis politiques et groupements,* et surtout des groupes parlementaires soutenant François Mitterrand, soit *37 millions. Le parti socialiste a versé à la trésorerie de la campagne présidentielle 24,4 millions,* le groupe parlementaire de l'Assemblée nationale qui a fait un gros effort, vous en savez quelque chose, 6 millions, la Fédération nationale des élus socialistes et républicains 4,3 millions, le mouvement des radicaux de gauche 2 millions et le groupe parlementaire européen 500 000 F, ce qui était relativement modeste.

• *Les recettes inscrites à ces trois premiers chapitres s'élèvent à 64 millions.* Il y en a un quatrième : grâce à une autre innovation de la loi de 1988, destinée à assurer un minimum d'égalité entre les candidats, les recettes ont été complétées par *l'aide de l'État* : candidat au second tour, François Mitterrand a reçu *35 millions de francs à ce titre.*

V. Il n'y a pas eu de financement occulte par Urba

On m'a accusé, notamment M. Gaudino dans son livre *L'Enquête impossible,* d'avoir reçu, pour cette campagne, 24 millions de francs en provenance d'Urba-Technic.

Lorsque M. Gaudino prétend que ces 24 millions que j'ai reçus du parti socialiste seraient en fait de l'argent occulte, puisque, selon lui, Urba-Technic aurait versé la même somme au parti socialiste, il procède à un amalgame et son raisonnement me paraît faible. Pourquoi ? Ni André Laignel ni Henri Emmanuelli n'ont nié l'existence de relations entre Urba-Technic et le parti socialiste, mais tous deux ont affirmé que ces relations n'ont jamais consisté en des versements de fonds, mais seulement en la prise en charge de certaines dépenses. Ce point pourra d'ailleurs être vérifié lorsque le P.-D.G. d'Urba-Technic s'expliquera devant les tribunaux fin novembre. Le parti socialiste a plus de 100 000 adhérents, des sympathisants, des élus, un groupe parlementaire qui lui reverse chaque année, comme j'ai pu le constater lorsque j'en étais membre, 20 à 25 millions. Croyez-vous vraiment qu'un tel parti soit incapable de consacrer 24 millions à la campagne de son candidat, sans recourir à un financement occulte? Enfin, par rapport aux 40 millions versés par son parti à un autre candidat, que vous connaissez bien, sur lesquels je ne me suis jamais interrogé, la somme de 24 millions ne me paraît pas choquante, et ne devrait pas vous surprendre.

Ce n'est d'ailleurs pas M. Gaudino qui a lancé le premier cette insinuation. La première fois qu'on lit que pour sa campagne présidentielle, François Mitterrand a sans doute perçu de l'argent occulte en provenance d'Urba, c'est, avec à l'appui le document dont se servira aussi M. Gaudino, à savoir les fameux cahiers de Joseph Delcroix, dans un article du *Nouvel Observateur* de novembre 1989. A ce moment, étant encore ministre de l'Agriculture, j'ai fait immédiatement un procès en diffamation au *Nouvel Observateur. J'ai gagné* et le journal n'a pas fait appel. Par la suite, à partir du même document et suivant le même raisonnement, M. Gaudino articule la même *diffamation* – je peux employer ce terme, puisque les juges l'ont qualifiée ainsi – en procédant au même *amalgame entre un bureau d'études comme Urba-Technic, un parti et l'organisation de campagne de François Mitterrand, alors que la loi imposait des comptes distincts.* A l'époque où cette diffamation a été reprise, non seulement par M. Gaudino, mais aussi par certains parlementaires désireux de disqualifier un collaborateur du président de la République, j'étais malheureusement – si je puis dire – devenu ministre de la Justice.

Or, selon une tradition sur laquelle je m'interroge, le garde des Sceaux n'intente jamais de procès en diffamation, ce qui permet de le traiter de tous les noms sans aucun risque. Qu'on se souvienne du sort réservé ici ou là à mes prédécesseurs!

Je le répète une fois encore, avec le plus de précision possible : non, *la campagne présidentielle de François Mitterrand n'a pas perçu d'argent occulte, ni directement, ni indirectement, ni d'Urba, ni d'un de ses satellites, ni d'ailleurs.*

A l'appui de cette affirmation, je présenterai trois arguments :

• D'abord, en deux ans, *cette diffamation n'a jamais reçu le plus petit commencement de preuve.* C'est uniquement l'exploitation intense des cahiers de Joseph Delcroix, qu'un hebdomadaire a même publiés dans leur intégralité – ce qui m'a permis d'en prendre connaissance –, qui conduit à cet amalgame entre l'action d'un bureau d'études et la campagne de François Mitterrand. Ces cahiers racontent avec beaucoup de détails toutes les réunions tenues à Urba-Technic, entre délégations régionales ou au niveau national, de 1983 à 1989. Or, *mon nom n'y figure nulle part*, l'expression de « trésorier de François Mitterrand » non plus. Si j'avais bénéficié du transfert occulte de 24 millions – ce qui n'est pas rien – ou, pire encore si je l'avais organisé, croyez-vous qu'un greffier aussi méticuleux que Joseph Delcroix aurait oublié de le signaler?

• Deuxième argument, plus technique : si, comme trésorier de campagne, j'avais bénéficié directement ou indirectement du versement d'argent occulte, *les comptes que j'ai fournis au Conseil constitutionnel se seraient présentés différemment*. En effet, comme les trésoriers du parti socialiste, MM. Laignel et Emmanuelli, l'ont indiqué publiquement à diverses reprises, lorsque Urba-Technic aidait le parti socialiste, c'était en prenant en charge des dépenses, jamais en transférant des fonds. Si j'avais bénéficié d'une aide du même type, le même mécanisme aurait joué. Les dépenses prises en charge par Urba n'auraient pas figuré dans le document soumis au Conseil constitutionnel, qui comporte toutes les factures que j'ai acquittées. J'aurais donc eu des dépenses moins importantes. Comment dès lors expliquer que *le trésorier qui a dirigé la campagne la plus courte et organisé le moins de meetings est celui qui a déclaré au Conseil constitutionnel les dépenses les plus importantes? Non, il n'y a pas de place, dans mes comptes, pour de l'argent occulte.*

• Enfin, un autre argument, que je n'ai pas souvent évoqué en public : *cet argent occulte, je n'en avais pas besoin!* Pour une raison très simple! Rappelez-vous, en 1988, on attendait la candidature de François Mitterrand, on réclamait qu'il se déclare, du moins une grande partie des Français... Il l'a fait le 22 mars 1988. Quelques jours plus tard, les premiers sondages le plaçaient déjà nettement en avance. Et je dois dire qu'au fur et à mesure que sortaient ces sondages – voilà mon aveu! – *il devenait de plus en plus facile de financer la campagne de François Mitterrand!* J'ai ici la liste des *26 000 chèques que j'ai reçus d'entreprises ou de particuliers*, qui toutes et tous ont eu un reçu. Tous les noms, toutes les sommes, toutes les dates figurent sur ce document. Certains seraient peut-être surpris d'y découvrir, surtout fin avril ou début mai, les noms d'entreprises dont les dirigeants ne sont pas particulièrement connus pour être des militants socialistes...

On y trouve d'ailleurs le nom d'Urba pour un chèque de 50 000 F (don maximum autorisé par la loi), un chèque de Gracco pour également 50 000 F, ainsi que deux chèques de deux autres sociétés (Expimo et Valorimmo) faisant partie du G.I.E. Urba-Technic, l'un de 50 000 F, l'autre de 20 000 F. Ces quatre sociétés et ces quatre chèques figurent dans le document récapitulant la liste des 26 000 chèques reçus. Il ne s'agit donc pas d'argent occulte.

Je répète ce que j'ai toujours dit, en parlant aujourd'hui sous serment : *j'affirme, j'assure, je jure que la campagne dont j'ai assuré la trésorerie n'a pas reçu d'argent occulte, ni directement ni indirectement, ni d'Urba-Technic ni d'aucun de ses satellites.*

VI. Les insuffisances de la loi Chirac de 1988

Que faut-il penser des lois de 1988 et de 1990 sur la transparence des financements des campagnes et des partis politiques?

Il est trop tôt pour dire si la loi de 1990 va assurer la transparence des financements des campagnes et des partis politiques, mais elle comble deux lacunes de celle de 1988, dont je n'ai d'ailleurs jamais dit qu'elle était mauvaise. Elle a apporté un progrès, mais comportait deux grandes lacunes.

Première lacune : *le Conseil constitutionnel* recevait les comptes des candidats, vérifiait leur conformité avec le plan comptable et leur cohérence, mais *n'exerçait pas un contrôle* détaillé des déclarations de chacun.

Deuxième lacune, qui me paraît comblée par la loi de 1990 : *la loi de 1988 excluait volontairement de son champ les dépenses des partis politiques pendant la pré-campagne et la campagne.* Et c'est bien de cette lacune que viennent tous les problèmes et, en particulier, tous les amalgames, insinuations et diffamations dont j'ai parlé ! Les partis qui soutenaient un candidat n'avaient pas à rendre compte de leurs dépenses et ce, au nom de la liberté des partis garantie par la Constitution, comme avait dit M. Pierre Mazeaud, rapporteur de cette loi. C'était un argument très fort! Soit, mais alors *que l'on ne reproche pas à quelque trésorier que ce soit de ne pas répondre des dépenses effectuées par les partis puisque cela lui est interdit par la loi!* Il y avait là un manque dans le dispositif qui devait être comblé, car ce système avait un autre inconvénient grave, celui *d'avantager les candidats qui sont soutenus par de grands partis,* qui ont de grands moyens. Il avantageait aussi, soit dit en passant, les candidats qui s'étaient déclarés *avant la promulgation de la loi,* puisque les dépenses engagées avant le 13 mars n'étaient pas prises en compte. Il est bon que désormais l'ensemble des dépenses des partis soit pris en compte, au nom du principe d'égalité des candidats.

La loi de 1988 a constitué un grand progrès et, sans elle, sans l'obligation de transparence qu'elle a instituée, nous ne disposerions toujours pas de comptes rigoureux. Elle avait toutefois deux défauts, je le répète, à savoir l'absence de contrôle réel et la non-prise en compte des dépenses engagées par les partis; la loi de 1990 a essayé d'y remédier, mais cela ne veut pas dire qu'elle soit parfaite. Le président de la Commission nationale des comptes de campagne a eu l'occasion de faire des observations qui ont d'ailleurs déjà amené le Conseil constitutionnel à préciser certains points, notamment les conditions de prise en charge des sondages utilisés par les candidats, ce qui ne va d'ailleurs sans doute pas faire plaisir à tout le monde.

L'important est que nous disposions de règles claires et respectées.

Il faut à la fois veiller à l'application de la loi et prévenir certaines difficultés auxquelles les candidats seront confrontés du fait même qu'elle est très sévère. Certaines de ses dispositions ont été critiquées, notamment par les directeurs de la communication, mais tout ce qui tend à *assurer davantage d'égalité entre les candidats*, par exemple en les obligeant à recourir à des techniques et à des procédés moins coûteux, en les invitant à retrouver le chemin des préaux des écoles, tout cela est bon pour la démocratie.

ANNEXE 2

COMMUNICATION EN CONSEIL DES MINISTRES « MODERNISER LA JUSTICE... » (12 juin 1992)

Confrontée à une demande sans cesse croissante des justiciables, et à l'intensification des échanges internationaux, tant sur le plan économique que social, l'institution judiciaire doit à la fois assurer un service de qualité, être accessible à tous et garantir le respect des droits fondamentaux.

Aussi, le gouvernement a-t-il décidé d'inscrire la modernisation de l'institution judiciaire parmi ses priorités et d'engager, conformément à la volonté du président de la République, un effort pluriannuel afin de mettre la justice française en état de répondre à ces enjeux.

Les actions de modernisation de la justice seront à ce titre conduites dans un cadre cohérent, et organisées à partir de trois orientations :

- améliorer le fonctionnement du service public de la justice en renforçant ses moyens et en les valorisant dans le cadre d'une organisation rénovée;
- faciliter l'égalité d'accès au droit à la justice de tous les justiciables par une simplification des règles de droit et des procédures;
- renforcer les garanties de respect des droits fondamentaux du citoyen.

Ces orientations seront également défendues sur le plan international par le ministre de la Justice qui s'organisera de façon à valoriser efficacement notre système juridique et judiciaire.

I. Une institution bénéficiant de moyens renforcés et mieux valorisés

L'adaptation des moyens humains et matériels de l'institution judiciaire doit s'appuyer sur une meilleure connaissance des mutations sociales et de l'évolution des contentieux et reposer sur des outils de programmation. Elle sera poursuivie dans le cadre d'un effort pluriannuel.

Pour être pleinement efficace, cette adaptation s'accompagnera d'une réforme de l'organisation judiciaire qui prendra en compte la nécessaire évolution des métiers et le développement du dialogue social.

1°) Le département est l'échelon géographique pertinent de dialogue entre l'autorité judiciaire, les administrations de l'État et les élus, d'analyse des besoins, et de gestion des moyens.

Le ministère de la Justice étudiera d'ici le mois de juin 1992 les modalités d'une réforme de l'organisation judiciaire permettant de structurer les moyens de la justice autour de tribunaux départementaux et de renforcer le rôle d'animation des cours d'appel. Ce n'est qu'à l'issue de ce travail, et dans le cadre départemental, que pourront être envisagées, de manière concertée, d'éventuelles adaptations de la carte judiciaire actuelle.

Parallèlement, la déconcentration au profit des cours et tribunaux sera développée. Dès la fin 1991 des échelons déconcentrés seront mis en place dans une dizaine de départements.

Des schémas directeurs d'équipements seront progressivement mis en place dans l'ensemble des départements, en association avec les cours d'appel et juridictions concernées, et en concertation avec les autorités administratives et politiques locales sous la responsabilité de la Délégation générale au programme pluriannuel d'équipement récemment créée :

– 10 départements verront l'étude de leur schéma directeur engagée dès le mois de juin 1991 et terminée avant la fin de l'année.

– 16 nouveaux départements disposeront de leur schéma dans le courant de l'année 1992.

Les autres départements disposeront, à la diligence des autorités judiciaires concernées, de schémas directeurs d'initiative locale, dont les premières études seront engagées en 1992 avec l'appui de la Délégation générale.

L'informatisation des juridictions sera activement poursuivie par la mise en œuvre progressive du schéma directeur adopté en 1990. L'informatique d'initiative locale financée par des crédits déconcentrés sera encouragée.

Un effort particulier sera fait pour une meilleure évaluation des gains d'efficacité induits par l'informatisation.

2°) Une meilleure organisation du travail judiciaire sera obtenue par une redéfinition des métiers et une adaptation des statuts.

L'enrichissement des métiers fera l'objet d'une définition statutaire des vocations des actuels corps de greffiers en chef et greffiers, précisant leurs missions d'aide à la décision, d'administration, ainsi que les fonctions spécialisées (informatique-bureautique, enseignement professionnel). Des transferts de compétence seront mis en œuvre au profit de ces corps dans les domaines non contentieux. Ces transformations seront accompagnées d'une meilleure spécialisation, et d'une meilleure articulation entre la formation initiale et la formation permanente en vue d'ouvrir la voie à une gestion moderne des carrières. L'unité des corps sera intégralement préservée. Ces professions seront communes aux cours et tribunaux, et aux conseils de prud'hommes.

La politique de restructuration et de transformation d'emplois sera poursuivie et résolument orientée vers un rééquilibrage de la pyramide des corps.

Le développement de l'aide à la décision et les effets de la loi sur le surendettement seront pris en compte dans la politique d'emplois de la Chancellerie. Les modes d'organisation nouveaux du travail (verticalisation) seront généralisés.

Les dispositions statutaires feront place aux garanties en matière d'évaluation et de transparence dans les affectations et mutations. Ces corps bénéficieront d'un régime indemnitaire particulier traduisant la spécificité du mandat de justice et la technicité nouvelle des métiers.

C'est également à une valorisation du métier de magistrat que tendent les dispositions du projet de loi organique réformant le statut des magistrats, qui réalisent une dissociation du niveau hiérarchique et de la fonction au sein du second grade et permettent ainsi aux magistrats d'approfondir leur expérience sans sacrifier leurs intérêts de carrière. Ce dispositif sera complété par la poursuite de la restructuration du corps judiciaire, dont 1991 marque une première étape. La création d'emplois de vice-président spécialisé, permettra aux plus qualifiés des juges spécialisés de faire profiter le service public de la justice de leur expérience professionnelle.

Afin d'accompagner la valorisation des métiers, l'effort d'approfondissement et de diversification de la formation initiale et de la formation continue, dont l'École nationale de la magistrature et l'École nationale des greffes ont la responsabilité, sera poursuivi.

3°) Une participation accrue de l'ensemble des personnels à la gestion de l'institution sera assurée par la généralisation dès 1992 des comités techniques paritaires régionaux, l'extension du rôle de la commission permanente de l'assemblée plénière des magistrats et fonctionnaires dans les juridictions, le développement des procédures permettant l'expression directe des personnels, la mise en place des moyens permettant l'exercice effectif des droits syndicaux.

II. Des procédures simplifiées, accessibles à tous

La judiciarisation progressive de notre société se traduit, au fil des ans, par un alourdissement continu de la charge des juridictions. Dans le même temps où celles-ci se voient sollicitées d'intervenir dans une multiplicité de contentieux – parfois au détriment de leur fonction centrale qui est de dire le droit –, le justiciable constate que la justice tend à devenir sans cesse plus complexe, plus lente, et plus coûteuse. Le garde des Sceaux recherchera systématiquement tous les moyens permettant à la fois d'alléger la charge des juridictions et d'offrir des moyens de traitement adaptés aux différents contentieux. Il proposera au gouvernement les textes correspondant à cet objectif.

1°) Le nouveau régime d'aide juridique en cours d'examen par le Parlement entrera en vigueur dès le 1er janvier 1992. Bénéficiant de moyens considérablement accrus, il assurera à un plus grand nombre de nos concitoyens dont les revenus sont modestes la garantie d'une défense de qualité.

Dans le cadre tracé par cette loi, le gouvernement favorisera toutes les initiatives visant à un meilleur accès à la connaissance de leurs droits par les catégories les plus sensibles de la population. Les ministères de la Justice et de l'Éducation nationale se rapprocheront pour définir ensemble les modalités d'une information dès l'école, sur notre système de droit et de procédure, trop souvent méconnu (et confondu avec le droit anglo-saxon popularisé par les médias).

Un effort particulier sera engagé pour améliorer les conditions d'accueil du public dans les juridictions. Dans ce cadre seront encouragées les implantations de « maisons de justice » dans les zones urbaines sensibles.

2°) Le garde des Sceaux et le ministre délégué s'attacheront à rechercher systématiquement pour chaque type de contentieux les modalités de traitement les plus adaptées.

Le garde des Sceaux et le ministre délégué rechercheront systématiquement les possibilités de traiter plus efficacement par des voies autres que judiciaires certains contentieux répétitifs, dans l'esprit du texte qui sera soumis très rapidement au gouvernement sur les chèques et moyens de paiement.

Pour d'autres contentieux dans lesquels l'ordre public n'est pas gravement mis en jeu, les tribunaux seront invités à développer des procédures de conciliation et de médiation permettant d'accélérer l'indemnisation des victimes et de ne pas stigmatiser l'auteur des faits.

3°) Dans l'esprit du texte en cours d'adoption sur les procédures civiles d'exécution, le garde des Sceaux et le ministre délégué prendront des dispositions destinées à améliorer, tout en évitant les abus, l'exécution effective et rapide des décisions de la justice, notamment au profit des victimes. L'ensemble de ces dispositions d'exécution seront inscrites dans un nouveau code, clair et accessible à tous.

Dans le même esprit seront développées, en concertation avec les collectivités territoriales, les peines alternatives à l'emprisonnement permettant d'assurer, chaque fois que possible, à la fois une exécution rapide de la sentence et une réparation du préjudice causé.

4°) A partir de la session d'automne 1991 seront soumis au Parlement différents textes poursuivant la modernisation du droit :

– la réforme du Code pénal sera poursuivie en ce qui concerne le livre II (atteintes aux personnes), et complétée par l'examen des livres III (atteintes aux biens) et IV (infractions contre la chose publique) ;

– le droit des entreprises sera modifié de façon à améliorer les conditions juridiques de leur compétitivité : création de la société anonyme simplifiée et de la fiducie

– l'adaptation du droit des personnes sera poursuivi. Un effort de regroupement des contentieux familiaux actuellement éclatés entre plusieurs juridictions sera entrepris en direction d'une juridiction unique de la famille. Les textes législatifs nécessaires seront soumis au Parlement.

III. Des garanties renforcées pour le citoyen

Notre tradition judiciaire, renforcée par les engagements internationaux souscrits par la France, nous impose d'aller sans cesse plus loin dans la garantie du respect des droits fondamentaux. La première de ces garanties réside dans l'impartialité du juge, dont son indépendance est la première des conditions.

1°) Le gouvernement vient d'adopter deux projets de loi organiques renforçant les garanties d'indépendance de la justice dans le cadre tracé par notre Constitution. Leur vote d'ici la fin 1991 assurera une transparence accrue dans la gestion des carrières, une séparation du grade et de l'emploi favorisant le professionnalisme, une amélioration du recrutement, et une ouverture de la magistrature sur d'autres fonctions d'État destinée à enrichir son expérience et sa pratique du corps social.

Dans le même esprit, l'adoption récente du projet de loi sur les interceptions téléphoniques dotera notre pays d'un des cadres de garantie les plus élaborés dans le monde.

2°) Le ministère de la Justice étudiera la possibilité d'associer plus directement les citoyens à l'œuvre de justice, en faisant participer un assesseur non professionnel aux formations correctionnelles.

3°) Le garde des Sceaux et le ministre délégué étudieront pour la session de printemps 1992 une réforme de nos procédures d'enquête et d'instruction visant à accroître les garanties en cas de privation de liberté avant jugement et à assurer un meilleur équilibre entre les droits de la défense et ceux de l'accusation.

Ils proposeront également des dispositions permettant de rendre transparentes les relations entre le Parquet et l'exécutif, ainsi qu'une réforme des privilèges de juridiction, de façon à mieux assurer l'égalité des citoyens devant les juridictions.

Dans le même temps, les ministères de la Justice, de l'Intérieur, et de la Défense se rapprocheront pour améliorer les conditions de direction et de contrôle de la police judiciaire par le Parquet. Si nécessaire, ils proposeront au gouvernement toutes mesures réglementaires ou législatives de nature à favoriser la réalisation de cet objectif auquel l'organisation de la justice sur une base départementale concourra.

4°) Le ministère de la Justice développera, dans le cadre de ses compétences, ses activités de coopération internationale, tout particulièrement dans le cadre de la C.E.E. Il s'attachera notamment à permettre aux Parquets et aux juridictions de répondre efficacement à l'internationalisation de certaines formes de délinquance et de criminalité. La création récente du Service des affaires internationales répond à cet objectif.

Cet ensemble de mesures permettra aux magistrats et fonctionnaires sur lesquels repose la bonne exécution des missions de la justice, de se consacrer à celles-ci dans des conditions plus satisfaisantes pour eux-mêmes comme pour les citoyens.

La conduite de cet ambitieux programme de modernisation nécessite une structure centrale forte et cohérente.

Déjà engagée au sein de trois directions et par la création récente d'une Délégation générale au programme pluriannuel d'équipement et d'un Service des affaires européennes et internationales, la réforme de l'Administration centrale sera poursuivie.

Dans cette perspective, le garde des Sceaux proposera au gouvernement la création d'une Direction générale du droit.

Une telle réforme est de nature à renforcer l'efficacité de l'action de la Chancellerie dans le domaine du droit en mettant fin au cloisonnement, de moins en moins justifié, entre les fonctions d'élaboration et d'application du droit et entre les matières civile et pénale.

Elle permettra de répondre de façon satisfaisante à l'accroissement du rôle de la règle de droit dans notre société, caractérisé par un encadrement juridique progressif des aspects les plus variés de la vie économique et sociale, une appréhension plus fréquente, par les agents économiques, de la dimension juridique de leurs situations et de leurs initiatives et par une conscience plus forte, par les citoyens, de leurs droits fondamentaux et de l'applicabilité directe des normes internationales et communautaires.

Ces évolutions justifient que le ministère de la Justice, ministère de la Loi et du Droit, dispose d'une organisation apte à lui permettre de participer plus efficacement à l'élaboration de la législation nationale et des règles internationales, notamment communautaires.

La Protection judiciaire de la jeunesse et l'Administration pénitentiaire, dans lesquelles s'incarnent deux des missions essentielles de la justice, feront l'objet d'une communication particulière.

ANNEXE 3

« A VOUS, FUTURS MAGISTRATS »
(École nationale de la magistrature, Bordeaux, 6 février 1991)

Vous allez aujourd'hui faire votre entrée dans la magistrature. Vous embrassez donc cette étrange profession de juger son semblable et de disposer de son intérêt, de son sort, parfois d'une grande part de sa vie.

Avez-vous voulu être juges? Comme toujours, il est probable que seule une partie d'entre vous ressentait une vocation décidée, et que pour le plus grand nombre, les circonstances ont joué un rôle dans votre orientation. Mais une chose est certaine, et vos aînés vous l'ont sans doute déjà dit : on ne peut être juge à moitié, on ne peut être juge par hasard, et toute personne qui s'est engagée dans ce métier s'y engage nécessairement tout entière. Ce n'est pas un métier comme les autres, un échange de temps et de savoir-faire contre une rétribution. On n'a pas manqué de comparer cet engagement à un engagement ecclésiastique et après tout, le serment que vous allez prononcer tout à l'heure vous impose d'exercer *religieusement* vos devoirs professionnels. Interrogeons-nous, un instant, sur le sens que peut aujourd'hui revêtir pour vous cette formulation.

Comme vous le savez, il ne manque pas de gens pour décrire votre génération comme désenchantée, asthénique, méfiante à l'égard des idées et des idéaux; comme préoccupée essentiellement de son confort intellectuel et matériel. Peu sensible à tout projet collectif, votre génération préférerait au service public les facilités supposées du secteur privé. En conséquence, le maintien de cet engagement solennel n'aurait que la valeur des habitudes désuètes.

Pour ma part, je ne partage pas ce point de vue. Je vous vois certes réalistes et peu disposés à croire aux belles paroles et aux constructions intellectuelles gratuites : votre jeunesse a vu s'effondrer beaucoup d'espoirs et d'illusions plus ou moins messianiques. Mais je crois que ce n'est pas en vain que l'on a pu voir en vous une génération *morale*. Vous avez adhéré très jeunes à une conception que je partage avec vous : si nous voulons assurer les fondements de notre société, de notre pacte social, il n'y a pas de meilleure méthode que de s'accorder sur quelques valeurs essentielles dont nous savons, par notre expérience historique, qu'elles conditionnent une vie sociale harmonieuse et favorable au libre épanouissement des individus. Elles sont finalement peu nombreuses mais fortes; elles ont à voir aussi avec notre identité nationale et la forme institutionnelle qu'elle a prise, à savoir la République.

Après quoi, nous devons trouver les moyens les plus aptes à les affirmer, à les renforcer, à les faire régner concrètement parmi nous, au bénéfice de tous, et plus particulièrement de ceux qui aujourd'hui en sont encore plus ou moins exclus.

Tel est je crois le sens qu'il faut donner à cet État de droit dont on dit justement qu'il existe déjà et en même temps qu'il est encore à construire, toujours à défendre. Et vous sentez toute l'importance du rôle qui vous est promis, assigné, dans cette difficile entreprise.

C'est ce rôle que vous devez assumer *religieusement*.

Mais dans quel cadre, avec quels moyens pratiques?

Et, me direz-vous alors, que devons-nous penser de cette crise qui affecte l'institution judiciaire au moment où nous y entrons? Et il est vrai que le thème de la crise de la justice est devenu un lieu commun dans la classe politique et médiatique au point qu'il est maintenant repris par les magistrats eux-mêmes. Beaucoup d'entre eux affirment souffrir d'un « déficit de prestige social », d'une « déconsidération » qui les conduiraient à douter de leur fonction et à se démobiliser dans une routine boudeuse. Quelques-uns même, pas toujours sans arrière-pensées politiques qui n'ont rien à voir avec le métier de juger, s'érigent en justiciers solitaires sans autre légitimité que celle qu'ils croient tirer d'une éphémère notoriété.

Mais, cette morosité, cet affaiblissement de l'idéal et de l'ambition qu'expriment certains de vos aînés ne sont pas le fait de la majorité du corps auquel vous allez bientôt appartenir. Bien au contraire, en quelques mois de contact avec elle, la grande majorité de la magistrature m'est apparue dynamique, imaginative, soucieuse avant tout d'accomplir au mieux son difficile métier.

Certes, nous avons vécu une longue période de difficultés économiques et sociales, où beaucoup d'acteurs sociaux, surtout dans les classes dirigeantes, ou même dans les cercles intellectuels, ont trouvé commode de battre leur coulpe sur la poitrine de l'État. Et les différentes fonctions publiques ont été trop volontiers choisies comme boucs émissaires.

C'est ainsi que nos sociétés (car le problème n'est certes pas particulier à la France) ont trop longtemps négligé d'investir dans le long terme pour préparer les différents rouages de l'État à assurer leur fonction en accompagnant les grandes mutations économiques et sociales qui s'accomplissent.

Cela est bien sûr vrai de notre machine judiciaire qui peine à répondre aux demandes de plus en plus pressantes dont elle est l'objet de la part de nos concitoyens.

Nous nous employons à combler le déficit de moyens en personnel et en matériel, dont souffre évidemment notre justice et ce travail demandera plusieurs années. Nous créons et créerons des postes supplémentaires de magistrats et d'autres catégories de personnels. Nous bâtissons et nous bâtirons de nouvelles cités judiciaires, nous dotons et nous doterons les juridictions d'équipements bureautiques et informatiques...

Mais nous savons que nous ne pouvons pas nous contenter de ces mesures de bonne gestion : elles n'auront aucun sens si elles ne nous servent pas aussi à adapter la justice à la position nouvelle qu'elle est en train de prendre dans notre société.

On a coutume d'appeler ce nouveau phénomène le « retour du droit ». Je ne crois pas ce terme bien choisi car il ne s'agit certainement en rien d'un retour à quelque chose d'antérieur, de connu. Mais au contraire d'une évolution nouvelle conduisant à un état social sans précédents véritables.

Cette évolution résulte de la convergence de plusieurs processus.

Il y a d'abord cette évolution sociologique déjà bien apparente, bien décrite, qui résulte de « l'urbanisation » de la « société de masse » qui submerge et fait disparaître toutes les autres structures sociales : villageoises, communautaires, familiales et place les individus face à un ensemble d'institutions et de bureaucraties, gigantesques, complexes, opaques, sans cesse en changement, face auxquelles ils sont désorientés, désarmés. Beaucoup de gens ne savent plus très bien gérer leur propre vie, personnelle et matérielle.

Et dans le même temps, ils ont de plus en plus conscience d'avoir des droits, d'avoir « autant de droits que n'importe qui », et ils demandent de plus en plus à la justice de les aider à les faire prévaloir.

Il y a ensuite l'évolution politique et économique qui conduit progressivement nos sociétés à sortir du vieux cadre national. L'économie s'internationalise plus que jamais et, pour nous, cette évolution est encore accentuée par la construction européenne. Déjà, dans ce cadre européen, les engagements que nous avons pris, la multiplication des échanges font que des quantités de règlements et d'arbitrages s'effectuent non plus sous l'autorité des États nationaux, mais selon des modes conventionnels et juridictionnels. Comme vous le savez, ces conventions internationales influencent déjà nos pratiques judiciaires, y compris dans le domaine pénal, en disqualifiant telle disposition contraire à la Déclaration européenne des droits de l'homme.

On assiste aussi à une aspiration à l'effacement relatif à la régulation sociale par le conflit et l'épreuve de force, au profit de transactions à forme juridictionnelle.

Enfin, et c'est particulièrement important, on constate le développement d'un refus croissant de l'absolutisme de l'exécutif (cf. le développement du contentieux de la constitutionnalité) et spécialement de l'absolutisme de l'administration. On sent grandir le besoin d'une meilleure régulation de l'action étatique, empruntant la voie judiciaire.

Tout cela ouvre, chacun le sent, des perspectives extrêmement nouvelles, passionnantes pour l'institution judiciaire. Votre génération de magistrats sera parmi les premières à les voir se réaliser et à y participer dès le début de sa vie professionnelle.

Les responsables de l'institution judiciaire ont su concevoir à temps les modifications que ces perspectives exigeaient d'apporter à la formation des magistrats. Vous allez donc aborder une formation rénovée, prolongée d'un an, ouverte sur d'autres préoccupations et d'autres secteurs que la justice stricto sensu, comportant des stages véritables dans des entreprises, des collectivités locales, d'autres administrations...

Ce renouvellement devrait vous préparer à la mutation de votre métier. En effet, la justice de demain exigera plus que jamais de ses juges à la fois l'efficacité technique du bon juriste et la compréhension, la familiarité avec les différents milieux sociaux où elle a à intervenir.

Car le développement de l'État de droit, vous le sentez bien, imprime déjà et imprimera plus encore dans l'avenir à la justice un double mouvement d'expansion dans deux directions qui peuvent sembler contradictoires mais ne sont que complémentaires.

D'une part, un mouvement vers une justice « technicienne », une justice « d'ingénieurs » comme on a pu le dire, qui est la justice de la régulation du marché, des échanges, des mouvements du capital. Véritable perfectionnement technique, en effet, contribuant à accroître la clarté et la sécurité des transactions, dans un monde économique de plus en plus complexe et internationalisé.

Mais d'autre part aussi, une justice tutélaire, redresseuse de torts, une justice qui guide chacun, surtout quand il est faible et démuni, qui l'aide à faire prévaloir son droit contre la complexité du monde social, qui veille en somme à étendre le droit vers ceux qui en sont aujourd'hui exclus. Il y a là, j'en ai la conviction, un puissant moyen de changer, vers le mieux, notre manière de vivre en société, de prendre au mot notre idéal proclamé de liberté, d'égalité, de fraternité, de mettre notre société en demeure de faire de ces trois mots autre chose qu'une formule décorative. Après tout, nous savons que la première formulation des droits de l'homme figure dans la Grande Charte anglaise, et qu'à ce moment, ces droits étaient réservés aux barons! Et l'idée démocratique est née du jour où les simples sujets ont exigé et obtenu d'en jouir eux aussi.

Voilà qui vous adresse, ne pensez-vous pas, un appel à une nouvelle façon, plus large, plus compréhensive, dans tous les sens de ce terme, d'être juge, de rendre la justice. Est-ce dire pour autant que le travail du juge doive se « diluer dans le social », va-t-on, comme le disent certains, avec une nuance de mépris assez déplaisante, vers un « juge-assistante sociale »?

Il n'en est rien! Toujours, le rôle du juge sera de « dire le droit ». Que ce soit dans sa juridiction ou comme intervenant dans telle ou telle action extra-juridictionnelle, en collaboration avec d'autres spécialistes, son rôle propre doit être, sans équivoque ni querelles de compétence, de dire le droit, de le *faire fonctionner* dans toutes les circonstances de la vie sociale.

Mais à ce moment se pose à nouveau la question de savoir de qui le juge tient cette compétence et ce pouvoir.

Il y a une tendance, chez certains magistrats qui se font une idée très haute mais très irréaliste de leur fonction, à y voir l'effet d'une grâce spéciale, d'une onction résultant peut-être de ce caractère « religieux » de leur serment. Ce sont ceux-là que vous pouvez voir disserter de leur « indépendance », une indépendance postulée, ressentie comme toujours menacée par des puissances malignes, du fait qu'ils sont incapables d'en définir la légitimité et le contenu.

Entendons-nous bien! Loin de moi l'idée de remettre en cause, si peu que ce soit, le principe de l'indépendance des magistrats qui est une des conditions d'existence de tout système judiciaire authentique. Mais elle n'a de sens que fondée dans le réel, c'est-à-dire dans une juste appréciation de la place de la justice dans l'État. Il doit être clair que la justice procède de l'État, qu'elle tient de lui son autorité, même si son autorité a précisément pour fonction de se distinguer des autres pouvoirs de l'État, de les borner, de les contre-balancer, afin de faire qu'ils fonctionnent eux-mêmes de manière équilibrée. Dès lors, on voit que l'indépendance du juge est pour lui une caractéristique non fortuite, mais fonctionnelle. Le juge n'est pas un personnage sacré, il n'est pas un artiste solitaire, il n'est pas non plus le propriétaire d'une charge.

Il tire son autorité de sa participation à ce travail multiforme de régulation sociale où sa fonction propre est de dire le droit.

C'est dire que l'exercice de cette fonction n'a rien à voir avec la fantaisie individuelle. Elle a vis-à-vis des justiciables, de l'État, de la société tout entière, le devoir d'être cohérente, stable, non arbitraire, tout en se montrant capable d'évaluer et de prendre en compte les spécificités locales et circonstancielles. C'est pourquoi il me semble qu'elle ne prend son sens qu'exercée au sein d'une juridiction. Mais à une condition qui n'est malheureusement pas toujours remplie pour le présent : que la juridiction soit une institution vivante dont les membres forment un tout articulé, où l'on communique, où l'on collabore, sous l'autorité effective, mais éclairée par la concertation, d'un chef de juridiction. Ainsi, les magistrats peuvent-ils être responsables de leur propre indépendance et assurer cette sorte de *régulation interne* de la justice, indispensable pour que soit rendue dans tout le pays une justice cohérente, équilibrée, suivant une ligne de conduite perceptible par les justiciables.

Cela me conduit tout naturellement à aborder la question de mon propre rôle dans ce dispositif.

Vous, magistrats, avez un guide qui est la loi. La loi est faite par les représentants élus du peuple. C'est l'essence même de toute démocratie. C'est pourquoi il n'est pas tolérable que tel ou tel juge, de son propre mouvement, ou au nom de tel groupe de pensée auquel il appartient, refuse sous une forme ou sous une autre de l'appliquer.

Mais en même temps, il n'est pas possible de faire de la loi un fétiche. Elle est œuvre humaine, toujours imparfaite, toujours perfectible. Chacun sait que son application dans une situation donnée nécessite, plus ou moins, l'appréciation de l'opportunité et l'interprétation. La responsabilité de ces deux tâches incombe la première aux Parquets, la seconde aux juges du Siège. Ils doivent pouvoir exercer cette responsabilité dans l'indépendance, et c'est pourquoi la tradition française a donné aux membres de ces deux corps la qualité de magistrats.

Mais, comme je le disais, il est indispensable que la justice ainsi rendue soit claire et cohérente dans l'ensemble du pays, que l'appréciation de l'opportunité et l'interprétation ne diffèrent pas de façon importante d'une région à l'autre, d'une juridiction à l'autre, voire même à l'intérieur d'une même juridiction, au risque de susciter la crainte et le scandale chez les justiciables.

C'est là que réside l'intérêt vital de l'institution de l'action publique qui est ma prérogative et ma charge en tant que garde des Sceaux.

Loin d'être, comme on l'en a quelquefois accusé, l'instrument d'un étouffement de l'indépendance de la justice, elle a pour tâche principale d'assurer cette cohérence si essentielle à une justice démocratique. C'est ainsi que je conçois mes responsabilités en ce domaine, que je compte assurer non par des instructions au coup par coup, mais par des directives générales sur telles ou telles grandes questions, qui devront être aussi claires et précises que possible. Et puis, vous vous en apercevrez très vite une fois entrés en fonction, l'exercice de l'action publique par le garde des Sceaux est souvent un moyen de protection de l'indépendance de la justice contre les pressions de tel ou tel pouvoir extérieur.

Ainsi, mon souhait est que vous vous engagiez dans votre formation avec la certitude d'une carrière riche, gratifiante où vous remplirez une fonction d'une utilité sociale essentielle. Vous entrez dans une institution judiciaire qui a maintenant conscience du retard qu'elle a pris pour se préparer à aborder son avenir. De leur côté, les pouvoirs publics ont décidé de remédier aux effets de leur négligence à la pourvoir de moyens indispensables.

Ces moyens commenceront dès cette année à être mis en œuvre et je travaille à rendre l'effort de l'État durable.

Mais cet effort, pour être indispensable, n'est pas suffisant. Nous avons encore beaucoup de décisions à prendre, beaucoup de réformes à élaborer et à mettre en chantier. Durant les dernières années un grand effort de réflexion a eu lieu, que symbolise parmi d'autres, l'excellent Rapport Delmas-Marty. Aujourd'hui l'heure est venue d'agir. J'ai voulu marquer clairement ma volonté de ne pas en rester aux bonnes intentions en engageant immédiatement la réforme de l'aide judiciaire : les opérations ont été menées avec beaucoup de diligence et je suis maintenant certain de pouvoir présenter un projet de loi à la session de printemps du Parlement, ainsi que je m'y suis engagé. D'autres réalisations suivront. Beaucoup de nos textes sont en cours de modernisation, qu'il s'agisse du Code pénal, des Codes de procédure civile et pénale. Nous avons encore à prendre des décisions sur les modalités d'une réforme de l'instruction pénale, sur une évolution du rôle du Parquet, sur une amélioration du statut des magistrats. Dans tous ces domaines et quelques autres, un travail de fond, sachez-le, est engagé et je compte que bientôt vous serez à même d'en apprécier les fruits.

TABLE DES MATIÈRES

Cet ouvrage a été composé et réalisé par la
SOCIÉTÉ NOUVELLE FIRMIN-DIDOT (Mesnil-sur-l'Estrée)
pour le compte de LA LIBRAIRIE PLON
12, avenue d'Italie, 75627 Paris Cedex 13

Achevé d'imprimer le 3 novembre 1992

Imprimé en France
Dépôt légal : octobre 1992
N° d'édition : 12198 - N° d'impression : 22307